中学教科書ワーク　学習カード

JN066201

対義語は？

☆☆☆

一　般

〈いっぱん〉

意味　広く全体にいきわたっていること。

例文　一般の読者の意見を集めて，発表する。

1

対義語は？

☆☆☆

往　路

〈おうろ〉

意味　行きに通る道。

例文　往路は上り坂が続いた。

2

対義語は？

☆☆

革　新

〈かくしん〉

意味　古いやり方を改め新しくすること。

例文　通信技術の革新が進んでいる。

3

対義語は？

☆☆☆

拡　大

〈かくだい〉

意味　より大きく広げること。

例文　写真を拡大する。

4

対義語は？

☆☆

既　知

〈きち〉

意味　既《すで》に知っていること。

例文　既知の生物には当てはまらない。

5

対義語は？

☆☆☆

許　可

〈きょか〉

意味　願いを聞き入れて，許すこと。

例文　体育館を使用する許可が下りる。

6

対義語は？

☆☆☆

偶　然

〈ぐうぜん〉

意味　たまたま起こること。

例文　ばったり会うなんて，偶然だね。

7

対義語は？

☆☆☆

具　体

〈ぐたい〉

意味　目に見える形をもっていること。

例文　具体的に希望を述べる。

8

対義語は？

☆☆☆

形　式

〈けいしき〉

意味　決まったしかた。見かけ。

例文　同じ形式で書類を作成する。

9

対義語は？

☆☆☆

決　定

〈けってい〉

意味　はっきりと決まること。

例文　今年の目標が決定する。

10

対義語は？

☆☆☆

原　因

〈げんいん〉

意味　物事が生じるもとになるもの。

例文　失敗した原因は，無理をしすぎたからだ。

11

対義語は？

☆☆☆

特　殊

〈とくしゅ〉

意味 **普通《ふつう》とは違《ちが》っていること。**

ポイント

「特殊」の類義語は「特別」。

使い方

- ミシン目で切り取り，穴をあけてリングなどを通して使いましょう。
- カード１枚で１組の対義語が覚えられます。それぞれが反対の面の答えです。

対義語は？

☆☆

保　守

〈ほしゅ〉

意味 **今までのやり方を守ること。**

ポイント

「革新」の「革」は,「改める」という意味を表す。

対義語は？

☆☆☆

復　路

〈ふくろ〉

意味 **帰り道。**

ポイント

「往復」は，反対の意味の字を組み合わせた熟語。「行って帰ること」という意味。

対義語は？

☆☆☆

未　知

〈みち〉

意味 **まだ知らないこと。**

ポイント

「既《き》」は「すでに起きていること」,「未」は「まだ～ない」という意味。

対義語は？

☆☆☆

縮　小

〈しゅくしょう〉

意味 **より小さく縮めること。**

ポイント

「拡大」の類義語は「拡張」。どちらも対義語は「縮小」になる。

対義語は？

☆☆☆

必　然

〈ひつぜん〉

意味 **必ずそうなること。**

ポイント

「偶然《ぐうぜん》」の「偶」は「たまたま」の意味,「必然」の「必」は「かならず」の意味。

対義語は？

☆☆☆

禁　止

〈きんし〉

意味 **やってはいけないと止めること。**

ポイント

「許可」は打ち消しの語を付けて「不許可」という対義語を作れる。

対義語は？

☆☆☆

内　容

〈ないよう〉

意味 **言葉などで表されたもの。中身。**

ポイント

「形式的」で，中身がなくうわべだけという意味を表すときの対義語は「実質的」。

対義語は？

☆☆☆

抽　象

〈ちゅうしょう〉

意味 **共通項《こう》を抜《ぬ》き出してまとめること。**

ポイント

「具体的・抽象的」「具体化・抽象化」などと使われる。「具体」の類義語は「具象」。

対義語は？

☆☆☆

結　果

〈けっか〉

意味 **あることから生じた事柄《ことがら》。**

ポイント

「物事の原因と結果」という意味を一語で表したのが,「因果」。

対義語は？

☆☆☆

未　定

〈みてい〉

意味 **まだ決まらないこと。**

ポイント

「文化祭の日時は未定だ。」のように使う。「未定」の対義語には「既定《きてい》」もある。

対義語は？
☆☆
建　設
〈けんせつ〉
意味　建物などを新たに作ること。
例文　大規模な橋の建設計画。

12

対義語は？
☆☆☆
権　利
〈けんり〉
意味　決まりで認められた資格。
例文　意見を述べる権利がある。
13

対義語は？
☆☆☆
肯　定
〈こうてい〉
意味　そのとおりであると認めること。
例文　事実関係を肯定する。

14

対義語は？
☆☆☆
質　疑
〈しつぎ〉
意味　疑問点を尋《たず》ねること。
例文　最後に質疑の時間を設けます。

15

対義語は？
☆☆☆
集　中
〈しゅうちゅう〉
意味　一つにまとめること。
例文　集中して夏休みの課題を進める。

16

対義語は？
☆☆
重　視
〈じゅうし〉
意味　大切であると考えること。
例文　人柄《ひとがら》を重視して決める。
17

対義語は？
☆☆☆
収　入
〈しゅうにゅう〉
意味　お金が入ること。
例文　毎月の収入を記録する。

18

対義語は？
☆☆☆
主　観
〈しゅかん〉
意味　自分だけの見方・考え方。
例文　主観を入れずに検討する。
19

対義語は？
☆☆☆
守　備
〈しゅび〉
意味　守ること。
例文　ゴール前の守備を固める。

20

対義語は？
☆☆☆
需　要
〈じゅよう〉
意味　必要な物を求めること。
例文　果物の需要が増える。

21

対義語は？
☆☆
慎　重
〈しんちょう〉
意味　注意深く，物事を行うこと。
例文　荷物を慎重に運ぶ。

22

対義語は？
☆☆☆
成　功
〈せいこう〉
意味　物事がうまくいくこと。
例文　宇宙計画が成功する。

23

対義語は？

☆☆☆

義　務

〈ぎむ〉

意味　決まりでしなければならないこと。

ポイント

「勤労は国民の義務である。」のように使う。

対義語は？

☆☆☆

応　答

〈おうとう〉

意味　尋《たず》ねられたことに答えること。

ポイント

「質疑」の類義語は「質問」。「質疑応答」という四字熟語で使うことも多い。

対義語は？

☆☆

軽　視

〈けいし〉

意味　大切ではないと軽く見ること。

ポイント

対《つい》である「重」⟷「軽」を使った熟語は，「重度」⟷「軽度」，「重厚《じゅうこう》」⟷「軽薄《けいはく》」など。

対義語は？

☆☆☆

客　観

〈きゃっかん〉

意味　自分の考えを入れずに見ること。

ポイント

「主客」とすると「主なものと付け足し」の意で，「主客《しゅかく》転倒《てんとう》」という四字熟語がある。

対義語は？

☆☆☆

供　給

〈きょうきゅう〉

意味　必要な物を与《あた》えること。

ポイント

経済用語の「需要《じゅよう》」は市場から物を買おうとすること，「供給」は市場に物を出して売ること。

対義語は？

☆☆☆

失　敗

〈しっぱい〉

意味　物事をやり損《そこ》なうこと。

ポイント

ことわざ「失敗は成功のもと」は，「失敗から学ぶことが，後の成功につながる」意。

対義語は？

☆☆

破　壊

〈はかい〉

意味　壊《こわ》すこと。壊れること。

ポイント

「建設的」（物事をよくしようと積極的に臨《のぞ》む）⟷「破壊的」（物事を打ち壊す）。

対義語は？

☆☆☆

否　定

〈ひてい〉

意味　そうではないと打ち消すこと。

ポイント

「肯《こう》」には「うなずく・聞き入れる」，「否」には「認めない」という意味がある。

対義語は？

☆☆☆

分　散

〈ぶんさん〉

意味　分かれて散らばること。

ポイント

「集中」を精神的なものに使う場合の対義語は「散漫《さんまん》」。

対義語は？

☆☆☆

支　出

〈ししゅつ〉

意味　お金を支払《しはら》うこと。

ポイント

「収」には「お金が入ること」，「支」には「支払うこと」という意味がある。

対義語は？

☆☆☆

攻　撃

〈こうげき〉

意味　攻《せ》めること。

ポイント

「攻守《こうしゅ》」（攻めることと守ること）という熟語も覚えよう。

対義語は？

☆☆☆

軽　率

〈けいそつ〉

意味　深く考えず，物事を行うこと。

ポイント

「軽率」は，「軽卒」と書かないように注意する。

対義語は？
☆☆☆
生産
〈せいさん〉
意味 生活に必要な物を作ること。
例文 町には，りんごを生産する農家が多い。

24

対義語は？
☆☆
精密
〈せいみつ〉
意味 細かなところまで正確であること。
例文 精密な機械を組み立てる。

25

対義語は？
☆☆☆
積極
〈せっきょく〉
意味 物事を自ら進んですること。
例文 体育祭の運営に積極的に関わった。
26

対義語は？
☆☆
前進
〈ぜんしん〉
意味 前に進むこと。
例文 作品の完成に向けて，一歩前進する。

27

対義語は？
☆☆☆
全体
〈ぜんたい〉
意味 ある事柄《ことがら》の全て。
例文 学校全体で，美化運動に取り組む。

28

対義語は？
☆☆☆
増加
〈ぞうか〉
意味 増えること。
例文 市の人口は年々増加している。

29

対義語は？
☆☆☆
総合
〈そうごう〉
意味 多くのものを一つにまとめること。
例文 みんなの考えを総合して発表する。

30

対義語は？
☆☆
創造
〈そうぞう〉
意味 新しいものを初めて作り出すこと。
例文 新たな舞台《ぶたい》を創造する。
31

対義語は？
☆☆☆
相対
〈そうたい〉
意味 他のものとの関係で成り立つこと。
例文 相対的に女性の人数が多い。

32

対義語は？
☆☆☆
単純
〈たんじゅん〉
意味 込《こ》み入っていないこと。
例文 単純な発想だが，着眼点がおもしろい。

33

対義語は？
☆☆☆
長所
〈ちょうしょ〉
意味 優《すぐ》れているところ。
例文 彼《かれ》の長所はおおらかなところだ。

34

対義語は？
☆☆☆
直接
〈ちょくせつ〉
意味 間に何も入れないこと。
例文 会場へ直接連絡《れんらく》してください。
35

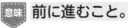

対義語は？

☆☆

粗雑
〈そざつ〉

意味 荒《あら》っぽくていいかげんなこと。

ポイント

「粗《そ》」「雑《ざつ》」は，どちらも「雑で，丁寧《ていねい》でない様子」を表す。

対義語は？

☆☆☆

消費
〈しょうひ〉

意味 物などを使ってなくすこと。

ポイント

「生産者」⟷「消費者」という使い方もある。

対義語は？

☆☆

後退
〈こうたい〉

意味 後ろへ下がること。

ポイント

「前」⟷「後」，「進」⟷「退」と，それぞれの漢字も対《つい》の関係になっている。

対義語は？

☆☆☆

消極
〈しょうきょく〉

意味 物事を自ら進んでしないこと。

ポイント

「積極的・消極的」，「積極性・消極性」などと使う。「積極的」の類義語は「意欲的」。

対義語は？

☆☆☆

減少
〈げんしょう〉

意味 減ること。

ポイント

「増えることと減ること」を一語で示すのが「増減」。

対義語は？

☆☆☆

部分
〈ぶぶん〉

意味 幾《いく》つかに分けたうちの一つ。

ポイント

「全体」には「全部」「全面」，また「部分」には「一部」の類義語がある。

対義語は？

☆☆☆

模倣
〈もほう〉

意味 まねること。似せること。

ポイント

「先生のお手本を模倣して書道の練習をした。」のように使う。

対義語は？

☆☆☆

分析
〈ぶんせき〉

意味 細かく分けて調べること。

ポイント

「分析」の「析」には，「細かく分ける」という意味がある。

対義語は？

☆☆☆

複雑
〈ふくざつ〉

意味 込《こ》み入っていること。

ポイント

「単純」の類義語の「簡単」も「複雑」の対義語である。

対義語は？

☆☆☆

絶対
〈ぜったい〉

意味 他に比べるものがないこと。

ポイント

接尾《せつび》語「的」(～の性質をもつ)を付けて，「相対的」⟷「絶対的」のように使われる。

対義語は？

☆☆☆

間接
〈かんせつ〉

意味 間に別のものを入れること。

ポイント

「彼《かれ》を間接的に知っている。」とは，他の人から彼のことを聞いて知っている，の意。

対義語は？

☆☆☆

短所
〈たんしょ〉

意味 劣《おと》っているところ。

ポイント

「長所」＝「美点」⟷「短所」＝「欠点」。

対義語は？

☆☆☆

鈍感

〈どんかん〉

意味 感じ方が鈍《にぶ》いこと。

例文

弟は痛みに<u>鈍感</u>だ。

36

対義語は？

☆☆☆

能動

〈のうどう〉

意味 自分から働きかけること。

例文

何事にも<u>能動</u>的に挑戦《ちょうせん》したい。

37

対義語は？

☆☆

平凡

〈へいぼん〉

意味 ありふれていること。

例文

<u>平凡</u>な仕上がりの曲だった。

38

対義語は？

☆☆☆

便利

〈べんり〉

意味 役に立って，都合がよいこと。

例文

この道具は，とても<u>便利</u>だね。

39

対義語は？

☆☆

有名

〈ゆうめい〉

意味 世間によく知られていること。

例文

祖父は剣道《けんどう》の達人として<u>有名</u>だ。

40

対義語は？

☆☆☆

有利

〈ゆうり〉

意味 都合がよいこと。得なこと。

例文

人数の多いチームが<u>有利</u>だ。

41

対義語は？

☆☆☆

容易

〈ようい〉

意味 たやすいこと。易しいこと。

例文

工夫《くふう》して持ち運びが<u>容易</u>な形状にした。

42

対義語は？

☆☆☆

楽観

〈らっかん〉

意味 物事は全てうまくいくと思うこと。

例文

試験前は，必ず合格すると<u>楽観</u>的な気持ちでいた。

43

対義語は？

☆☆☆

利益

〈りえき〉

意味 もうけ。役に立つこと。

例文

バザーの<u>利益</u>は全額寄付した。

44

対義語は？

☆☆☆

理性

〈りせい〉

意味 冷静に，筋道立てて判断する能力。

例文

<u>理性</u>に従って行動する。

45

対義語は？

☆☆☆

理想

〈りそう〉

意味 考えられる限り最も望ましい状態。

例文

<u>理想</u>の部屋になるように，模様替《が》えした。

46

対義語は？

☆☆☆

冷静

〈れいせい〉

意味 気持ちが落ち着いている様子。

例文

<u>冷静</u>に判断して，状況《じょうきょう》を捉《とら》える。

47

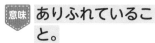

対義語は？

☆☆☆

受動

〈じゅどう〉

意味 **他からの働きかけを受けること。**

ポイント

「受動的な態度の参加者が多い。」のように，「的」を付けて使うことが多い。

対義語は？

☆☆☆

敏感

〈びんかん〉

意味 **感じ方がすばやいこと。**

ポイント

「鈍《どん》」は，「にぶい」のほか，「とがっていない」意もあり，対《つい》になる字は「鋭《えい》」。

対義語は？

☆☆☆

不便

〈ふべん〉

意味 **便利でないこと。都合が悪いこと。**

ポイント

「不」は，言葉の前に付けて「〜ない」と打ち消す意味を表す。

対義語は？

☆☆☆

非凡

〈ひぼん〉

意味 **普通《ふつう》よりかなり優《すぐ》れていること。**

ポイント

「非」は，言葉の前に付けて「〜ではない」と打ち消す意味を表す。

対義語は？

☆☆☆

不利

〈ふり〉

意味 **都合が悪いこと。損をしそうなこと。**

ポイント

「向かい風という不利な条件の中，懸命《けんめい》に走った。」のように使う。

対義語は？

☆☆☆

無名

〈むめい〉

意味 **名が知られていないこと。**

ポイント

「無」は，言葉の前に付けて「ない」ことを表す。「有無《うむ》」のように「有（ある）」と対《つい》になる。

対義語は？

☆☆☆

悲観

〈ひかん〉

意味 **物事がうまくいかないと失望すること。**

ポイント

「楽観的」「悲観的」など，三字熟語でも使われる。

対義語は？

☆☆☆

困難

〈こんなん〉

意味 **とても難しいこと。**

ポイント

「難しいことと易しいこと」を一語で表す熟語は「難易」。

対義語は？

☆☆☆

感情

〈かんじょう〉

意味 **心の中に起こる気持ち。**

ポイント

「感情」は，喜び・悲しみ・怒《いか》り・楽しさなどの心の動きを表す。「感情的」⟷「理性的」。

対義語は？

☆☆☆

損失

〈そんしつ〉

意味 **損をすること。なくすこと。**

ポイント

「損失と利益」は「損益」。「損」は「得」も対《つい》になる字で，「損得」また「損失」⟷「利得」がある。

対義語は？

☆☆☆

興奮

〈こうふん〉

意味 **気持ちが高ぶること。**

ポイント

「興」は盛《さか》んになる，「奮」は心をふるい起こす，という意味。

対義語は？

☆☆☆

現実

〈げんじつ〉

意味 **いま目の前にあらわれている状態。**

ポイント

「理想的」「現実的」など，三字熟語でも使われる。「現実的」は「現実に合う様子」。

東京書籍版

もくじ 国語1年

【写真提供】アフロ，ピクスタ 【イラスト】artbox

確認のワーク ステージ1

風の五線譜《ごせんふ》

学習のねらい
- 詩の表現技法を学び、描《えが》かれた情景を味わおう。
- 詩に描かれた情景から、作者の思いを読み取ろう。

解答▶1ページ

教科書の要点

1 詩の種類　この詩に合うものに○を付けなさい。 教見返し

この詩は、用語で分類すると、現代の話し言葉で書かれているので、{ア 文語詩　イ 口語詩}となり、形式で分類すると、各行の音数に決まりがなく、自由に書かれているので、{ア 定型詩　イ 自由詩}となる。

2 題名　この詩の題名についてまとめました。[　]から言葉を選び、(　)に書き入れなさい。 教見返し

(　　)とは、五本の線の上に音符《おんぷ》を並べて楽曲を記したものである。この詩では、さまざまな葉っぱを五線に並ぶ(　　)に見立てている。

[歌詞　音符　五線譜《ごせんふ》　風]

3 構成のまとめ　[　]から言葉を選び、書き入れなさい。 教見返し

連		内容
第一連	ゆれる葉っぱ	●風に葉っぱがゆれている。 …全体像
第二連～第四連	さまざまな葉っぱ	●さまざまな葉っぱの様子。 …個々の様子 第二連…大きさに注目した葉っぱの様子。 第三連…(①　　)に注目した葉っぱの様子。 第四連…色に注目した葉っぱの様子。
第五連	個性	▼一枚一枚の葉っぱが風にゆれて、それぞれにちがった(②　　)を出している。 …葉っぱの個性
第六連	調和	▼みんなできれいな(③　　)を奏《かな》でている。 …全体が調和する様子

[思い　曲　形　音]

おさえよう

主題　この詩では、(ア 個性　イ 常識)の異なる存在がともに生きる姿を、風にゆれる葉っぱに託《たく》して描《えが》いている。作者は、個性が違《ちが》う存在が集まり、(ア 競争　イ 調和)していることはすばらしいと考えている。

基本問題

★ 次の詩を読んで、問題に答えなさい。

風の五線譜《ごせんふ》　　高階杞一《たかしなきいち》

風に葉っぱがゆれている

①大きな葉っぱ
小さな葉っぱ

②ぎざぎざの葉っぱ
まるい葉っぱ

③黒い葉っぱ
黄色い葉っぱ

ひとつひとつが
風にゆれ
みんな
ちがった音を出している

④みんなで
きれいな曲を奏《かな》でている

教見返し

1 この詩には、対句《ついく》の表現が使われています。①大きな葉っぱ、②ぎざぎざの葉っぱ、③黒い葉っぱ と対になっているのは、どの部分ですか。（　）に当てはまる言葉を、詩の中から抜《ぬ》き出しなさい。

① 大きな葉っぱ↔（　　　）葉っぱ

② ぎざぎざの葉っぱ↔（　　　）葉っぱ

③ 黒い葉っぱ↔（　　　）葉っぱ

攻略！ 大きさ、形、色の点から、対になる表現を捉《とら》えよう。

2 ④みんなで／きれいな曲を奏でている について説明した次の文の（　）に当てはまる言葉を、[　]から選び、書き入れなさい。

これは、風にゆれる葉っぱの音の集まりを、人が曲を奏でているようにたとえた（　　　）を使った表現である。

倒置《とうち》　擬人法《ぎじんほう》　省略

3 よく出る 作者がこの詩を通して最も言いたかったことは何ですか。次から一つ選び、記号で答えなさい。

ア いろいろな種類の葉っぱが風によって大きな音を出し、全体として迫力《はくりょく》のある曲のようになっているのはすばらしい。

イ 強い風が吹《ふ》く環境《かんきょう》にあっても、それぞれの葉っぱが吹き飛ばされないように音を立てて耐《た》えている姿はすばらしい。

ウ 個性の異なる葉っぱが風にゆれてちがう音を立てているのに、全体が曲を奏でているように調和しているのはすばらしい。

エ 一つ一つがちがう葉っぱなのに、風が吹いてゆれることで同じ音が生まれ、きれいにそろっていてすばらしい。

（　　　）

知識の泉 Q 「猿《さる》も木から落ちる」の意味は？

確認のワーク ステージ1

話し方はどうかな
日本語探検1 音声の働きや仕組み

解答 1ページ ｜ スピードチェック 2ページ ｜ 予想問題 130ページ

学習のねらい
●話し方についての筆者の主張を読み取ろう。
●日本語の音声の働きや仕組みを理解しよう。

漢字と言葉

1 漢字の読み 読み仮名《がな》を横に書きなさい。

*は新出漢字 ▼は新出音訓・◎は熟字訓

① 大*汗　② *遅い　③ 実*況　④ 中*継
⑤ 満*塁　⑥ *跳ね返る　⑦ *捕る　⑧ 滑《すべ》り*込む
⑨ *猛*烈　⑩ *乾*燥　⑪ 取り*扱う　⑫ *淡々

2 漢字の書き 漢字に直して書きなさい。

① （　）《げんこう》を書く。　② （　）《こうご》に話す。
③ （　）《ふつう》の暮らし。　④ 口を（　）《はさ》む。
⑤ 生徒の（　）《みな》さん。　⑥ 底が（　）《ぬ》ける。

3 語句の意味 意味を下から選んで、線で結びなさい。

① 山場 ・　　・ア 比較《ひかく》・判定するときのよりどころ。
② 基準 ・　　・イ 最も盛り上がる重要な場面。
③ 起承転結 ・　　・ウ 文章や物事の組み立てや順序。

4 音節 例にならって、音節の数を漢数字で答えなさい。

例 そうじ（三）音
① クーラー（　）音
② かんしゃ（　）音
③ にっき（　）音

「しゃ」などの拗音《ようおん》は、一つの音節と数えるよ。

教科書の要点 話し方はどうかな

1 話題 （　）に教科書の言葉を書き入れなさい。 教p.15／19

この文章では、聞き手によく分かる話し方について述べており、特に話す（　）と、内容に合った「話の（　）」の大切さについて説明している。

2 具体例 話し方の速さについて考えるために、二つの例が挙げられています。それは、何と何ですか。（　）に教科書の言葉を書き入れなさい。 教p.16〜18

① 野球の（　）のアナウンスの原稿《げんこう》。
② （　）情報のアナウンスの原稿。

知識の泉 **A 名人もときには失敗する。** 「河童《かっぱ》の川流れ」「弘法《こうぼう》(に)も筆の誤り」も似た意味。

3 構成のまとめ

（　　）に教科書の言葉を書き入れなさい。（各段落に1～9の番号を付けて読みましょう。） 教 p.14～19

まとまり	序論 1～2 段落	本論① 3～5 段落	本論② 6～8 段落	結論 9 段落
	話す速さの大切さ	日本語の最高の速さ	最も聞きやすい速さの基準と話の表情	話し方の工夫《くふう》
内容	苦い体験 原因は、声量の不足よりも、話し方が速すぎるか遅《おそ》すぎるかによる。 話題提示 話の速さについて考えてみよう。 ●日本語の速さを量的に表す方法の紹介《しょうかい》。➡一分間に何字と表す方法がある。	●日本人が最高の速さで日本語を話したら何字くらいになるか。 ・スポーツアナウンサーが（①　　）の山場でしゃべるときの速さ。 ・一分間に九百字が限度。 例 野球の中継《ちゅうけい》放送のアナウンスの原稿。 ⋯➡最も速い話し方を体験する例。	▼最も聞きやすい速さの（②　　）は、一分間に三百字である。 例 気象情報のアナウンスの原稿。 ⋯➡最も聞きやすい速さの話し方を体験する例。 ▼人間の話には、起承転結、緩急《かんきゅう》、（③　　）がある。重要な部分の話はゆっくり、そうでないところは速くなる。 ＝「話の表情」 ▼一分間に三百字の速さで話すこと＝話し方の（④　　） ▼（④）＋「話の表情」で、魅力《みりょく》的な話し方ができるようになる。	◆これから、いろいろな場で発言する機会が増えるので、聞き手によく分かるような話し方を（⑤　　）していこう。

おさえよう

要旨《ようし》 聞き取りやすく話すには、話の〔ア 速さ　イ 声量〕が重要である。最も聞きやすい速さの基準は一分間に三百字であり、これは話し方の土台となる。この土台がしっかりしていれば、話の〔ア 話題　イ 表情〕を豊かにし、魅力的な話し方をすることができる。これらを踏《ふ》まえ、聞き手によく分かるような話し方の工夫をしよう。

知識の泉 Q「冷たい石でも，三年座《すわ》り続ければ温まる」ことからできたことわざは？

実力判定テストA ステージ2 話し方はどうかな

30分

自分の得点まで色をぬろう!
100点 合格! 80 もう一歩 60 がんばろう! 0
/100

解答 1ページ

1 次の文章を読んで、問題に答えなさい。 教 p.14・①〜15・⑬

皆《みな》さんは、説明をしたり、意見や考えを述べたり、いろいろな場で発言した経験を持っていることと思います。そういったときに、「えっ、何ですか。」「何と言ったんですか。」などと、友達から言葉を挟《はさ》まれたことはありませんか。周りからそう言われるとますます自分のペースを乱され、ついには①しどろもどろ、大汗《おおあせ》をかいて終わるという②苦い体験をした人は少なくないと思います。これは、声量の不足、つまり声が小さすぎるということがあるかもしれませんが、話し方が速すぎるか、遅《おそ》すぎるかによることが多いのです。話は、速さによって聞き取りにくくも、聞き取りやすくもなります。③このへんのことを考えてみましょう。

日本語という言語を耳から聞いて、いちばん理解しやすい速さというものはどこかにあるはずです。その速さというものをどのように測定して、量的に表したらよいのでしょうか。例えば、ある話を録音して、それをごく普通《ふつう》の漢字仮名《かな》交じり文で原稿《げんこう》用紙に書いていきます。そして漢字も、数字も、仮名も、句読点なども一字として、一分間に何字という表し方をするのです。④こういう速さの決め方をしましょう。

〈川上《かわかみ》 裕之《ひろゆき》「話し方はどうかな」による〉

1 ①しどろもどろ とは、どのような意味ですか。次から一つ選び、記号で答えなさい。 (10点)

ア 言葉がつかえたり、話の筋が乱れたりする様子。
イ 迷いながら右に歩いたり、左に歩いたりする様子。
ウ 必死になって言い訳をして取りつくろう様子。
エ 遠くまで聞こえるように、大声を出して話す様子。 (　　)

2 よく出る ②苦い体験 とありますが、苦い体験は、どのようなことが原因で起こったのですか。(　)に当てはまる言葉を、文章中から抜《ぬ》き出しなさい。 5点×2 (10点)

話し方が(　　　)か、(　　　)こと。

3 ③このへんのことを考えてみましょう。とありますが、筆者は何について考えようといっていますか。次から一つ選び、記号で答えなさい。 (15点)

ア 話すペースと原稿の書き方。　イ 話す声量と伝わりやすさ。
ウ 話す速さと聞き取りやすさ。　エ 話す姿勢と聞き手の印象。 (　　)

攻略! 指示語は、前に述べた内容を指し示すことが多い。

4 よく出る ④こういう速さの決め方 について説明している連続する二文を文章中から抜き出し、一文目の初めの五字を書きなさい。 (15点)

□□□□□

知識の泉 A 石の上にも三年。「辛抱《しんぼう》強く続ければ，必ず成功する」という意味。

2 次の文章を読んで、問題に答えなさい。

教 p.17・⑫〜19・⑩

では、①いちばん聞きやすい速さとはどれくらいでしょうか。一分間に三百字が基準です。これは長い間の放送の経験を通じての結論です。時計の秒針を見ながら、次の文章を声に出して読んでみましょう。

続いて気象情報です。気象庁の観測によりますと、千島《ちしま》列島付近では低気圧が猛烈《もうれつ》に発達しています。一方、中国大陸には優勢な高気圧があって、日本付近は強い冬型の気圧配置となっています。上空およそ五千五百メートルには氷点下三十度以下の強い寒気が入っており、日本海側の各地では、これから明日の朝にかけて大雪の恐《おそ》れがあります。特に、東北地方の日本海側から北陸地方にかけては、多い所で七十センチから一メートルの大雪となる所があるでしょう。太平洋側の各地では晴れる所が多くなりますが、空気が非常に乾燥《かんそう》していますので、火の取り扱《あつか》いには十分ご注意ください。あさってからは、暖かい日と寒い日が交互《こうご》に現れるようになるでしょう。

これを一分間で読むのです。この速さを練習してください。ゆっくりだなあ、あるいは、速いなあと感じるでしょうが、とにかく、この速さをつかんでください。人間の話には、起承転結があり、緩急《かんきゅう》があり、強弱があります。重要な部分の話はゆっくり、そうでないところは速くなるのが普通《ふつう》です。そのことを一言で「②話の表情」というとしますと、淡々《たんたん》と一分間に三百字の速さで話すのでは無表情です。無表情の人に魅力《みりょく》がないのと同じように、分かりやすい、聞きやすい、理解しやすい話にはなりません。話の内容に合った表情が必要です。ですから、三百字という速さは土台と考えてください。この速さで話せる土台があれば、話の表情を豊かにし、魅力的な話し方ができるようになります。

これから皆《みな》さんは、教室だけではなく、いろいろな場で発言する機会が増えることと思います。③聞き手によく分かるような話し方を工夫《くふう》していきましょう。

〈川上《かわかみ》 裕之《ひろゆき》「話し方はどうかな」による〉

1 ①いちばん聞きやすい速さ とは、どのような速さですか。□ に当てはまる言葉を、文章中から七字で抜《ぬ》き出しなさい。（15点）

□□□□□□□ を基準にした速さ。

2 よく出る ②話の表情 の要素には、どのようなものがありますか。筆者が挙げているものを、三つ書きなさい。 5点×3（15点）

（　　　）
（　　　）
（　　　）

攻略！「人間の話」に含《ふく》まれる要素は何かをつかもう。

3 記述 ③聞き手によく分かるような話し方 にするためには、筆者はどのようなことが必要だと述べていますか。（　）に当てはまる言葉を書きなさい。（20点）

一分間に三百字の速さで話すことと、

（　　　）

知識の泉 Q「どう扱《あつか》ってよいか分からず持て余す」意味の慣用句は？ □を焼く

確認のワーク ステージ1

詩の心──発見の喜び

解答 2ページ ｜ スピードチェック 2ページ ｜ 予想問題 131ページ

学習のねらい
- 詩の表現の工夫《くふう》に着目しながら、作者の感動を捉《とら》えよう。
- 文章の解説を手がかりにして、詩の内容を捉えよう。

漢字と言葉

1 漢字の読み
読み仮名《がな》を横に書きなさい。

❶▼素直　❷素*朴　❸技*巧　❹*悠然
❺*隠れる　❻新*鮮　❼*驚く　❽*涙（訓読み）
❾*詰まる　❿結*核　⓫三十*歳　⓬比*喩

＊は新出漢字　▼は新出音訓・◎は熟字訓

2 漢字の書き
漢字に直して書きなさい。

❶（しんせん）な空気。　❷虫の（しがい）。
❸（しんけん）な顔。　❹月が雲に（かく）れる。
❺（なみだ）を流す。　❻物音に（おどろ）く。

3 語句の意味
意味を下から選んで、線で結びなさい。

❶技巧《ぎこう》・　　・ア　かわいそうで心が痛む様子。
❷悠然《ゆうぜん》・　　・イ　たくみな表現を生みだす技術。
❸痛ましい・　　・ウ　ゆったりと落ち着いている様子。

教科書の要点

1 詩の種類
「雲」「虫」「土」に合うものに○を付けなさい。　教p.24〜26

これらの詩は、用語で分類すると｛ア 文語詩／イ 口語詩｝となり、形式で分類すると｛ア 定型詩／イ 自由詩｝となる。

文語詩・口語詩▼　「……ようだ」など昔の言葉の書き表し方をしていても、現代の言葉であれば口語詩。文語詩は、「……なり」「……けり」など、古典の言葉になっている場合である。

2 表現技法
[ ]から言葉を選び、書き入れなさい。　教p.26〜27

「土」の詩の「ヨットのやう《ヨウ》だ」という表現は、（　　）が（　　）の死骸《しがい》を引いていく様子を、白い帆《ほ》を上げて進むヨットにたとえた表現である。このように「ようだ」などを使ってたとえる方法を、（　　）という。

土　蝶《ちょう》　蟻《あり》　直喩《ちょくゆ》　隠喩《いんゆ》

比喩には「ようだ」などの言葉を使うものと使わないものがあるよ。

3 構成のまとめ

（　）に教科書の言葉を書き入れなさい。教p.24〜27

	「雲」山村暮鳥《やまむらぼちょう》	「虫」八木重吉《やぎじゅうきち》	「土」三好達治《みよしたつじ》	まとめ
詩など	教初め〜p.25・⑤	p.25・⑥〜26・⑤	p.26・⑥〜27・③	p.27・④〜終わり
	素直《すなお》に感じる	深く感じる	比喩を楽しむ	詩とは
詩の解説	●詩人の心情に寄り添《そ》って、詩を鑑賞《かんしょう》する。 注目の表現「おうい雲よ」 ▼悠然《ゆうぜん》と気ままに（①　　）をしたいという願望が隠《かく》れていて、読者にも同じ願望を呼び覚ます。	●詩人の人生と表現の関係に注目して、詩を鑑賞する。 注目の表現「いま　ないておかなければ……」 ▼虫の声を切羽詰《つ》まった、真剣《しんけん》な（②　　）の声と聞く。 ➡深い感じ方が事実を感動的なものにしている。	●詩人の発見の瞬間《しゅんかん》に注目し、詩を鑑賞する。 注目の表現「ああ／ヨットのやうだ」 ▼白く立っている蝶の羽からの（④　　）であり、比喩である。	
詩の心	詩の心 素直に何かを感じ、素朴《そぼく》に心を動かすところから始まる。 ▼ごくあたりまえのものを、子供のような純真さで、初めて見たり聞いたりするような心の新鮮《しんせん》な働きが感動を生む。	▼「感じる作業」とは、日常見慣れたり聞き慣れたりしているものに、改めて新しい反応を示し、（③　　）こと。 ➡ものをより深く感じること。	▼（⑤　　）や驚《おどろ》きが、私たちの詩の心を目覚めさせ、連想や比喩の楽しさを教えてくれる。	詩 ものによく感じて、そこに新しい驚きを発見する喜びをもたらすもの。 詩の心 今までよく見えなかったものを見、よく聞こえなかったものを聞く喜びを求めている。

おさえよう

要旨《ようし》 詩とは、ものによく感じて、そこに新しい〔ア 考え　イ 驚き〕を発見する喜びを与《あた》えてくれるものであり、〔ア 詩の心　イ 詩の技巧《ぎこう》〕は、今まで見えなかったものを見、聞こえなかったものを聞く喜びを求めている。

知識の泉 Q「刻」の部首名は？

実力判定テストA ステージ2 詩の心――発見の喜び

30分

自分の得点まで色をぬろう!
100点 合格! 80 もう一歩 60 がんばろう! 0
/100

解答 2ページ

1 次の文章を読んで、問題に答えなさい。 教p.24・③〜25・④

雲　山村暮鳥《やまむらぼちょう》

①おうい雲よ
②ゆうゆうと
馬鹿《ばか》にのんきさう《ソウ》ぢや《ジャ》ないか
どこまでゆくんだ
ずつ《ズッ》と磐《いは》《イワ》城《き》平《たひら》《タイラ》の方までゆくんか

この山村暮鳥の詩には、ほとんど何の技巧《ぎこう》もなく、③誰《だれ》もが感じることを、あたりまえに表現しているようですが、それでいて何となくほのぼのと、④心をひくものがあります。「おうい雲よ」――思わずそう呼びかけたくなった感動に、悠然《ゆうぜん》と気ままに旅をしたいという願望が隠《かく》れていて、読者にも同じ願望を呼び覚ますからです。

〈嶋岡《しまおか》 晨《しん》「詩の心――発見の喜び」による〉

1 ①おうい雲よ について答えなさい。

(1) どんな表現技法が用いられていますか。次から一つ選び、記号で答えなさい。(10点)

ア 対句《ついく》　イ 呼びかけ
ウ 比喩《ひゆ》　エ 体言止め

(　　)

(2) よく出る この部分はどんなふうに朗読するとよいですか。次から一つ選び、記号で答えなさい。(5点)

ア 小さな声で朗読する。　イ はきはきと朗読する。
ウ ゆっくりと朗読する。　エ 淡々《たんたん》と朗読する。

(　　)

攻略! おおらかな気持ちを表す朗読の仕方を考えよう。

2 記述 ②ゆうゆうと とありますが、何のどんな様子を表していますか。(10点)

(　　)

3 ③誰もが感じること とは、どんなことですか。(　)と□に当てはまる言葉を、文章中から抜き出しなさい。5点×2(10点)

気ままに見える空の(　　)に、思わず□□□□□と呼びかけたくなること。

4 ④心をひくもの があるのは、なぜですか。次から一つ選び、記号で答えなさい。(10点)

ア 悠然と気ままに旅をしたいという願望を呼び覚ますから。
イ 美しく雄大《ゆうだい》な自然の姿が単純な言葉で表現されているから。
ウ 弱いものや小さいものへの愛情を感じることができるから。
エ 自然豊かな地方の生活に対する憧《あこが》れを喚起《かんき》するから。

(　　)

知識の泉 **A** りっとう。「刀」の意味を表す。

2 次の文章を読んで、問題に答えなさい。

教p.25・⑩〜26・⑤

虫　八木重吉《やぎじゅうきち》

虫が鳴いてる
いま　①ないておかなければ
もう駄目《だめ》だというふうに鳴いてる
しぜんと
②涙《なみだ》をさそわれる

秋の夜、虫の声を耳にして、それを「いま　ないておかなければ……」という切羽詰《つ》まった、③真剣《しんけん》な命の声と聞く、この深い感じ方が、「虫が鳴いてる」という単純な事実を感動的なものにしているのです。作者の八木重吉は、結核《けっかく》のため僅《わず》か三十歳《さい》で世を去りました。この詩には、自身の短命を予感した作者の痛ましい実感も籠《こ》もっています。

〈嶋岡《しまおか》 晨《しん》「詩の心――発見の喜び」による〉

1 この詩では、五感のうち、どの感覚を主に用いて物事を捉《とら》えていますか。次から一つ選び、記号で答えなさい。（10点）

ア 視覚　イ 聴覚《ちょうかく》　ウ 触覚《しょっかく》　エ 味覚　（　　）

2 この詩で繰《く》り返されているのは、どんな表現ですか。詩の中から四字で抜《ぬ》き出しなさい。（5点）

3 記述 ①ないておかなければ とありますが、「ないて」が平《ひら》仮名《がな》で書かれているのはなぜだと考えられますか。（10点）

攻略！「鳴いて」ではなく、あえて平仮名で書いている理由を考えよう。

（　　）

4 ②涙をさそわれる とありますが、このときの詩の作者の気持ちを次から一つ選び、記号で答えなさい。（10点）

ア 虫の鳴き声がうるさくて、腹立たしく思う気持ち。
イ 虫の美しい鳴き声に感動し、うっとりする気持ち。
ウ 虫の懸命《けんめい》さに心を打たれて、共感する気持ち。
エ 秋を感じさせてくれる虫の声に感謝する気持ち。

（　　）

攻略！詩の作者が虫の鳴き声をどのように感じ取ったか読み取ろう。

5 ③真剣な命の声 とは、どのような声ですか。次から一つ選び、記号で答えなさい。（10点）

ア 体力がなくなってきて、弱々しく鳴いている声。
イ メスを呼び寄せようとして、必死に鳴いている声。
ウ 自分のなわばりを主張して、大きく鳴いている声。
エ 残り少ない命だと悟《さと》って、精いっぱい鳴いている声。

（　　）

6 よく出る 筆者は、この詩には、作者のどのような気持ちが込《こ》められていると考えていますか。文章中から抜《ぬ》き出しなさい。（10点）

（　　）

知識の泉 Q 慣用句「目が回る」に意味が近い熟語は？　ア＝疲労《ひろう》　イ＝多忙《たぼう》

確認のワーク　ステージ1

文法の窓1　文法とは・言葉の単位

学習のねらい
●言葉の単位を理解し、文法の基本の知識を身につけよう。
●文を文節や単語に分けられるようになろう。

解答　3ページ｜スピードチェック　18ページ

教科書の要点

1 言葉の単位　(　)に教科書の言葉を書き入れなさい。教p.250〜251

① 文法を考えるためには、言葉を(　)に分ける必要がある。
② 言葉の単位には、大きいほうから順に、文章(談話)、(　)、文、(　)、単語がある。

2 言葉の単位　(　)に教科書の言葉を書き入れなさい。教p.250〜251

文章	●文が集まって、まとまった内容を表したもの。 ●話し言葉では「①(　)」という。
段落	●長い文章の中の、**内容によるひとまとまり**。 ●書きだしを②(　)下げることで示される。
文	●**ひとまとまりの事柄《ことがら》や考えを表した、ひと続きの言葉**。 ●書き言葉では終わりに「。」(句点)などが付く。
文節	●文を声に出して読むとき言葉として不自然にならないように、**できるだけ細かく区切った単位**。
単語	●意味や働きを持ち、それ以上区切ってしまうと、その意味や③(　)が失われてしまうもの。

3 文節　文節の区切り方が正しいものを次から一つ選び、記号で答えなさい。

ア　白い／鳥が／木の枝に／止まる。
イ　白い／鳥が／木の／枝に／止まる。
ウ　白い鳥が／木の／枝に／止ま／る。
エ　白い／鳥／が／木／の／枝／に／止まる。
(　)

? 文節の区切りの見分け方▼　「ね」「さ」「よ」を入れて不自然にならないところが、文節の切れ目である。

4 単語　単語の区切り方が正しいものを次から一つ選び、記号で答えなさい。

ア　兄は／水泳と／サッカーが／好きだ。
イ　兄は／水泳／と／サッカーが／好きだ。
ウ　兄／は／水泳／と／サッカー／が／好きだ。
エ　兄／は／水泳／と／サッカー／が／好き／だ。
(　)

5 文節・単語　例にならって、次の文を「／」で文節に区切り、——線を引いて単語に区切りなさい。

例　子犬が／元気に／草原を／走り回る。
① 東京は日本の首都である。
② 花壇《かだん》にきれいな花が咲《さ》いている。

? 見分けにくい文節の区切り▼　「〜ている」「〜である」は、「〜て／いる」「〜で／ある」と区切る。

知識の泉　**A イ。**〈例〉開店の準備で，目が回る忙《いそが》しさだ。

基本問題

1 **次の文章は、いくつの段落からできていますか。算用数字で答えなさい。**

私《わたし》は、毎日バスで通学している。
バスは、通学の時間帯でも一時間に二本しか通っていない。だから、乗り遅《おく》れるとしばらく次のバスを待たなければならない。
ところがその日、おかしなことが起きた。

（　　）

2 **次の文章は、いくつの文からできていますか。算用数字で答えなさい。**

電車が来た。僕《ぼく》は、泣きそうになるのをこらえながら、先生と握手《あくしゅ》をした。
先生はゆっくりと電車に乗り込《こ》むと、窓越《まどご》しに笑顔《えがお》を向けてくださった。

（　　）

3 よく出る **次の文章に句点（。）を書き入れなさい。**

朝露《あさつゆ》とは、朝、草木に付く水滴《すいてき》のことであるこれは、風のない晴れた夜に発生するすぐに消えてしまうため、はかないもののたとえとしても使われる

4 よく出る **例にならって、次の文を文節に区切りなさい。**

例 美しい／田園の／風景を／思い出す。

① 私は、毎日一時間ほど勉強する。

② その靴《くつ》は、まだとても新しい。

攻略！ 文節の区切りには「ね・さ・よ」を入れることができる。

5 **例にならって、次の文を単語に区切りなさい。**

例 美しい／田園／の／風景／を／思い出す。

① 夏休みに友達と海水浴に行く。

② 私は毎朝、家の前を掃除《そうじ》する。

③ 向こうに見える山は、富士山《ふじさん》です。

④ 今なら、まだ間に合いそうだ。

⑤ 私は、通学路で話しかけられた。

⑥ 食べ物をたくさん買おう。

6 **見分けにくい区切りに注意し、例にならって、次の文を「／」で文節に区切り、——線を引いて単語に区切りなさい。**

例 美しい／田園の／風景を／思い出す。

① 犬がえさを食べ始める。

② 空に白い雲が浮《う》かんでいる。

③ 姿勢を正したほうが食べやすい。

④ 明日、台風が来るようだがこわくない。

⑤ 鳴き声を聞けば、鳥の種類が分かる。

⑥ 山頂に着いてから、弁当を食べた。

攻略！ ③「食べやすい」は「食べる」と「〜やすい」が合体した一つの単語。

知識の泉 Q ——線を漢字で書くと？ 試ケン・ケン査・危ケン

確認のワーク ステージ1

漢字道場1 活字と書き文字・画数・筆順

解答 4ページ　スピードチェック 3ページ

学習のねらい
- 活字の種類を知り、それぞれの活字の特徴《とくちょう》をつかもう。
- 間違《まちが》えやすい画数や筆順の漢字に注意し、正しく書こう。

漢字

1 漢字の読み 読み仮名《がな》を横に書きなさい。

*は新出漢字　▼は新出音訓・◎は熟字訓

❶ 筆*遣い　❷ *違い　❸ *玄関　❹ ◎*芝生
❺ ▼外科　❻ *傍線部　❼ ◎*乙女　❽ *克▼己心
❾ ▼弓道　❿ ▼氏神　⓫ ▼机上　⓬ ▼卵黄
⓭ ▼革製品　⓮ ▼耳▼鼻科　⓯ 三角▼州　⓰ ▼入▼荷
⓱ 分*泌

2 漢字の書き 漢字に直して書きなさい。

❶ 胃液の（ぶんぴつ）。　❷（ぼうせんぶ）を読む。
❸（げんかん）のドア。　❹（こっきしん）を養う。
❺ 両者の（ちが）い。　❻ 美しい（ふでづか）い。

教科書の要点

1 活字の種類 （　）に教科書の言葉を書き入れなさい。 教p.33

①（　）	●一般《いっぱん》の印刷物で最もよく使われる活字。	例 進
ゴシック体	●（②）などに使われる活字。	例 進
③（　）	●書き文字の形や筆遣《ふでづか》いを参考にした活字。	例 進

2 画数・筆順 （　）に教科書の言葉を書き入れなさい。 教p.34

① 漢字を作る点と線（点画）の数を（　）という。
② 漢字を書くときの筆運びの順序を（　）という。

3 筆順の原則 次の筆順の原則に従って書く漢字を後から一つずつ選び、記号で答えなさい。 教p.34

① 上から下へ書く。（　）（　）　② 中から左右へ書く。（　）（　）
③ 左から右へ書く。（　）（　）　④ 外側から内側へ書く。（　）（　）
⑤ 文字全体を貫《つらぬ》く縦画や横画は最後に書く。（　）（　）

ア 因　イ 喜　ウ 中　エ 承　オ 測

基本問題

1 次の説明に合う書体を後から一つずつ選び、記号で答えなさい。

① 一般《いっぱん》の印刷物で最もよく使われる活字。（　　）
② 見出しなどに使われる活字。（　　）
③ 書き文字の形や筆遣《ふでづか》いを参考にした活字。（　　）

ア 行書体　イ 教科書体　ウ 明朝《みんちょう》体　エ ゴシック体

2 次の文字の書体は何ですか。後から一つずつ選び、記号で答えなさい。

① 近（　　）　② 外（　　）　③ 家（　　）

ア 明朝体　イ ゴシック体　ウ 行書体　エ 教科書体

3 よく出る 次の漢字の画数を漢数字で書きなさい。

① 弟（　　）画　② 防（　　）画
③ 辺（　　）画　④ 収（　　）画
⑤ 吸（　　）画　⑥ 延（　　）画
⑦ 考（　　）画　⑧ 似（　　）画
⑨ 比（　　）画　⑩ 革（　　）画

攻略！ ②、③、⑥の漢字は、部首の画数に注意しよう。

4 次の漢字のうち画数がほかと異なるものを一つ選び、記号で答えなさい。

① ア 子　イ 己　ウ 弓　エ 乙（　　）
② ア 求　イ 衣　ウ 好　エ 印（　　）
③ ア 世　イ 糸　ウ 母　エ 北（　　）
④ ア 席　イ 師　ウ 展　エ 都（　　）

5 よく出る 正しい筆順のほうに、○を付けなさい。

① ア（　）…卯卯
　 イ（　）…卯卯
② ア（　）…版版
　 イ（　）…版版
③ ア（　）…快快
　 イ（　）…快快
④ ア（　）…座座
　 イ（　）…座座

攻略！ ④「土」の部分は、「土」とは違《ちが》う筆順で書く。

6 次の←の点画は何画目に書きますか。漢数字で書きなさい。

① 臣（　　）画目　② 泌（　　）画目
③ 荷（　　）画目　④ 成（　　）画目
⑤ 進（　　）画目　⑥ 飛（　　）画目

知識の泉 Q 「間」「聞」「開」のうち，部首が異なる漢字は？

確認のワーク ステージ1　飛べ かもめ

解答 4ページ｜スピードチェック 3ページ｜予想問題 132ページ

学習のねらい
- 情景や行動から登場人物の心情を読み取ろう。
- 少年の心情の変化を捉《とら》え、主題を読み取ろう。

漢字と言葉

1 漢字の読み　読み仮名《がな》を横に書きなさい。

＊は新出漢字　▼は新出音訓・◎は熟字訓

❶＊鈍行列車　❷人＊影　❸＊貼り付く　❹＊頼り
❺◎意気地　❻▼次第　❼＊振り向く　❽◎行方
❾＊怠ける　❿＊瞳（訓読み）　⓫取り＊戻す　⓬＊虹

2 漢字の書き　漢字に直して書きなさい。

❶（　）《ぼく》の名前。　❷手を（　）《にぎ》りしめる。
❸空が（　）《くも》る。　❹幼い（　）《ころ》の写真。
❺親に（　）《あま》える。　❻白い（　）《すなはま》。

3 語句の意味　意味を下から選んで、線で結びなさい。

❶放心　・　　・ア　顔を赤らめること。
❷抜《ぬ》き差しならぬ　・　　・イ　差し迫《せま》っている様子。
❸赤面　・　　・ウ　気が抜けてぼんやりすること。

教科書の要点

1 設定　（　）に教科書の言葉を書き入れなさい。　教 p.36〜37

①時…（　）の初め。どんよりと曇《くも》った昼過ぎ。
②場所…海沿いに走る（　）の中。
③登場人物…少年と（　）。

2 あらすじ　正しい順番になるように、番号を書きなさい。　教 p.36〜39

（　）列車の窓に列車と同じ速さで飛ぶかもめが現れる。

（　）少年は自分も頑張《がんば》ろうという気持ちになり、次の駅で列車を降りて自分の足で走って帰ろうと思う。

（　）少年は、行き当たりばったりに列車に乗り、これからどうしたらよいか思い悩《なや》んでいた。

（　）かもめは力尽《ちからつ》きて、少年から見えなくなる。

（　）少年はかもめが自分の力で必死に前進している姿を見て感動し、応援《おうえん》する。


かもめの登場で、少年の心に変化が起こることに注目しよう。

知識の泉　A 聞。　部首は，間・開→「門」（もんがまえ），「聞」→「耳」（みみ）。

3 構成のまとめ

（　）に教科書の言葉を書き入れなさい。教 p.36〜39

	第一場面	第二場面	第三場面
場面	教初め〜p.37・① 悩む少年	p.37・②〜38・⑨ かもめの登場	p.38・⑩〜終わり かもめの退場・少年の決意
情景とかもめの様子	〈空はどんよりと曇っている。〉	●かもめが一羽、激しく羽ばたきながら列車と並んで飛んでゆく。 ●一分、二分。鳥影《とりかげ》は、なおも同じ位置に貼《は》り付いている。	●鳥の速度は次第《しだい》に落ち、ついに少年の視界から消える。 〈海に大きな（⑥　　）が出ている。〉
	変化		
少年の様子と心情	■少年は行き当たりばったりの列車に乗っていた。 ▼成績が落ちてきたことを母親に言われて、（①　　）。 ▼放心した目は、何も見ていない。…今後どうするか思案する。	▼少年は、我知らず（②　　）した。 対比 自分　暖かい列車の中にのんびりと座《すわ》っている。 かもめ　自分の翼《つばさ》で羽ばたくことで、前に進んでいる。自分の（③　　）と力だけを頼《たよ》りに。 ▼かもめを応援する少年。――僕《ぼく》なんかに（④　　）。	▼少年の目に、かすかに涙《なみだ》がにじんだ。――あいつは、よくやった。甘《あま》えるな。怠《なま》けるな。力いっぱい飛べ。…自分を奮い立たせる。 ▼少年は、この次の駅で降り、砂浜《すなはま》を走って帰ろうと思う。…自分の力で前に進もうという気持ち。 ▼少年は、瞳《ひとみ》に（⑤　　）を取り戻《もど》し、勢いよく立ち上がる。…力いっぱい生きていこうという気持ち。
	変化		

おさえよう

主題　おもしろくない気分で列車に乗っていた少年は、窓に映るかもめが〔ア　必死に　イ　軽々と〕羽ばたく姿を見て、懸命《けんめい》に自分の力で前に進むことの大切さに気づき、〔ア　迷い　イ　意欲〕を取り戻す。

知識の泉 Q 漢字の部首の「おおざと」と「者」を組み合わせてできる漢字は？

実力判定テストA ステージ2　飛べ　かもめ

30分

自分の得点まで色をぬろう！　100点　80　60　0　合格！　もう一歩　がんばろう！　/100

解答 4ページ

1 次の文章を読んで、問題に答えなさい。　教 p.37・⑤〜38・⑨

　しみ？　いや、かもめだ。かもめが一羽、全身の力を込《こ》めて激しく羽ばたきながら、列車と同じ方向に、まっすぐに飛んでゆく。そうと悟《さと》りながら、少年はまたも、それが何かのしみではないか——紙切れか何かが、外側からぴったり窓ガラスに貼《は》り付いているのではないか、と疑った。そんな①錯覚《さっかく》を起こさせるほど、その鳥影《とりかげ》は、窓ガラスの同じ位置にぴったり貼り付いて——ということはつまり、走っている列車と全く同じ速度で、必死に羽ばたいていたのである。

　一分、二分。鳥影は、なおも同じ位置に貼り付いている。この列車に、この少年に、抜《ぬ》き差しならぬ用でもあるかのように。

　しかも——少年はふと気づいて、我知らず座《すわ》っている。②赤面した。自分は、暖房《だんぼう》の効いた列車の中に、のんびりと座っている。あの鳥は、自分の翼《つばさ》で羽ばたくことによってしか、前に進めない。だから、あの鳥は、懸命《けんめい》に羽ばたいている。前進している。自分の意志と力だけを頼《たよ》りに。

　③少年は、鳥から目が離《はな》せなくなった。無意識に拳《こぶし》を握《にぎ》りしめ、頑張《がんば》れ、頑張れ、と小さな声を立てた。列車なんかに負けるな、僕《ぼく》なんかに負けるな。この意気地《いくじ》なしの僕なんかに——。

〈杉《すぎ》 みき子《こ》「飛べ　かもめ」による〉

1 よく出る ①錯覚 は、なぜ起こったのですか。（　）に当てはまる言葉を、文章中から抜き出しなさい。　5点×2（10点）

列車の窓の外にいるかもめが、走っている列車と同じ（　　　）に、全く同じ（　　　）で、必死に羽ばたいていたから。

2 記述 ②赤面した とありますが、少年が赤面したのはなぜですか。書きなさい。（10点）

（　　　）

3 少年は、かもめは何を頼りに飛んでいると思いましたか。文章中から抜き出しなさい。（10点）

（　　　）

4 ③少年は、鳥から目が離せなくなった。とありますが、このときの少年の気持ちを次から一つ選び、記号で答えなさい。（10点）

ア かもめが速く飛ぶのを見るのは楽しいという気持ち。
イ 自分の力で必死に羽ばたくかもめを応援《おうえん》したい気持ち。
ウ 本当にかもめが飛んでいるのか確かめたい気持ち。
エ かもめが美しく飛ぶ姿をずっと見ていたい気持ち。

（　　　）

攻略！ 直後に「頑張れ」と思っていることに注目しよう。

5 かもめを見ているうちに、少年は自分をどのような人間だと感じましたか。文章中から五字で抜き出しなさい。（10点）

知識の泉　**A 都。**　漢字の部首の「おおざと」は右側，「こざとへん」は左側と覚えよう。

2 次の文章を読んで、問題に答えなさい。

教 p.38・⑩～39・⑧

しかし、鳥の速度は次第《しだい》に落ちてきた。翼《つばさ》の動きが、目に見えるほど鈍《にぶ》くなる。

窓ガラスに映る影《かげ》の位置が、少しずつずれてきた。そしてついに、後ろの窓へ、更《さら》にまた後ろへ――。

少年は、体ごと振《ふ》り向いて、鳥の行方《ゆくえ》を追う。小さな影は、やがて力尽《ちからつ》きたように視界から消えた。①少年の目に、白い一点の残像を残して。

②少年の目に、かすかに涙《なみだ》がにじんだ。

――あいつは、よくやった。

少年の心に、何かが、ぴんと糸を張る。

甘《あま》えるな。

怠《なま》けるな。

力いっぱい飛べ。

――③この次の駅で降りよう。そして、砂浜《すなはま》を走って帰ろう。

少年の胸に、足の裏を刺《さ》すざらざらした砂の感触《かんしょく》が、生々しくよみがえった。

列車はカーブを回り、速度を落とし始める。少年は、瞳《ひとみ》に光を取り戻《もど》して、勢いよく立ち上がった。

どこかで雨が上がったのか、④海に大きな虹《にじ》が出ている。

〈杉《すぎ》 みき子《こ》「飛べ　かもめ」による〉

1 ①少年の目に、白い一点の残像を残して。とは、どのようなことを表していますか。次から一つ選び、記号で答えなさい。（15点）

ア　少年の目に涙が浮《う》かんできたということ。
イ　少年の目にまだ鳥が見えているということ。
ウ　少年に別の鳥の姿が見えたということ。
エ　鳥の姿が少年の心に強く残ったということ。

（　　）

攻略！ 少年の目に鳥の姿が残ったということの意味を考えよう。

2 記述 ②少年の目に、かすかに涙がにじんだ。とありますが、このとき、少年はどのような気持ちでしたか。（10点）

（　　）

3 よく出る ③この次の……走って帰ろう。とありますが、こう思ったのはなぜですか。次から一つ選び、記号で答えなさい。（15点）

ア　列車にはもう十分乗ったという気持ちになったから。
イ　自分の力で前に進みたいという気持ちになったから。
ウ　思いきり体を動かしたいという気持ちになったから。
エ　少し寒い風に当たりたいという気持ちになったから。

（　　）

4 ④海に大きな虹が出ている とありますが、この虹はどのようなことを表していますか。（　）に当てはまる言葉を□から選び、書き入れなさい。5点×2（10点）

少年が自分も（　　）と決意し、（　　）な気持ちになったことを表している。

不愉快《ゆかい》　晴れやか　頑張《がんば》ろう　我慢《がまん》しよう

知識の泉 Q 次の□に当てはまる漢字は？　クラスの意見をまとめるのは□が折れた。

確認のワーク ステージ1 さんちき

漢字と言葉

1 漢字の読み 読み仮名《がな》を横に書きなさい。

*は新出漢字 ▼は新出音訓・◎は熟字訓

① *縛る ② *彫る ③ 物*騒 ④ *響く
⑤ *慌てる ⑥ *黙る ⑦ *倒れる ⑧ 生*唾
⑨ *鋭い ⑩ *憎しみ ⑪ *腕（訓読み） ⑫ *辛い

2 漢字の書き 漢字に直して書きなさい。

① （　　）《かんじん》な話。 ② （　　）《こし》を下ろす。
③ 荷物を（　　）《お》す。 ④ 草が（　　）《の》びる。
⑤ 鉛筆を（　　）《けず》る。 ⑥ 大声で（　　）《さけ》ぶ。

3 語句の意味 意味を下から選んで、線で結びなさい。

① うなだれる ・　　・ア 落ち着きがなくせわしい。
② せわしない ・　　・イ 知識や教養がある。
③ 学がある ・　　・ウ 気持ちが沈《しず》んで頭を垂れる。

学習のねらい
●会話や行動に表れている親方の人物像や生き方を読み取ろう。
●三吉《さんきち》の心情の変化を捉《とら》え、どのように成長したかを読み取ろう。

解答 5ページ ｜ スピードチェック 4ページ ｜ 予想問題 133ページ

教科書の要点

1 物語の背景 （　）に教科書の言葉を書き入れなさい。 教 p.42〜43

① 時代…（　　）時代末期。
② 場所…（　　）の町にある「車伝《くるまでん》」という車大工《くるまだいく》の仕事場。

2 登場人物 （　）に教科書の言葉を書き入れなさい。 教 p.42〜43

主人公である（①　　）と「車伝」の（②　　）。（①）は、「車伝」に弟子《でし》入りして五年になる、半人前の車大工である。

3 人物像 次の行動には、親方のどんな性格が表れていますか。後から一つずつ選び、記号で答えなさい。 教 p.44〜46

① 怒鳴《どな》っているとき三吉《さんきち》がしょんぼりするのを見ると、怒鳴り声が小さくなる。 （　　）
② 三吉が車を彫《ほ》るのみで名前を彫っていたのを見て「あほう！」と怒鳴った。 （　　）

ア 陽気 イ 厳しい ウ 欲深い エ 優《やさ》しい

知識の泉 A 骨。「骨が折れる」＝苦労する。めんどうだ。

4 構成のまとめ

（　）に教科書の言葉を書き入れなさい。教p.42～50

場面		出来事	心情や様子
第一場面 教初め～p.44・⑦	矢に自分の名前を彫る三吉	●三吉は夜中に起き出し、親方と二人で作り上げた車を見上げる。 ●自分で作った矢に名前を彫り始める。	三吉「ほんまに、ええ（①　　）や。」 …自分で作った矢のできばえに満足し、誇《ほこ》らしく思う。 ▼弟子入りしてから、初めて（②　　）でやった。 …親方に仕事を任されたのがうれしい。
第二場面 p.44・⑧～48・⑩	親方が登場し二人で文字を彫る	●親方が現れ、三吉の彫り間違《まちが》いが明らかになる。 ●親方と三吉で文字を彫り始める。	親方「このあほう！　表に彫るやつがあるか。」「順番がまちごうてるやないか、順番が――。」 三吉 名前の彫り間違いに気づく。そそっかしい。職人として未熟。 親方「車大工は木を削《けず》りながら自分の命を削ってるんや。」
第三場面 p.48・⑪～49・⑮	外での斬《き》り合い	●侍《さむらい》が外で斬られる。	▼斬られた侍は「む、（③　　）じゃ……。」と言い残す。
第四場面 p.49・⑯～終わり	三吉に車大工としての自覚が芽生える	●親方が侍と車大工の生き方の違いを語る。 ●親方は百年先のことを三吉に想像させる。 …百年後の人の言葉にたくし、三吉を励《はげ》ます。 ●三吉は、ろうそくの明かりをひと吹《ふ》きで消す。	親方「わしらは（④　　）を残す。この車は、これから（⑤　　）もの間、ずっと使われ続けるんや。」 三吉 親方の腰《こし》をぎゅっと押《お》した。 …うれしさと照れくささ。自分の仕事のすばらしさに気づく。 三吉「（⑥　　）は、きっと腕《うで》のええ車大工になるで。」 …立派な車大工になろうと決意する。

（第二場面～第四場面：成長）

おさえよう

主題 三吉はそそっかしく未熟で、親方に〔ア 一人前　イ 半人前〕とよばれていた。親方の生き方に触《ふ》れる中で、自分の仕事の〔ア 意義　イ 困難さ〕に気づいた三吉は、将来腕のいい車大工になることを決意する。

知識の泉　Q □に入る漢字は？　「異□同音」

実力判定テストA ステージ2 さんちき

30分

自分の得点まで色をぬろう！
100点 80 60 0
合格！ もう一歩 がんばろう！
/100

解答 6ページ

1 次の文章を読んで、問題に答えなさい。

教 p.42・①〜42・㉓

三吉《さんきち》は仕事場に降りてろうそくをともした。今日、親方と二人で作りあげた祇園《ぎおん》祭りの鉾《ほこ》の車が、どっしりと立っている。

見上げると、また、①ため息が出た。

「どっから見ても、ぴしっと引き締《し》まってる。ほんまに《〔本当に〕》、ええで《〔よい〕》きあがりや。」

車輪の真ん中から、②お日様の光のように周りへ伸《の》びている二十一本の細い支え木のことを、矢という。その一本を握《にぎ》って揺《ゆ》すってみる。こそっともしない。

「うむ、きちっとはまってる。半人前のおらが作ったなんて、誰《だれ》も信じひんやろ《〔信じないだろう〕》。」

八つのときに、この「車伝《くるまでん》」に弟子《でし》入りして、まだ五年。一人前になるには、もう七、八年かかる。

ところが、あの口うるさい親方が、

「半人前の三吉にも、③てつどうてもらおか。こんだけ大きな車を作ることは、一生に、何べんもあらへんしな《〔ありはしない〕》。」

と、矢を作るのを一本だけ任せてくれた。

弟子入りしてから④初めて必死でやった。親方の細かい注意も真面目に聞いた。いつもなら半分も聞いてないのに――。

〈吉橋《よしはし》 通夫《みちお》「さんちき」による〉

1 よく出る ①ため息が出た とありますが、このときの三吉の気持ちを次から一つ選び、記号で答えなさい。（10点）

ア 不安　イ 安心
ウ 失望　エ 満足　（　　）

2 ②お日様の光のように周りへ伸びている は、何のどのような様子を表していますか。次から一つ選び、記号で答えなさい。（10点）

ア 鉾の車の大きい様子。　イ 矢の美しく立派な様子。
ウ 支え木の細い様子。　エ 車輪の光る様子。　（　　）

3 三吉は、親方をどのような人物だと思っていましたか。文章中から五字で抜《ぬ》き出しなさい。（10点）

攻略！ 「細かい注意」をする親方を三吉はどう思っていたか捉《とら》えよう。

4 ③てつどうてもらおか とありますが、親方がこう言ったのは、なぜですか。（　）に当てはまる言葉を、文章中から抜き出しなさい。（10点）

これだけ（　　　　）を作ることは一生に何度もないので、三吉に作る機会を与《あた》えたかったから。

5 ④初めて必死でやった とありますが、なぜですか。（　）に当てはまる言葉を、文章中から抜き出しなさい。（10点）

親方が、仕事を（　　　　）ことがうれしかったから。

知識の泉 **A 口。** みんなが異なる口から同じことを言うこと。「異句同音」は間違《まちが》い。

2 次の文章を読んで、問題に答えなさい。

教 p.42・㉔〜43・㉓

組み立てが終わり、親方と二人で、天井《てんじょう》からつるした綱《つな》で縛《しば》って引き起こしたとき、体が震《ふる》えた。そこら中走り回って叫《さけ》びたかった。

——①おらも、いっしょに作ったんやで！

自分が任されたカシの木の一本の矢が、②白く輝《かがや》いて見えた。

車大工《くるまだいく》は、自分の気に入った車が作れたとき、名前をそっと彫《ほ》っておく。だから三吉《さんきち》も彫ることにした。親方とおかみさんが寝《ね》てしまうのを待って、③夜中にそっと起き出してきた。彫ってしまえば、こちらのものだ。なんぼ《〔いくら〕》親方が怒鳴《どな》っても消えることはない。

字には、あまり縁《えん》がないけど、平仮名《ひらがな》で自分の名前の、

さ　ん　き　ち

とだけは、どうにか書ける。

道具箱の中からのみを取ってきて、ろうそくの明かりを頼《たよ》りに、「さ」の字から彫り始めた。

カシの木は堅《かた》い。よく研《と》いであるのみなのに、かなり力がいる。横線と斜《なな》め下へ伸《の》びる線は、何とかうまくいったが、丸みをつけるところが難しい。丁寧《ていねい》に彫り込《こ》みたいけど、親方が目を覚ましたらたいへんだ。それに、明かりをつけておくと物騒《ぶっそう》だ。

このごろ、京都の夜は怖《こわ》い。

幕府の政治のやり方に反対する尊王攘夷《そんのうじょうい》派の侍《さむらい》たちがうろうろしている。「天誅《てんちゅう》だ。」とか言って、幕府方の役人や商人を殺す。

〈吉橋《よしはし》 通夫《みちお》「さんちき」による〉

---

1 ①おらも、いっしょに作ったんやで！ について答えなさい。

(1) この言葉には、三吉のどのような気持ちが表れていますか。次から一つ選び、記号で答えなさい。（10点）

ア 大切な大仕事に自分も加わったという喜び。
イ いつまでも半人前だと思われることのくやしさ。
ウ 一人前だと認めてもらおうという思い上がり。
エ 自分の仕事が人の手柄《てがら》にされることへの不安。　（　　）

攻略！ 「走り回って叫びたかった」というほどの強い気持ちである。

(2) 三吉が作ったのは、車のどの部分でしたか。文章中から四字で抜《ぬ》き出しなさい。（10点）

□□□□

2 よく出る ②白く輝いて見えた とありますが、そう見えたのはなぜですか。次から一つ選び、記号で答えなさい。（15点）

ア そこだけ白い材質の木で作られていたから。
イ はりきりすぎて意識がぼんやりしていたから。
ウ 自分が加わって仕上げたことが誇《ほこ》らしかったから。
エ ろうそくの明かりがそこだけ当たっていたから。　（　　）

攻略！ 人物の気持ちが見え方に反映されていることを押《お》さえよう。

3 ③夜中にそっと起き出してきた とありますが、三吉は何をするために起き出してきたのですか。（　）に当てはまる言葉を書きなさい。（15点）

自分が作った矢に（　　　　　　　　）ため。

知識の泉 Q ——線を正しく書き直すと？　中学生を<u>対照</u>とした企画《きかく》である。

実力判定テストB ステージ3

さんちき

30分

自分の得点まで色をぬろう!
合格! もう一歩 がんばろう!
100点 80 60 0
/100

解答 6ページ

★ 次の文章を読んで、問題に答えなさい。 教p.49・⑯〜50・㊲

戸締《とじ》まりをして親方は、自分でろうそくをつけた。のみをがらくた入れの中へしまうと、①まだ体の震《ふる》えの止まらない三吉《さんきち》に向かって、静かに言った。

「②侍《さむらい》に生まれんで、よかったな。」

「……。」

「あの侍の目は、死ぬ間際《まぎわ》やちゅうのに、憎《にく》しみでいっぱいやった。侍たちは、やたらと殺しおうてばかりや。国のためやとか言うてるけど、殺し合いの中から、いったい何を作り出すというんじゃ。」

親方は、三吉が作った矢を握《にぎ》ってぐいと引いた。びくともしない。

「ええ仕上がりや。この車は何年持つと思う?」

三吉は、やっと口を開いた。

「二、三十年やろか。」

「あほう、百年や。」

「百年も!」

「わしらより長生きするんや。侍たちは、何にも残さんと死んでいくけど、わしらは車を残す。この車は、これから百年もの間、ずっと使われ続けるんや。」

「へええ。」

「へええやあらへん。おまえも、その車大工《くるまだいく》の一人やないか。まだ半人前やけど。」

「半人前は、余分や。」

「余分のついでに、③今から百年先のことを考えてみよか。世の中、どないなってるやろ。幕府が続いてるか、ほかの藩《はん》が天下を取ってるか分からん。けど、わしらみたいな町人《ちょうにん》の暮らしは、途切《とぎ》れんと続いてるやろ。祇園《ぎおん》祭りも、町衆《まちしゅう》の力で毎年行われ、この車は、祭りのたびに、大勢の見物人の前をゴロゴロ引かれていく。ほいで《[それで]》、誰《だれ》かが、今わしらの彫《ほ》った字を見つけるんや。見つけて、こない言うかもしれへん。」

そこで親方は、腕《うで》を組み、声の調子を変えてしゃべりだした。

「ほう、こりゃなんと百年も前に作った車や。長持ちしてるなあ。なになに『さんちき』か……。ふうん、これを作った車大工やな。ちょっと変わった名前やけど、④きっと腕のええ車大工やったんやろなあ……。」

「親方――⑤。」

三吉は親方の腰《こし》をぎゅっと押《お》した。怒《おこ》られるかなと思ったけど、何も言われなかった。

「はっはっは、さあ、もう寝《ね》ろ。ろうそくがもったいないやないか。」

親方は、それだけ言うと、さっさと奥《おく》へ入ってしまった。

知識の泉 A **対象。** 「対象」=相手・目標。同音異義語に「対照=見比べること」「対称=つり合うこと」。

三吉は、ろうそくを吹《ふ》き消そうとして、もう一度車を見た。

さんちき

と彫った字が、ろうそくの明かりの中に、ぼんやりと浮《う》かんで見える。

「さんちきは、きっと腕のええ車大工になるで。」

そっとつぶやいてから、⑥思い切り息を吸い込《こ》んで、ろうそくの明かりをひと吹きで消した。

〈吉橋《よしはし》 通夫《みちお》「さんちき」による〉

1 ①体の震え とありますが、このときの三吉の気持ちを次から一つ選び、記号で答えなさい。（10点）

ア 緊張《きんちょう》　イ 感動

ウ 恐怖《きょうふ》　エ 驚《おどろ》き　（　　）

2 ②侍に生まれんで、よかったな。とありますが、親方は侍と車大工の生き方の違《ちが》いについてどう考えていますか。文章中から一文で抜《ぬ》き出し、初めの六字を書きなさい。（10点）

□□□□□□

3 よく出る ③今から百年先 とありますが、親方は百年先も続いているものは何と何だと考えていますか。（　）に当てはまる言葉を、文章中から抜き出しなさい。10点×2（20点）

① 車大工のような（　　）。

② 町衆の力で行われる（　　）。

4 ④きっと腕のええ車大工やったんやろなあ…… と言ったときの親方の三吉に対する気持ちを次から一つ選び、記号で答えなさい。（10点）

ア 期待する気持ち。　イ 心配する気持ち。

ウ あきれる気持ち。　エ 感心する気持ち。　（　　）

5 よく出る ⑤親方の腰をぎゅっと押した とありますが、このときの三吉の気持ちを次から一つ選び、記号で答えなさい。（10点）

ア 親方が自分をからかっていると思い、恥《は》ずかしかった。

イ 親方に皮肉を言われたように感じて、腹立たしかった。

ウ 親方が自分の実力を認めてくれたと思い、得意になった。

エ 親方に励《はげ》まされて、照れくさいけれどうれしかった。　（　　）

6 記述 ⑥思い切り息を吸い込んで、ろうそくの明かりをひと吹きで消した とありますが、このとき、三吉はどのような気持ちでしたか。考えて書きなさい。（20点）

（　　）

7 レベルUP 題名である「さんちき」という言葉は、どのようなことを象徴《しょうちょう》していますか。□に当てはまる言葉を、文章中から抜き出しなさい。10点×2（20点）

現在の□□のそそっかしい慌《あわ》て者の性格を表すとともに、百年先にも名前が残る腕のいい□□□の姿を象徴している。

知識の泉 Q「違《ちが》いが大きい」という意味のことわざは？　□とすっぽん

確認のワーク ステージ1　話を聞いて質問しよう

学習のねらい
- 話を聞いて、だいじな言葉をメモに取れるようになろう。
- インタビューの工夫《くふう》の仕方や会話が広がる質問を考えよう。

解答 ▶ 7ページ

教科書の要点

1 メモの取り方　（　）に教科書の言葉を書き入れなさい。　教 p.269

① メモを取るときは、（　　　）を中心に書き取る。また、箇条《かじょう》書きを用いたり、番号や（　　　）を付けたりして、内容を整理しながら書く。

② メモを取る時間を短縮するためには、矢印などの（　　　）を用いたり、キーワードの（　　　）だけを書いたり、平仮名《ひらがな》で書いたりするとよい。

2 質問の仕方　自己紹介を聞いて質問をするとき、どんなことを質問するとよいですか。（　）に教科書の言葉を書き入れなさい。　教 p.57

① 話の中で（　　　）ことや確認《かくにん》したいこと、詳《くわ》しく（　　　）などについて質問する。

② 「なぜ」「どんな」などを使った詳しく知るための質問や、自分との（　　　）や相違《そうい》点に関する質問などをする。

3 メモの取り方・質問の仕方　次の自己紹介と自己紹介を聞いて書いたメモを読んで、問題に答えなさい。

【自己紹介】

僕《ぼく》は、山川小学校出身の高橋優太《たかはしゆうた》です。僕は、自然にふれることが好きなので、キャンプをするのが趣味《しゅみ》です。よろしくお願いします。

【自己紹介を聞いて書いたメモ】

高橋優太さん
・山川小　出身
・□にふれるのが好き　↓キャンプが趣味

(1) メモの□にはどんな言葉が入りますか。（　　　）

(2) **【自己紹介を聞いて書いたメモ】**をもとに高橋さんへの質問を書き出す場合、高橋さんをより詳しく知ることができる質問として適切なものを次から一つ選び、記号で答えなさい。
ア　キャンプには、どんな歴史があるのか。
イ　キャンプをしようと思ったきっかけは何か。
ウ　キャンプをするとき、どんな物が必要か。
（　　　）

知識の泉　**A　月。**　月もすっぽんも形は丸いが，全然違《ちが》うものであることから。

★ 基本問題

次のインタビューを読んで、問題に答えなさい。

早紀《さき》 優太君は、自然にふれるのが好きでキャンプが趣味だそうですが、キャンプのどんなところが楽しいですか。

優太 キャンプ場は自然に囲まれていて、今までに見たことのない植物や虫と出会えたり、夜はたくさんの星が見えたりするのが楽しいです。

早紀 なるほど。キャンプ場では、具体的にどんなことをしますか。

優太 まず、着いたらテントを設営します。それから、火をおこして食事の準備をします。

早紀 私《わたし》も以前キャンプをしたときに火おこしに挑戦《ちょうせん》しましたが、うまくできませんでした。

優太 僕は「ファイヤースターター」という道具を使います。早紀さんもその道具を使えばうまく着火できるかもしれません。

早紀 「ファイヤースターター」とは、どんな道具ですか。

優太 火打ち石みたいなもので、マグネシウムの棒をこすって火花を散らすことで火をおこす道具です。

早紀 わあ、それは便利ですね。火をおこしたら、どんな料理を作りますか。

優太 パエリアを作ったり、肉を焼いたりします。僕は、ギョウザを作って焼くのが得意です。

早紀 とても楽しそうですね。今度キャンプに行ったら、どんな料理を作ったか教えてください。

1 キャンプのどんなところが楽しいですか という質問の答えから分かる優太君の人柄《ひとがら》を次から一つ選び、記号で答えなさい。

ア 自立心がある。 イ 協調性がある。
ウ 好奇心がある。 エ 思いやりがある。
（　　）

2 早紀さんは、インタビューの前に、次のような質問したいことを書き出したメモを用意しました。このメモについて答えなさい。

・キャンプのどんなところが[①]。
・キャンプ場では、どんなことをするのか。
・キャンプでは、[②]を作るのか。

(1) [　] ①・②に入る言葉を書きなさい。
①（　　）②（　　）

(2) よく出る 早紀さんは、メモの質問以外にも、答えを聞いて更《さら》に知りたいことを質問しています。用意していなかった質問をインタビューの中から一文で抜き出しなさい。
（　　）

3 早紀さんのインタビューのよい点を次から一つ選び、記号で答えなさい。

ア 自分の意見を述べて、相手との共通点を引き出している点。
イ 相づちを打ちつつ、会話の流れに沿いながら質問している点。
ウ テーマから視点を変えた質問をして、内容を深めている点。
エ 相手が話しやすいようにくだけた話し方をしている点。
（　　）

攻略！ 早紀さんがさまざまな質問をどのようにしているか考えよう。

知識の泉 Q 「伸《しん》」の部首名は？

確認のワーク ステージ1

日本語探検2 接続する語句・指示する語句

解答 7ページ｜スピードチェック 5ページ

学習のねらい
- 接続する語句と指示する語句の役割を理解しよう。
- 接続する語句や指示する語句を正しく使えるようになろう。

漢字

1 漢字の読み 読み仮名《がな》を横に書きなさい。

*は新出漢字 ▼は新出音訓・◎は熟字訓

❶ 寝*坊　❷ 一*般的　❸ 事*柄　❹ 無*沙*汰

2 漢字の書き 漢字に直して書きなさい。

❶ 意見の（　　）《こんきょ》。　❷（　　）《いっぱんてき》な知識。

❸（　　）《ねぼう》する。　❹ 大事な（　　）《ことがら》。

教科書の要点

1 接続する語句・指示する語句 （　）に教科書の言葉を書き入れなさい。 教 p.58／60

① 接続する語句…文と文をつないで、二つの文の（　　）を表す働きがある語句のこと。例 だから・だけど

② 指示する語句（（　　）言葉）…事柄《ことがら》を指し示す語句のこと。遠近によって使い分けられる。例 これ・その・あそこ・どちら

2 接続する語句 ［　］から言葉を選び、（　）に書き入れなさい。 教 p.58〜59

① 結論や根拠《こんきょ》を表す……例（　　）・なぜなら

② 逆のことを述べる……例（　　）・しかし

③ 言い換《か》える……例（　　）・要するに

④ 例を挙げる……例（　　）・一例として

⑤ 付け加える……例 そして・（　　）

⑥ 違《ちが》う話題にする……例 ところで・（　　）

［ さて　だから　例えば　つまり　だけど　それから ］

3 指示する語句 （　）に言葉を書き入れなさい。 教 p.60

	近称《きんしょう》	中称	遠称	不定称
物事	これ	（①　　）	あれ	どれ
場所	ここ	そこ	（②　　）	どこ
方向	（③　　）こっち	そちら そっち	あちら あっち	どちら どっち
様子	こう	そう	（④　　）	どう
状態	こんな	そんな	あんな	どんな
限定	この	その	あの	（⑤　　）

知識の泉 A にんべん。「人」の意味を表す。

基本問題

1 例にならって、次の文の接続する語句に――線を引きなさい。

例 みんなよく練習をした。しかし、試合には負けた。

① 高い熱が出た。だから、今日は学校を休んだ。

② 彼女《かのじょ》は母の妹の子です。つまり、僕《ぼく》のいとこです。

③ これは手作りの品だ。したがって、値段が高い。

2 よく出る 次の文の――線の意味を後から一つずつ選び、記号で答えなさい。

① 私《わたし》は昼食を食べた。そして、コーヒーを飲んだ。（　　）

② お久しぶりです。ところで、ご両親はお元気ですか。（　　）

③ 今日は雨だ。しかし、マラソン大会は行われる。（　　）

ア 結論や根拠《こんきょ》を表す　イ 逆のことを述べる

ウ 違《ちが》う話題にする　エ 付け加える

攻略！ 接続する語句の前後の関係に注目する。

3 □から言葉を選び、（　）に書き入れなさい。

① ピアノを習った。（　　）、上達はしなかった。

② 湖に行こうと思う。（　　）、山中湖《やまなかこ》はどうだろう。

③ 私は足がすくんだ。（　　）、その道は、とても高いところにあったからだ。

そして　なぜなら　だけど　例えば

4 例にならって、次の文の中の指示する語句に――線を引きなさい。

例 そのボールペンを取ってください。

① これは、工作のときに使う道具ですか。

② 駅へ行くには、どっちの道を行けばよいですか。

③ あそこの角を右に曲がれば、僕の家だ。

5 例にならって、〰〰の指示する内容に――線を引きなさい。

例 母はスーパーに行った。そこで、野菜を買った。

① 父が魚を釣《つ》って帰ってきた。これは、おいしかった。

② 大きな地方都市には、大阪《おおさか》市や名古屋《なごや》市がある。人口が多いのは、前者のほうだ。

③ 箱根《はこね》に行ったんですか。あそこは、温泉が有名ですね。

攻略！ ②「前者」は、二つ挙げたもののうち、前のものを指す。

6 よく出る 次の（　）に当てはまる指示する語句を書きなさい。

① 今私が手にしている（　　）本を差し上げます。

② おなかの（　　）が痛みますか。

③ あなたが持っている（　　）かばんを見せてください。

④ イソップ物語とアンデルセン童話、（　　）を読みますか。

⑤ （　　）丘《おか》の上まで、いっしょに走ろう。

知識の泉 Q ――線を漢字で書くと？ シコウ錯誤《さくご》を重ねる。

確認のワーク ステージ1
オオカミを見る目

解答 8ページ　スピードチェック 5ページ　予想問題 134ページ

学習のねらい
- 段落の役割や段落どうしの関係を捉《とら》え、内容を読み取ろう。
- 筆者の文章の書き方の工夫《くふう》を捉えよう。

漢字と言葉

1 漢字の読み
読み仮名《がな》を横に書きなさい。

＊は新出漢字　▼は新出音訓・◎は熟字訓

❶ ＊賢い　❷ 象＊徴　❸ ＊捉える　❹ ＊襲う
❺ ＊恐れる　❻ 牧＊畜　❼ 基＊盤　❽ ＊稲作
❾ ＊撲＊滅　❿ 感▼染＊症　⓫ 普＊及　⓬ ＊臆病

2 漢字の書き
漢字に直して書きなさい。

❶ 朝顔の（　　　）《さいばい》。　❷ 台風の（　　　）《ひがい》。
❸ （　　　）《さんびき》の犬。　❹ （　　　）《さわ》やかな朝。
❺ 食前の（　　　）《いの》り。　❻ 表情を（　　　）《くず》す。

3 語句の意味
意味を下から選んで、線で結びなさい。

❶ 糧《かて》・　　・ア 完全に絶やすこと。
❷ 撲滅《ぼくめつ》・　　・イ 生きてゆくために必要なもの。
❸ 駆除《くじょ》・　　・ウ 追いはらい、取り除くこと。

教科書の要点

1 話題
（　）に教科書の言葉を書き入れなさい。

(1) この文章は、何について書かれていますか。　教p.62〜63
（　　　　）に対するイメージの違《ちが》いや変化について。

(2) 昔のヨーロッパと日本では、オオカミはどのような動物と考えられてきましたか。　教p.62〜63
① 昔のヨーロッパでは、（　　　　）を象徴《しょうちょう》する生き物とされ、憎《にく》まれていた。
② 昔の日本では、（　　　　）のように敬われていた。

2 内容理解
次の言葉は、どのような場合に使われますか。後から一つずつ選び、記号で答えなさい。　教p.63／65

① まず（　　）　② つまり（　　）　③ しかし（　　）

ア 前の内容をまとめる。　イ 他の話題に変える。
ウ 前とは逆の内容であることを示す。
エ いくつかある中の最初であることを示す。

段落の最初の言葉は、段落の役割を知る手がかりになるね。

3 構成のまとめ

（　）に教科書の言葉を書き入れなさい。（各段落に1～17の番号を付けて読みましょう。）

教 p.62～67

まとまり	第一のまとまり	第二のまとまり		第三のまとまり
段落	1～4 段落	5～10 段落	11～15 段落	16～17 段落
	問い	オオカミに対する見方の違い（❶の答え）	日本におけるオオカミに対する見方の変化（❷の答え）	筆者の考え
内容	オオカミのイメージについての二つの疑問 ❶ オオカミに対して、ヨーロッパと（①　　）とでは、見方が違っていたのはなぜか。 ❷ 日本において、（②　　）と今とで、オオカミのイメージが変わったのはなぜか。	〈ヨーロッパ〉 ● ヒツジを軸《じく》にした（③　　）を基盤《きばん》としていた。 ↓ ヒツジを襲《おそ》うオオカミは憎まれた。 ● （④　　）の影響《えいきょう》が強かった。 ↓ オオカミは悪魔《あくま》のイメージになった。 悪いイメージ ↕ 対比 良いイメージ 〈日本〉 ● 日本は（⑤　　）を軸にした農業を営んでいた。 ↓ 稲《いね》を食べる草食獣《じゅう》を殺すオオカミは、（⑥　　）として敬われた。	〈江戸《えど》時代の中頃《なかごろ》〉 ● （⑦　　）が流行した。 〈明治時代〉 ● 西洋からオオカミを悪者にしたヨーロッパの童話が入ってきた。 〈その後〉 ● 感染症《かんせんしょう》ジステンパーの流行。 ● 開発による生息地の減少。 ● 食料であるシカの激減。 イメージの悪化 忌《い》まわしい動物 ↓ 悪者 ↓ 害獣としての駆除《くじょ》の対象 ↓ オオカミの絶滅《ぜつめつ》	…オオカミの例は、野生動物に対する考え方が社会によって強い（⑧　　）を受けることを示している。 …人の考えや行いは、置かれた社会の状況《じょうきょう》によって異なりもするし、また変化もする。

おさえよう

要旨《ようし》 ものに対するイメージは、決まったものではない。それは、〔ア 社会　イ 経済〕によって強い影響を受ける。そして、社会の状況が変化すれば、それに伴《ともな》ってイメージも〔ア 消失　イ 変化〕する。このことを、筆者はオオカミを例に挙げて説明している。

知識の泉

Q 「五十歩百歩」の意味は？

実力判定テストA ステージ2

オオカミを見る目

30分

自分の得点まで色をぬろう！
100点 合格！ 80 もう一歩 60 がんばろう！ 0
/100

解答 8ページ

次の文章を読んで、問題に答えなさい。 教p.63・⑨〜65・③

1 まず、なぜヨーロッパと日本とでオオカミのイメージが大きく違《ちが》っていたのかを考えてみましょう。

2 ヨーロッパの農業は、麦を栽培《さいばい》し、ヒツジを飼って営まれてきました。当時の人々にとってヒツジは生活の糧《かて》でした。そして、まだ村の周りに森が残っていた時代には、森にすむオオカミがヒツジを襲《おそ》って殺すことがよくありました。人々はオオカミの襲撃《しゅうげき》を防ごうといろいろな策を講じましたが、オオカミは賢《かしこ》い動物ですから、それを破ってヒツジを襲うこともありました。人々がこのようなオオカミを残酷《ざんこく》で悪い動物と思い、①憎《にく》むようになったのは当然のことです。また、キリスト教の影響《えいきょう》がたいへん強かった中世のヨーロッパでは、悪魔《あくま》や魔女が本当にいると信じられていました。ですから、人々が憎み恐《おそ》れたオオカミは悪魔のイメージと重ねられ、人々の想像も手伝って、いたずらに恐ろしい魔物に仕立てられていきました。

3 このように、ヨーロッパでは、ヒツジを軸《じく》にした牧畜《ぼくちく》を基盤《きばん》とし、キリスト教の影響がたいへん強かったために、ヒツジを襲うオオカミは悪魔のように見なされることとなったのです。

4 一方、日本はどうでしょう。日本は米の国といっていいほど稲作《いなさく》の盛《さか》んな国です。人々は汗水《あせみず》垂らして米作りに励《はげ》み、豊作のために祈《いの》りをささげる毎日を過ごしてきました。そうやって心血を注いで育てた稲《いね》が台風でだめになったり、イノシシやシカに食べられたりしたら、人々はどう感じたでしょうか。台風には逆らえませんから、ただ祈るしかありませんが、イノシシやシカには強い憎しみを感じたにちがいありません。そして、そのイノシシやシカを殺してくれるのがオオカミです。②当然、オオカミは自分たちの味方と考えたことでしょう。したがって、オオカミは敬われ、神のようになっていきました。事実、③オオカミをまつる三峯《みつみね》神社は、米の豊作祈願《きがん》の神社なのです。

5 つまり、米を軸にした農業を営んだ日本では、稲を食べる草食獣《じゅう》を殺してくれるオオカミは神として敬われるようになったのです。

〈高槻《たかつき》 成紀《せいき》「オオカミを見る目」による〉

1 1段落は、どのような役割をしていますか。次から一つ選び、記号で答えなさい。（10点）

ア 問題提起　イ 説明
ウ 補足　エ まとめ
（　　）

攻略！ 「考えてみましょう」という言い方に注目しよう。

知識の泉 **A たいして違《ちが》わないこと。** 類義語に「大同小異」がある。

2 ヨーロッパの人々にとって、ヒツジはどのようなものでしたか。文章中から四字で抜《ぬ》き出しなさい。（10点）

□□□□

3 よく出る ①憎むようになった とありますが、ヨーロッパの人々がオオカミに対して憎む気持ちを持ったのは、なぜですか。（　）に当てはまる言葉を、文章中から抜き出しなさい。5点×2（10点）

オオカミが、自分たちの生活に必要な（　　）を襲って（　　）ことが多くあったから。

4 日本の農業について説明したものを次から一つ選び、記号で答えなさい。（10点）

ア イノシシやシカを飼育していた。
イ 麦を栽培しながら、ヒツジを飼っていた。
ウ 米だけでなく麦作りにも力を入れていた。
エ 懸命《けんめい》に米作りに取り組んでいた。

（　　）

5 記述 ②当然、オオカミは自分たちの味方と考えたことでしょう。とありますが、それはなぜですか。（10点）

（　　）

6 ③オオカミをまつる……神社なのです とありますが、これは、どのようなことを説明するために挙げられた例ですか。（　）に当てはまる言葉を、文章中から抜き出しなさい。5点×2（10点）

日本では、（　　）が敬われ、（　　）のようになっていったこと。

7 文章中には、前の段落の内容をまとめて述べている段落が二つあります。それぞれ段落番号で答えなさい。5点×2（10点）

（　　）段落　（　　）段落

8 よく出る この文章の段落の関係は、どのようになりますか。次から一つ選び、記号で答えなさい。（10点）

ア
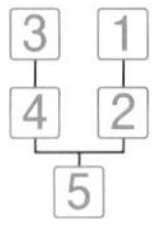

イ
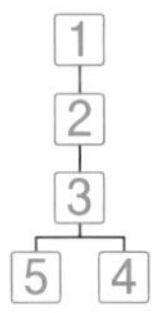

ウ
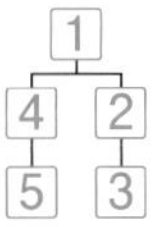

エ
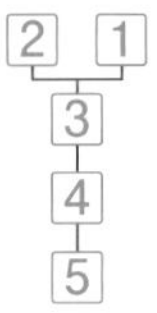

（　　）

攻略！ 段落の初めの接続表現に注目して、段落どうしの関係を捉《とら》えよう。

9 ヨーロッパと日本における、オオカミのイメージが生まれた背景とオオカミのイメージを次の表にまとめました。□に当てはまる言葉を、文章中から抜き出しなさい。4点×5（20点）

	イメージが生まれた背景	オオカミのイメージ
ヨーロッパ	①□□□□を軸にした牧畜を基盤とし、②□□□□□の影響が強かった。	③□□のように見なされ、憎まれるようになった。
日本	④□を軸にした農業を営んでいた。	⑤□として敬われるようになった。

実力判定テストB ステージ3

オオカミを見る目

30分

自分の得点まで色をぬろう!
合格! もう一歩 がんばろう!
100点 80 60 0
/100

解答 8ページ

次の文章を読んで、問題に答えなさい。

教 p.65・⑫〜67・⑫

江戸《えど》時代の中頃《なかごろ》、①日本人のオオカミに対する見方を一変させる出来事が起こります。それは、海外から入ってきた狂犬病《きょうけんびょう》の流行です。狂犬病はイヌ科の動物がかかりやすい感染症《かんせんしょう》で、発病した動物にかまれることによって人にも感染し、いったん発症すると数日間で死亡するという恐《おそ》ろしい病気です。狂犬病にかかったオオカミは獰猛《どうもう》になり、何にでもかみつくようになるために、人をもよく襲《おそ》いました。狂犬病のオオカミに襲われた人は、たとえそのときは命を落とさずにすんだとしても、後になって狂犬病を発症し激しく苦しんで死ぬこともあったのです。こうしたことから、オオカミはにわかに忌《い》まわしい動物となっていきました。

そして、明治時代になると、日本の社会は大きな変革期を迎《むか》えます。国は「富国強兵」をスローガンに近代化・軍国化を急ぎ、積極的に西洋の知識や価値観を取り入れました。そんな中、オオカミを悪者にしたヨーロッパの童話も入ってきました。うそをついてはいけないという教訓で有名な「オオカミ少年」などいくつかの童話は、当時の教科書にも掲載《けいさい》され、広く普及《ふきゅう》しました。このことが②オオカミのイメージをますます悪化させたと考えられます。

オオカミに対する見方のこうした変化を背景に、オオカミは害《がい》獣《じゅう》として駆除《くじょ》の対象とされるようになっていきました。更《さら》に、感染症であるジステンパーの流行、開発による生息地の減少、食料であるシカの激減など、オオカミにとって不利な条件が重なって、日本のオオカミはとうとう絶滅《ぜつめつ》してしまったのです。

ところが、現在では、増えすぎたシカによる被害《ひがい》が日本中で問題になっているため、オオカミの絶滅が自然のバランスを崩《くず》し、シカの激増を招いてしまったという反省の声もあるのです。

こうしたオオカミの例は、野生動物に対する考え方が、その社会によっていかに強い影響《えいきょう》を受けるかをよく示しています。日本とヨーロッパでは、同じ農業を営んでいても、その在り方が違《ちが》ったために、③オオカミに対する見方が正反対のものになってしまったのです。そして、更に注目されるのは、社会の状況《じょうきょう》の変化によってそれがまた変わりうるということです。日本におけるオオカミのイメージの変化は、まさに④そのことを示しています。

このように、人の考えや行いは、置かれた社会の状況によって異なりもするし、また変化もしうるのだということを、心に留めておいてください。

〈高槻《たかつき》 成紀《せいき》「オオカミを見る目」による〉

1 よく出る ①日本人のオオカミに対する見方を一変させる出来事について答えなさい。

(1) どのような出来事が起きたのですか。文章中から六字で抜《ぬ》き出しなさい。（10点）

(2) この出来事によって、日本人はオオカミをどのような動物と見るようになりましたか。文章中から七字で抜き出しなさい。（10点）

2 ②オオカミのイメージをますます悪化させた とありますが、その直接の原因は、どのようなことですか。（　）に当てはまる言葉を、文章中から抜き出しなさい。（10点）

明治時代に、オオカミを（　　）にしたヨーロッパの童話が入ってきて、（　　）に掲載されて広く普及したこと。

3 オオカミが絶滅してしまった原因として当てはまらないものを次から一つ選び、記号で答えなさい。（15点）

ア 駆除の対象とされたこと。
イ 天敵となる動物が増加したこと。
ウ 感染症が流行したこと。
エ 開発で生息地が減少したこと。
オ 食料であるシカが激減したこと。

（　　）

4 オオカミが絶滅したことで、どのような問題が起きましたか。（　）に当てはまる言葉を、文章中から抜き出しなさい。5点×2（10点）

（　　）が崩れ、シカの（　　）を招き、シカによる被害が日本中で起こるという問題。

5 記述 ③オオカミに対する見方が正反対のものになってしまった とありますが、日本とヨーロッパで、オオカミに対する見方が正反対になってしまったのは、なぜですか。（15点）

6 よく出る ④そのこと とは、どのようなことですか。次から一つ選び、記号で答えなさい。（15点）

ア オオカミの数の減少により、イメージが変わったということ。
イ 農業の在り方が違えば、オオカミの見方が変わるということ。
ウ 社会の状況の変化により、イメージが変わりうるということ。
エ 同じ国でも、ものに対する見方は人によって違うということ。

（　　）

7 レベルUP オオカミのイメージが変化した理由を説明することで、筆者が伝えたかったことは、どのようなことですか。文章中から抜き出しなさい。（15点）

知識の泉 Q 「早化」に共通の部首をつけるとできる熟語は？

確認のワーク ステージ1

調べて分かったことを伝えよう 「食文化」のレポート

学習のねらい
●レポートの構成がどのように工夫《くふう》されているかを捉《とら》えよう。
●レポートの見出しや図表の役割について理解しよう。

解答 9ページ

基本問題

★ 次は,「ウナギはいつから『かば焼き』で食べるようになったのか」というレポートの一部です。文章を読んで,問題に答えなさい。

教p.75・⑱〜76・㉒

3 ①調査結果

(1) **かば焼き以前のウナギは,いつから,どう食べられてきたか**

ウナギの食用の歴史は長い。縄文《じょうもん》時代の遺跡《いせき》でウナギの骨が見つかっており,その頃《ころ》からウナギが食べられていたとみられている。奈良時代に成立した「万葉集《まんようしゅう》」には,ウナギを題材にした大伴家持《おおとものやかもち》の和歌が収められているが,当時のウナギがどのように調理されていたかは分かっていない。

現代のようなかば焼きよりも古くからあるウナギ料理として,「すし」と「なます」が挙げられる。「すし」は,ご飯の間にぶつ切りのウナギを挟《はさ》み,重しを載《の》せて発酵《はっこう》させたものであり,現代の握《にぎ》りずしとは異なっている。「なます」は,「醤油《しょうゆ》をうすめてウナギにかけ,少し火にあぶるか熱湯でぬぐってから切ったもの」(「ウナギと日本人」,164ページ)であった。

(2) **ウナギのかば焼きは,いつ始まったか**

「かば焼き」という言葉は,鎌倉《かまくら》時代に登場する。しかしこれは今のかば焼きとは形が違《ちが》い,ぶつ切りのウナギを串《くし》に刺《さ》して焼いたものだった。

江戸《えど》時代初期の本に,ウナギを裂《さ》いて串に刺した絵が出てくる。この頃から,今のかば焼きと似た形のウナギが売られていた。ただし,しょうゆとみりんを主な材料とした甘辛《あまから》いたれが登場するのは,もっと後のことになる。

現代のしょうゆに近いものが,室町《むろまち》時代にはできていた。だが,甘味《かんみ》となるみりんが調味料として書物に出てくるのは江戸時代後期である。このしょうゆとみりんの両方がそろって,かば焼きの甘辛いたれができあがった。

こうして,形も味も現代に近いかば焼きが成立した。夏の「土用の丑《うし》の日」にウナギのかば焼きを食べるという風習も,1820年代には行われていた。

(3) **ウナギの現在**

②右のグラフは,ニホンウナギの稚魚《ちぎょ》であるシラスウナギの国内採捕《さいほ》量を表したものである。これを見ると,近年,ウナギの稚魚が捕《と》れにくくなっていることが分かる。2014年には,国際自然保護連合がニホンウナギを絶滅《ぜつめつ》危惧《きぐ》種に指定した。

4 ③考察

現在のようなウナギのかば焼きが広まったのは江戸時代のことであり,最初に予想したよりもずっと昔からある食べ方だと分かった。ウナギのかば焼きは,日本の伝統食の一つだといえる。ウナギを絶滅の危機から守っていくことは,食の伝統を受け継《つ》いでいくためにも大切なことだと考える。

〈「調べて分かったことを伝えよう『食文化』のレポート」による〉

知識の泉 **A 草花。** 「艹」(くさかんむり)を付ければよい。

1 次のメモは、このレポートの全体の構成を示したものです。□ⓐ・ⓑには、どのような内容が入ると考えられますか。下の**ア**〜**エ**から一つずつ選び、記号で答えなさい。

1 テーマ
2 ⓐ
3 調査結果　(1)〜(3)
4 考察
5 ⓑ

ア 参考資料
イ 題名
ウ 調査方法
エ 評価

ⓐ（　　　）
ⓑ（　　　）

2 ①調査結果 と ③考察 には、どんな内容が述べられていますか。□から言葉を選び、（　）に書き入れなさい。

調査結果には、調べて分かった（　　　）が述べられている。

考察には、調査して分かったことをもとに、自分で（　　　）が述べられている。

調べたこと　考えたこと　事実　根拠《こんきょ》

3 よく出る ①調査結果は、三つのまとまり(1)〜(3)に分けられています。これらは、どのような順で配列されていますか。

（　　　）

4 ①調査結果の中に、参考資料から引用している部分があります。それはどの部分ですか。文章中から抜《ぬ》き出して書きなさい。

（　　　）

5 ②右のグラフ とありますが、どのようなグラフを用いるとよいですか。最も適切なものを次から一つ選び、○を書き入れなさい。

ア（　）円グラフ

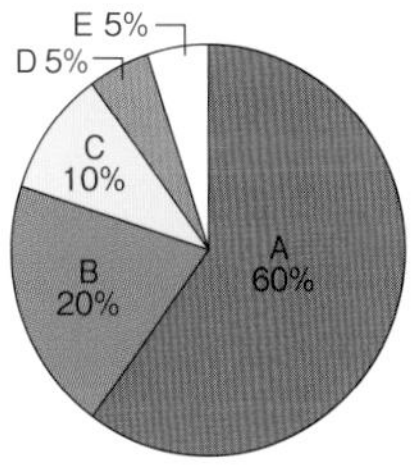

イ（　）折れ線グラフ

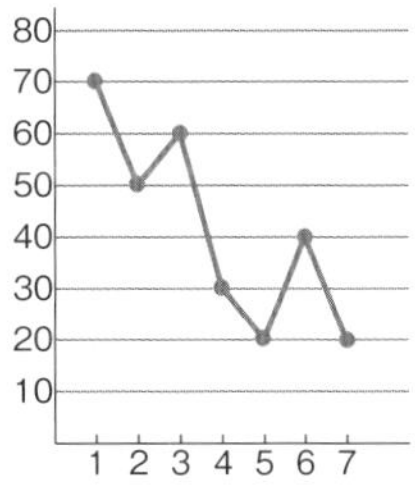

ウ（　）帯グラフ

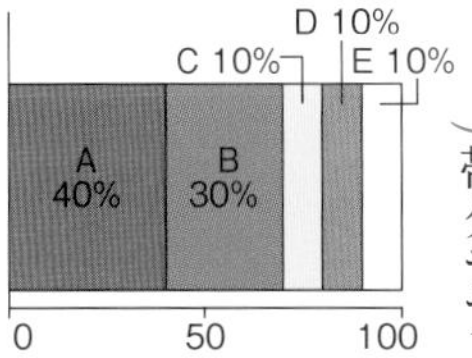

エ（　）棒グラフ

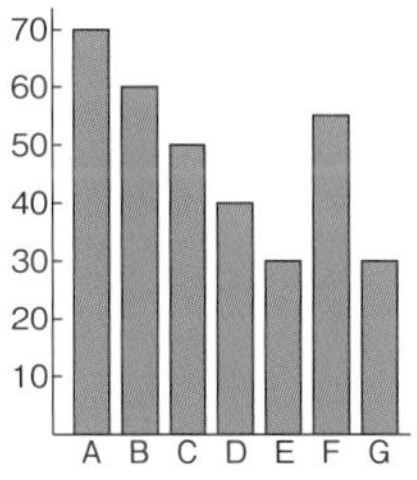

攻略！ 量の減少（＝時間に応じた変化）を表すのに必要な項目を考えよう。

6 よく出る このレポートの構成や内容として適切でないものを次から二つ選び、記号で答えなさい。

ア 調査結果をまとまりに分けて読みやすくしている。
イ 考察で、自分の予想と調査結果の食い違《ちが》いを述べている。
ウ ウナギの食べ方をテーマに、文化的な考察をしている。
エ 現代のウナギのかば焼きの作り方を詳《くわ》しく説明している。
オ 自分の考えは調査結果の中で根拠《こんきょ》を示しながら述べている。

（　　　）（　　　）

知識の泉 Q「予定より費用がかかる」という意味の慣用句は？　□が出る

確認のワーク ステージ1

文法の窓2 文の成分・連文節
漢字道場2 音読み・訓読み

解答 10ページ　スピードチェック 6・18ページ

学習のねらい
- 文の成分と連文節の役割、文節どうしの関係を理解しよう。
- 漢字の音読みと訓読みを正しく読めるようになろう。

漢字

1 漢字の読み 読み仮名《がな》を横に書きなさい。

＊は新出漢字 ▼は新出音訓・◎は熟字訓

❶＊桃（訓読み）　❷＊兼ね備える　❸便＊箋　❹側＊溝
❺象＊牙　❻優＊秀　❼＊傑作　❽＊拭う

2 漢字の書き 漢字に直して書きなさい。

❶学力の（きそ）。　❷（げんかく）を見る。
❸石けんの（あわ）。　❹服の（よご）れ。

教科書の要点　文法の窓2

1 文の成分 （　）に教科書の言葉を書き入れなさい。 教p.253

文の成分とは、（　　）を、文の中での（　　）から分類したものをいい、主語・述語・修飾語《しゅうしょく》・接続語・独立語がある。

文の成分のそれぞれの役割も押《お》さえておこう。

2 文の成分 （　）に教科書の言葉を書き入れなさい。 教p.253〜254

①（　　）	●「誰《だれ》が」「何が」に当たる部分。
②（　　）	●「何（誰）だ」「どんなだ」「どうする」「ある（いる・ない）」に当たる部分。
③（　　）	●「何の・どんな」や「いつ・どこで・何を・どのように・どのくらい」など、他の部分をより詳《くわ》しく説明する部分。
④（　　）	●前後の文や文節をつないで、いろいろな関係を示す部分。
⑤（　　）	●他の部分と直接関わりのない部分。

主語の形▼ 「〜は」「〜も」などの形になることもある。

3 連文節 （　）に教科書の言葉を書き入れなさい。 教p.254

二つ以上の文節がまとまって一つの（①　　）に当たる役割を持つものを連文節という。連文節には、主部・（②　　）・（③　　）・接続部・独立部がある。

知識の泉 A 足。〈例〉予想以上に交通費が高くて，かなり足が出てしまった。

4 文節どうしの関係　（　）に言葉を書き入れなさい。

教p.255〜256

①（　）の関係	●主語と述語の関係。
②（　）の関係	●修飾語と、修飾される文節との関係。
③（　）の関係	●接続語と、それを受ける文節との関係。
④（　）の関係	●二つ以上の文節が対等に並んで、ひとまとまりの役割を持つ関係。
⑤（　）の関係	●下の文節が、すぐ上の文節の意味を補って、ひとまとまりの役割を持つ関係。

? **並立《へいりつ》の関係**▼文節を入れ替《か》えても、意味が変わらない。
補助の関係▼上の文節に「……て（で）」が来ることが多い。また、下の文節に来る語には、「いる」「みる」「くる」「おく」などがある。

基本問題　文法の窓2

★ よく出る 次の——線の文節は、文の成分としては何に当たりますか。後から一つずつ選び、記号で答えなさい。

① バラが、みごとに 咲《さ》いた。（　）（　）（　）
② ああ、おいしいなあ、カレーライスは。（　）（　）（　）
③ 寒いので、ストーブを つけた。（　）（　）（　）

ア 主語　イ 述語　ウ 修飾《しゅうしょく》語　エ 接続語　オ 独立語

教科書の要点　漢字道場2

1 音読み・訓読み　次の言葉の意味を下から選び、線で結びなさい。

教p.78〜79

① 音読み・　・ア 日本古来の言葉を、同じ意味を表す漢字に当てはめた読み方のこと。
② 訓読み・　・イ 日本にその漢字が伝わったときの中国語での発音に基《もと》づいた読み方のこと。

? **音読み・訓読みの注意点**▼漢字二字で熟語を作る場合は、「音＋音」「訓＋訓」が普通《ふつう》だが、「音＋訓」（重箱《じゅうばこ》読み）、「訓＋音」（湯桶《ゆとう》読み）もある。

基本問題　漢字道場2

1 次の意味になる、音読みの漢字二字の熟語を作りなさい。

① 温かい風→（　）
② 山の頂→（　）
③ 探し求める→（　）
④ 傷を負う→（　）

2 よく出る 次のうち、——線の読み方が他と異なるものを一つ選び、記号で答えなさい。

① ア 便利　イ 不便　ウ 便乗　エ 方便（　）
② ア 興奮　イ 興味　ウ 復興　エ 再興（　）
③ ア 根拠　イ 拠点　ウ 拠出　エ 証拠（　）
④ ア 発車　イ 出発　ウ 発表　エ 発起（　）

知識の泉　Q ——線を漢字で書くと？　出発がノびる。

実力判定テストA ステージ2

文法の窓2　文の成分・連文節

30分

自分の得点まで色をぬろう！
100点 合格！ 80 もう一歩 60 がんばろう！ 0
/100

解答 10ページ

1 次の文の主語に——線、述語に══線を引きなさい。　2点×6（12点）

① 楽しい時間はあっという間に過ぎた。
② 私《わたし》だけそのニュースを知らなかった。
③ 秋にはぶどうの木に多くの実がつく。
④ 話し合いでは、誰《だれ》も反対をしなかった。
⑤ 私だって、負けたことはくやしい。
⑥ 来年に完成するらしい、あの映画は。

2 よく出る 次の══線の文節が修飾《しゅうしょく》する文節を一つずつ選び、記号で答えなさい。　2点×7（14点）

① ア我々は　イこれから　険しい　ウ山に　エ登る。（　）
② 父の　ア大きな　イかばんを　ウゆかに　エ置いた。（　）
③ ア山田君は　ボールを　イ近くの　ウ選手に　エパスした。（　）
④ かなり　ア早い　イ時間に　ウ朝食を　エ食べた。（　）
⑤ アいためた　イ足を　ウかばって　ゆっくり　エ歩いた。（　）
⑥ 昼に　ア駅前に　イある　ウ図書館へ　エ行く。（　）
⑦ ア十時に　イ集まって　公園で　ウ友達と　エ遊ぶ。（　）

攻略！ つなげて意味が通る文節はどれか考える。

3 次の〰〰線の修飾語が修飾している文節に——線を引き、〰〰線が連体修飾語ならアを、連用修飾語ならイを（　）に書きなさい。　2点×3（6点）

① 僕《ぼく》は　すぐに　数学の　宿題に　とりかかった。（　）
② 信濃川《しなのがわ》は、日本で　最も　長い　川だ。（　）
③ 昔の　なつかしい　思い出が、心に　浮《う》かんだ。（　）

攻略！ 「何」を修飾するか、「どんなだ」「どうする」を修飾するか見分ける。

4 次の文から接続語を一文節で抜き出しなさい。　2点×3（6点）

① 気温が上がった。すると、氷が解け始めた。（　）
② 暑いので、涼《すず》しい木陰《こかげ》でしばらく休んだ。（　）
③ 疲《つか》れたが、なぜかあまりよく眠《ねむ》れない。（　）

5 次の文から独立語を一文節で抜き出しなさい。　2点×3（6点）

① いいえ、それは私の本ではありません。（　）
② さあ、目的地へ向けて出発しよう。（　）
③ 富士山《ふじさん》、それは日本でいちばん高い山だ。（　）

知識の泉　**A 延。**「延びる」＝時間が長びく。ものが長くなる。「伸《の》びる」＝成長する。発展する。

6 次の――線の文の成分を後から一つずつ選び、記号で答えなさい。 2点×5（10点）

① チーターは、とても速く走る。
② 私の夢、それは宇宙飛行士になることだ。
③ 鳥の羽が、風を受けてふわりと舞《ま》った。
④ 携帯《けいたい》電話が水に濡《ぬ》れたが、壊《こわ》れなかった。
⑤ ドイツの首都は、ベルリンだ。

ア 主部　イ 述部　ウ 修飾部　エ 接続部　オ 独立部

7 よく出る 次の――線の文の成分を後から一つずつ選び、記号で答えなさい。 2点×4（8点）

① 明日の朝、僕はこの場所を出発する。
② 歩く百科事典、それが校長先生の異名だ。
③ このことは、誰《だれ》にも秘密だ。
④ きれいな水が、こんこんと湧《わ》き出している。

ア 主語　イ 述語　ウ 修飾語　エ 接続語　オ 独立語
カ 主部　キ 述部　ク 修飾部　ケ 接続部　コ 独立部

8 よく出る 次の――線の文の成分を例にならって書きなさい。 完答4点×3（12点）

例 父と 兄は（主部） 朝早く（修飾語） 出かけて いった。（述部）
① 父の 作る オムレツは、 大きくて おいしい。
② 電話を かけたが、 母は 外に 出かけて いた。
③ 窓際《まどぎわ》の テーブル席、 そこが 彼《かれ》の 定位置だ。

9 次の――線の二つの文節は、どのような関係になっていますか。後から一つずつ選び、記号で答えなさい。 2点×8（16点）

① けむりが もくもくと 立ち上がる。
② あの本は 私も 読みました。
③ 花が よい 香《かお》りを 漂《ただよ》わせて いる。
④ この 時間では、走っても 間に合わない。
⑤ 赤い 車が すごい スピードで 走り抜《ぬ》けた。
⑥ 彼は いつも 明るくて 元気だ。
⑦ 夜空に 無数の 星が 輝《かがや》く。
⑧ とりあえず、できる ことから やって みる。

ア 主・述の関係　イ 修飾・被《ひ》修飾の関係
ウ 接続の関係　エ 並立《へいりつ》の関係　オ 補助の関係

攻略！ 補助の関係では、上の文節は、「〜て」という形になることが多い。

10 次の――線の文節の関係と同じものを後から一つずつ選び、記号で答えなさい。 2点×5（10点）

① 手伝って くれて 本当に 助かりました。
② おみやげに 花やら ケーキやらを もらった。
③ 母も 買い物に 行きたいと 言った。
④ 夏休みは 終わって しまった。
⑤ 久しぶりに 晴れたから、出かけた。

ア 図書館は、平日ならば すいている。
イ 風が 爽《さわ》やかに 吹《ふ》いた。
ウ さっそく 手紙を 書いた。
エ 犬も 猫《ねこ》も 好きだ。
オ 何度も 挑戦《ちょうせん》して みる。

知識の泉 Q「庫」の部首名はどっち？　ア＝やまいだれ　イ＝まだれ

確認のワーク ステージ1

碑《いしぶみ》

学習のねらい
- 人物の行動や会話から、出来事や心情を読み取ろう。
- 広島二中の碑《ひ》に込められた平和への思いを読み取ろう。

解答 11ページ　スピードチェック 7ページ　予想問題 135ページ

漢字と言葉

1 漢字の読み　読み仮名《がな》を横に書きなさい。

*は新出漢字　▼は新出音訓・◎は熟字訓

① *爆*弾　② *偵察　③ *雷鳴　④ 土*煙
⑤ *埋まる　⑥ *煎*餅　⑦ *渡る　⑧ *途中
⑨ *尋ねる　⑩ *封書　⑪ *遡る　⑫ *郊外

2 漢字の書き　漢字に直して書きなさい。

① （　こうげき　）を加える。　② 決定的な（　しゅんかん　）。
③ （　きょだい　）な岩石。　④ （　まくら　）もとの時計。
⑤ ぐっすり（　ねむ　）る。　⑥ 地面を（　ほ　）る。

3 語句の意味　意味を下から選んで、線で結びなさい。

① 形相　・　　・ア 間違《まちが》いがないように十分確かめる。
② 浅ましい　・　　・イ みじめで見るにたえない。
③ 念を押《お》す　・　　・ウ 顔つき。顔かたち。

教科書の要点

1 話題　（　）に教科書の言葉を書き入れなさい。　教 p.80〜81／90

(1) 「碑《いしぶみ》」は、いつのどんな出来事について書かれていますか。
昭和（　　）年の八月六日、広島に（　　）が投下されたこと。

(2) 広島二中の一年生と先生は、どこに集まりましたか。また、原子爆弾《ばくだん》が炸裂《さくれつ》したとき、どこに整列していましたか。
① 集合場所…広島市の中心、中島新町《なかじましんまち》の（　　）。
② 整列した場所…（　　）の上。

(3) 広島二中の一年生の生徒と先生たちは、それぞれ何人いましたか。漢数字で答えなさい。
① 生徒…（　　）人　② 先生…（　　）人

(4) (3)の人たちは、どうなりましたか。次から一つ選び、記号で答えなさい。
ア 全員家族に会えなかった。
イ 何人かは助かった。
ウ 全員助かった。
エ 全員死亡した。
（　　）

「碑《ひ》」は、何のために建てられたのか捉《とら》えよう。

知識の泉　A イ。　形の似ている部首に注意。「やまいだれ」→疒。「がんだれ」→厂。

2 構成のまとめ

（　）に教科書の言葉を書き入れなさい。（＊＊で区切れるまとまりに1～18の番号を付けて読みましょう。）

教p.80～90

まとまり	出来事	人物の行動や心情など
第一のまとまり ＊＊の区切り 1～3 被爆《ひばく》直前	●広島二中の一年生の生徒と先生たちは、作業のため新大橋《しんおおはし》の上に整列した。 ●空に敵機を発見した。	▼またいつもの偵察《ていさつ》飛行だぐらいに、みんな考えた。
第二のまとまり ＊＊の区切り 4～17 被爆後の出来事	●B29爆撃《ばくげき》機のエノラ・ゲイ号が（①　　）を投下した。 ●生徒たちは市の外へ逃《に》げようとし、子供たちの家族は猛火《もうか》の市内へ入ってきた。 ●家族と再会できた生徒もいたが、次々と死亡していく。 → ●最後に桜美一郎《さくらびいちろう》君が亡《な》くなり、広島二中の一年生と先生は（⑤　　）した。	山田哲治《やまだてつじ》君…同級生が爆風で吹《ふ》き飛ばされるのを見た。 下野義樹《しものよしき》君…「爆発と同時に、黒く焼けた人が多かった。」 岡田彰久《おかだあきひさ》君…「燃える（②　　）を手で掘《ほ》ってはい出た。」 →原子爆弾の威力《いりょく》のすさまじさ ▼生徒たちの必死で生き抜《ぬ》こうとする様子 下野義樹君…「父や母に会いたい一心で（③　　）。」 ▼生徒たちの友達や家族を思いやる気持ち 谷口勲《たにぐちいさお》君…お父さんが迎《むか》えに来たが、友達のことを心配して、いっしょに連れて帰ってもらう。 山下明治《やましためいじ》君…死の直前、母親が「お母ちゃんもいっしょに行くからね。」と言ったら「（④　　）でいいよ。」と言った。
第三のまとまり ＊＊の区切り 18 碑について	●本川《ほんかわ》土手にある広島二中の碑の裏には、子供たちの（⑥　　）が刻まれている。	◆込《こ》められた思い ➡広島二中の子供たちと先生のことを忘れず、平和を求め続けてほしい。

おさえよう

要旨《ようし》 原子爆弾により全滅《ぜんめつ》した広島二中の一年生と先生たちに焦点《しょうてん》を当て、被爆の〔ア むごさ　イ 珍《めずら》しさ〕を描《えが》き出している。時間の流れに沿って事実のみを〔ア 主観的　イ 客観的〕に記述しており、死にゆく生徒たちが家族や友を思う気持ち、家族の悲しみ、平和への願いが強く伝わってくる。

知識の泉 Q「なまける」意味の慣用句は？　ア＝油を売る　イ＝油をしぼる

実力判定テストA ステージ2

碑《いしぶみ》

30分

自分の得点まで色をぬろう!
100点 合格! 80 もう一歩 60 がんばろう! 0
/100

解答 11ページ

次の文章を読んで、問題に答えなさい。

教 p.81・⑫〜84・⑬

雲ひとつない青い夏空に、きらりと光るB29の翼端《よくたん》を見つけた子供たちは、口々に「敵機、敵機。」と叫《さけ》びました。

生徒と向かい合った先生たち、一学級の升田龍一《ますだりゅういち》、二学級の山《やま》本信雄《もとのぶお》、四学級の箕村登《みのむらのぼる》、五学級の仲山岩夫《なかやまいわお》の四人の先生も、生徒の声で空を見上げました。

警報も出ず、たった三機ぐらいなら、またいつもの偵察《ていさつ》飛行だぐらいに、みんな考えました。誰《だれ》しも、たった一発で二十数万の人の生命を奪《うば》う原子爆弾《ばくだん》が完成しているとは知らなかったのです。

＊＊

①原子爆弾が炸裂《さくれつ》した瞬間《しゅんかん》のことを、作家の大田洋子《おおたようこ》さんは、「屍《しかばね》の街」の中で次のように書いておられます。

私《わたし》は蚊帳《かや》の中でぐっすり眠《ねむ》っていた。八時十分だったともいわれ、八時三十分だったともいうけれど、そのとき私は、海の底でいなずまに似た青い光に包まれたような夢を見たのだった。するとすぐ、大地を震《ふる》わせるような恐《おそ》ろしい音が鳴り響《ひび》いた。雷鳴《らいめい》がとどろきわたるかと思うような、言いようのない音響《おんきょう》につれて、山上から巨大《きょだい》な岩でも崩《くず》れかかってきたように、家の屋根が激しい勢いで落ちかかってきた。

＊＊

四学級担任の箕村登先生が、「血路は川だ、飛び込《こ》め。」と言われたのを、たくさんの生徒が聞いて、満潮の本川《ほんかわ》に三、四メートルの高さの土手から飛び込んでいます。

山田哲治《やまだてつじ》君は数人の同級生が本川の中に爆風で吹《ふ》き飛ばされるのを見ました。

下野義樹《しものよしき》君は、「点呼が終わると同時に退避《たいひ》という声を聞き、爆弾が落ちた、川に飛び込め、という声をかすかに聞いて本川に飛び込んだ。②爆発と同時に、黒く焼けた人が多かった。」と話しています。

四学級の酒井春之《さかいはるゆき》君がお母さんに言い残したことです。

「そのとき、一瞬後ろを振《ふ》り返ったら、れんがの塀《へい》が倒《たお》れるのが見え、逃《に》げ遅《おく》れた友人がたくさんその土煙《つちけむり》の中に消えた。」

岡田彰久《おかだあきひさ》君は、「腰《こし》まで土砂《どしゃ》に埋《う》まったが、気がついて、燃える砂を手で掘《ほ》ってはい出た。」と言っております。

③そのとき、砂も燃えたのです。

＊＊

爆風の後、猛火《もうか》が生徒を川に追いやり、新大橋《しんおおはし》の近くにあった雁木《がんぎ》には、近くにいた地方義勇隊、女学生たち二千人が押《お》しかけたといわれます。「屍の街」には、その当時のことが、こう書かれています。

もうどの人の形相も変わり果てたものになっている。川原の

知識の泉 A ア。「油をしぼる」＝厳しくしかること。

人は刻々に増え、重いやけどの人々で目立つようになった。初めのうちはそれがやけどとは分からなかった。火事になっていないのに、どこであんなに焼いたのだろう。④不思議な、異様なその姿は、恐ろしいのでなく、悲しく浅ましかった。煎餅《せんべい》を焼く職人が、あの鉄の天火《てんぴ》で一様に煎餅を焼いたように、どの人も全く同じな焼け方だった。

〈制作・広島テレビ放送　構成・松山《まつやま》善三《ぜんぞう》「碑《いしぶみ》」による〉

1 よく出る　空にB29の姿を見つけたとき、みんなは、B29は何をしていると思いましたか。文章中から四字で抜《ぬ》き出しなさい。（20点）

□□□□

2 ①原子爆弾が炸裂した瞬間　を、大田洋子さんはどのように表現していますか。次から一つ選び、記号で答えなさい。（20点）

ア　原子爆弾の爆発の強烈《きょうれつ》さを擬声《ぎせい》語を使って表している。
イ　原子爆弾の威力《いりょく》のすさまじさを比喩《ひゆ》を使って表している。
ウ　原子爆弾の破壊《はかい》力を幻想《げんそう》的な言葉を使って表している。
エ　原子爆弾の衝撃《しょうげき》の大きさを体言止めを使って表している。

（　　　）

3 記述　②爆発と同時に、黒く焼けた人が多かった。③そのとき、砂も燃えたのです。とありますが、これらのことから、どのようなことが分かりますか。（20点）

（　　　　　　　　　　）

攻略！ 人が黒く焼けたことと砂が燃えたことの原因を考えよう。

読書への招待

4 原子爆弾が爆発したときに生徒たちが見聞きしたことを表にまとめました。（　）に当てはまる言葉を、文章中から抜き出しなさい。　5点×3（15点）

人物	見聞きしたこと
山田哲治君	●数人の同級生が川の中に（①　　）で吹き飛ばされるのを見た。
下野義樹君	●点呼が終わると同時に退避という声を聞き、爆弾が落ちた、川に（②　　）、という声を聞いた。
酒井春之君	●爆発と同時に、黒く焼けた人を見た。 ●れんがの塀が倒れるのと、逃げ遅れた（③　　）がたくさんその土煙の中に消えたのを見た。

5 よく出る　④不思議な、異様なその姿は、恐ろしいのでなく、悲しく浅ましかった。とありますが、これは、どのようなことを表していますか。次から一つ選び、記号で答えなさい。（25点）

ア　ひどいやけどを見て恐ろしいと思うのは、失礼だということ。
イ　ひどいやけどは、見る者に死の恐怖《きょうふ》を感じさせるということ。
ウ　不思議なあまり、なぞめいた浅ましさを感じるということ。
エ　ひどいやけどを負い、人間らしさが失われているということ。

（　　　）

攻略！ ひどいやけどで変わり果てた姿の人々をどう感じたのか捉《とら》えよう。

知識の泉　Q「知り合いが多い」という意味の慣用句は？　□が広い

実力判定テストB ステージ3

碑《いしぶみ》

次の文章を読んで、問題に答えなさい。

教 p.89・㉚〜90・㊳

死に場所が分かった生徒もいますが、①広島二中一年生の三百二十一人の半数近くは、遺体を見つけることができませんでした。つまり、行方《ゆくえ》不明なのです。

お父さん、お母さんは、②市内、郊外《こうがい》の救護所や死体収容所を、あてどもなく探しました。

③家にたどり着いた子供にも、死期が近づきました。

佐伯《さえき》郡廿日市町《はつかいちちょう》で、④酒井春之《さかいはるゆき》君は、七日朝、七時二十五分、お母さんにみとられて亡《な》くなりました。

「枕《まくら》もとに詰《つ》めかけた祖母を呼び、おじやおばに話しかけ、妹の手を取って、意識は、はっきりしておりました。『話は、明日、ゆっくり聞くから、今夜は静かに寝《ね》ようね。』となだめたのですが、『昼に川の中で十分寝たからいいよ。』と苦しそうにないのが何よりでした。死ぬのでしたら、夜を徹《てっ》してでも、話を聞くのでしたのに。」

大竹《おおたけ》市の家で、五学級の山下明治《やましためいじ》君は四日目の九日、明け方、お母さんにみとられて亡くなりました。

「明治は、亡くなるとき、弟、妹の一人一人に別れの言葉を言い、私《わたし》が、鹿児島《かごしま》のおじいさんに何と言いましょうか、と申しましたら、⑤『りっぱに……。』と申しました。死期が迫《せま》り、私も思わず、⑥『お母ちゃんもいっしょに行くからね。』と申しましたら、⑦『後からでいいよ。』と申しました。そのときは無我夢中《むがむちゅう》でしたが、後から考えますと、なんとまあ、意味の深い言葉でしょうか。『お母ちゃんに会えたからいいよ。』とも申しました。」

五学級の桜美一郎《さくらびいちろう》君は、お父さん、お母さんに舟入《ふないり》救護所から吉島町《よしじまちょう》の社宅に運ばれ、十一日、午前八時十分、亡くなりました。

八月六日が誕生日でした。

桜美一郎君が、広島二中の最後の死亡者でした。

＊＊

本川《ほんかわ》土手に整列した広島二中の一年生、三百二十一人と四人の先生は、こうして一人残らず全滅《ぜんめつ》しました。

＊＊

⑧広島に行かれることがありましたら、平和公園の本川土手に、広島二中の碑《ひ》があるのを訪ねてください。その碑の裏には、いつも変わらぬ本川の流れを見つめて、全滅した広島二中の子供たちの名前が刻まれています。

〈制作・広島テレビ放送　構成・松山《まつやま》善三《ぜんぞう》「碑《いしぶみ》」による〉

1 ①広島二中一年生の三百二十一人の半数近くは、どのような状態でしたか。文章中から四字で抜き出しなさい。（10点）

30分

自分の得点まで色をぬろう！

100点 合格！ 80 もう一歩 60 がんばろう！ 0

/100

解答 11ページ

知識の泉 A 顔。〈例〉父は，この土地ではとても顔が広い。

2 ②市内、郊外の……あてどもなく探しました　とありますが、なぜですか。（　）に当てはまる言葉を書きなさい。（5点）

何としても、自分の子供を（　　　　）と思ったから。

3 ③家にたどり着いた子供　とは、誰《だれ》のことですか。ここで述べられている三人の名前を書きなさい。5点×3（15点）

（　　　）（　　　）（　　　）

4 ④酒井春之君　は、亡くなる前、どんな様子でしたか。□に当てはまる言葉を、文章中から抜き出しなさい。5点×2（10点）

● 川の中で十分寝たと言って□□□□になかった。

● 意識は、□□□□していた。

5 酒井春之君のお母さんは、どのように悔《く》やんでいますか。（　）に当てはまる言葉を書きなさい。5点×2（10点）

死ぬのなら、（　　　）でも、話を（　　　）よかったと悔やんでいる。

6 よく出る　山下明治君が言った⑤「りっぱに……。」の「……。」には、どのような言葉が入りますか。考えて書きなさい。（5点）

（　　　　）

7 レベルUP　⑥「お母ちゃんもいっしょに行くからね。」と言ったとき、山下明治君のお母さんはどのような気持ちでしたか。次から一つ選び、記号で答えなさい。（10点）

ア　一人で死ぬのは寂《さび》しそうなので、嘘《うそ》をついて安心させたい。

イ　息子《むすこ》が死ぬのは悲しいが、戦争中なのだからしかたがない。

ウ　自分も具合が悪いので、死が近いということを伝えたい。

エ　一人で死なせるのが耐《た》えがたく、苦しみを分かち合いたい。

（　　）

8 ⑦「後からでいいよ。」という言葉について答えなさい。

(1) よく出る　この言葉を言ったとき、山下明治君はどのような気持ちでしたか。次から一つ選び、記号で答えなさい。（10点）

ア　今は苦しくてそれどころではないという気持ち。

イ　お母さんには生きていてほしいという気持ち。

ウ　お母さんに後を追ってきてほしいという気持ち。

エ　お母さんが言っていることを不思議がる気持ち。（　　）

(2) この言葉を山下明治君のお母さんはどう感じましたか。文章中から七字で抜き出しなさい。（10点）

□□□□□□□

9 記述　⑧広島に行かれることがありましたら……訪ねてください。とありますが、ここには、どのような思いが込《こ》められていますか。考えて書きなさい。（15点）

（　　　　）

知識の泉　Q「単純」の対義語は？

確認のワーク ステージ1

私《わたし》のタンポポ研究

解答 12ページ　スピードチェック 8ページ　予想問題 136ページ

学習のねらい
- 事実と筆者の考えを区別して内容を読み取ろう。
- どのような事実を根拠《こんきょ》にして考えを導き出しているか捉《とら》えよう。

漢字と言葉

1 漢字の読み

読み仮名《がな》を横に書きなさい。

*は新出漢字　▼は新出音訓・◎は熟字訓

❶ *駆*逐　❷ 入れ*替わる　❸ *粒（訓読み）　❹ *枯れる

❺ ▼速やか　❻ 比*較　❼ *誰　❽ 行*為

❾ *柿　❿ ▼値する　⓫ *箸　⓬ *閲覧

2 漢字の書き

漢字に直して書きなさい。

❶ 軽率な（こうい）。　❷ 本を（えつらん）する。

❸ 速度の（ひかく）。　❹ 危険を（さ）ける。

❺ （なぞ）が深まる。　❻ （くわ）しい地図。

3 語句の意味

意味を下から選んで、線で結びなさい。

❶ 繁殖《はんしょく》・　　・ア 当たるままにしておく。

❷ 雑種・　　・イ 異なる品種の交配で生まれた個体。

❸ さらす・　　・ウ 生まれて増えていくこと。

教科書の要点

1 話題 現在、都市部では、どの種類のタンポポが多く生えていますか。　教 p.98〜99

（　　　）

2 要点 次の実験から、どのような事実が分かりましたか。後から一つずつ選び、記号で答えなさい。　教 p.99〜102

(1) 種子がどの温度でどれくらい発芽するのかを調べた。（　）

(2) 高温だと発芽しない種子を適温で発芽するか調べた。（　）

(3) 発芽後の温度を変えて、どのタンポポの芽生えが生き残るのかを調べた。（　）

ア 雑種タンポポのほうがセイヨウタンポポよりも高温で生き残る割合が高い。

イ カントウタンポポと雑種タンポポの種子は、適温になると速《すみ》やかに発芽する。

ウ 雑種タンポポの種子は高温では発芽せず、セイヨウタンポポの種子は温度に関係なく発芽する。

知識の泉　A 複雑。「単純」の類義語には「簡単」がある。

3 構成のまとめ

（　）に教科書の言葉を書き入れなさい。（各段落に1～28の番号を付けて読みましょう。）

教 p.97～103

	序論	本論			結論
	問題提示	2つの実験			考察
まとまり	1～9段落	10～18段落	19～21段落	22～24段落	25～28段落
内容	**問い** ▼都市部で、かつて増えていた（①　　）が少なくなり、雑種タンポポが増えているのはなぜだろうか。 ⋮三種類のタンポポの**種子が発芽する**（②　　）と、**芽生えの生き残りやすさ**に注目して実験をする。	**実験①** **発芽するタイミングに関する実験** ●種子がどの温度でどれくらい発芽するかを調べた。 ↓**結果** ●カントウタンポポ…七度から十九度のときによく発芽する。 ●セイヨウタンポポ…温度に（③　　）発芽する。 ●雑種タンポポ…**高い温度や低い温度ではあまり発芽しない。** **補足的な実験**…**カントウタンポポや雑種タンポポの種子が、暑さをやり過ごすことができるのかを確認《かくにん》する実験** ●高温で発芽しなかった種子を十六度に置いて発芽するかを調べた。 ↓**結果** ●速やかに発芽した。 ⋮カントウタンポポ 雑種タンポポ…**高温では発芽せず、適温で発芽する性質がある。**	**推測** ▼暑さの中で発芽するセイヨウタンポポは（④　　）やすく、涼《すず》しくなってから発芽する雑種タンポポは生き残りやすいのではないか。	**実験②** **芽生えの生き残りやすさに関する実験** ●発芽させた後、それぞれの芽生えはどの温度で生き残るかを調べた。 ↓**結果** ●三十一度以上では、雑種タンポポのほうが、セイヨウタンポポよりも生き残る割合が（⑤　　）なった。 ⋮雑種タンポポ…**暑さに強い性質がある。**	◆セイヨウタンポポと雑種タンポポは、種子が作られる仕組みは同じだが、**性質の違い**によって、日本の都市部ではセイヨウタンポポより雑種タンポポのほうが（⑥　　）といえそうだ。 ◆タンポポに関する謎《なぞ》は一つ解けた。しかし、多様なタンポポの世界では、まだ誰《だれ》も解いたことのない**たくさんの謎が隠《かく》されているのだ。**

おさえよう

要旨《ようし》 筆者は、〔ア 都市部　イ 山間部〕でセイヨウタンポポが減り、雑種タンポポが増えたことに疑問を持った。実験により、セイヨウタンポポは暑い中でも発芽するが暑さに〔ア 強い　イ 弱い〕こと、雑種タンポポは涼しくなると発芽し、暑さにも強いことが分かった。この性質の違いにより、タンポポの数の割合は変化したのだ。

知識の泉 Q「泣き面《つら》にはち」の意味は？

実力判定テストA ステージ2　私《わたし》のタンポポ研究

30分

自分の得点まで色をぬろう！　100点　合格！　80　もう一歩　60　がんばろう！　0　/100

解答 12ページ

次の文章を読んで、問題に答えなさい。

教 p.99・④〜101・⑫

なぜ都市部には雑種タンポポが多いのでしょうか。実は、雑種タンポポでもセイヨウタンポポと同様に、受粉せずに種子が作られます。同じ仕組みで種子ができるのですから、同じように生き残ってもよさそうです。それなのに、セイヨウタンポポは少なくなって、雑種タンポポが多く生き残ったのは、いったいなぜでしょう。

①この謎《なぞ》を解くために、私《わたし》は、②種子が発芽するタイミングと芽生えの生き残りやすさに注目して実験を行いました。というのも、草花にとって生き残るのが最も難しいのが、芽生えの時期だからです。そして、芽生えの生き残りには、種子がどのようなタイミングで発芽するかが、密接に関係しているのです。

［　　］、種子がどの温度でどれくらい発芽するのかを調べることにしました。

実験では、種子が発芽する割合が温度の違《ちが》いによってどのように変わるかを調べます。具体的には、四度から、三度ずつ高くして三十四度まで、十一段階の温度を設定します。そしてカントウタンポポ、セイヨウタンポポ、雑種タンポポの三種類の種子を用意して、それぞれの温度で毎日何粒《つぶ》が発芽したのかを、三週間にわたって調べるのです。

③実験結果*をグラフとともに見ていきましょう。

カントウタンポポの種子は温度ごとに発芽率が異なりました。二十二度以上では急に発芽率が低くなります。また、低い温度でも発芽率が低くなり、四度ではほとんど発芽しません。このことから、七度から十九度の限られた温度のときによく発芽することが分かります。

セイヨウタンポポの種子は、カントウタンポポとは異なる発芽パターンを示しました。調べた温度では、どの温度でもほとんど同じような発芽率でした。つまり、温度に関係なく発芽する性質を備えているのです。

そして、雑種タンポポの種子はというと、発芽率は温度により変化しました。高い温度では、二十五度以上になると急に発芽率が低くなります。低い温度でも、七度以下になると発芽率が低下します。このように、カントウタンポポと同様、高い温度では発芽しない性質を備えていたのです。

では、高温で発芽しなかったカントウタンポポや雑種タンポポの種子は生きているのでしょうか。それとも、暑さのために枯《か》れてしまったのでしょうか。

④そこで、発芽しなかった種子を最も発芽率の高かった十六度に置いてみました。すると、どちらの種類のタンポポも、種子の大部分が速《すみ》やかに発芽したのです。

つまり、カントウタンポポや雑種タンポポの種子には、高温では発芽せずに種子のまま過ごし、適温になると速やかに発芽する

知識の泉　A　**不運が重なること。**　似た意味のことわざは，「弱り目にたたり目」。

性質があったのです。

　ここで、日本の都市部を襲《おそ》う夏の猛暑《もうしょ》を想像しながら、⑤セイヨウタンポポと雑種タンポポの芽生えの生き残りやすさについて考えてみましょう。

　雑種タンポポの種子は二十五度以上になると発芽しにくくなるため、その種子の多くは夏には発芽せず、じっと種子のまま過ごすでしょう。これに対して、セイヨウタンポポの種子は三十四度でも発芽することから、夏でも発芽するでしょう。小さな芽生えの状態で、暑さの真っただ中にいると考えられます。

　そうだとすれば、暑さの中で発芽するセイヨウタンポポは枯れやすく、涼《すず》しくなってから発芽する雑種タンポポは生き残りやすいのではないでしょうか。


〈保谷《ほや》彰彦《あきひこ》「私《わたし》のタンポポ研究」による〉

＊グラフは省略しています。

1 ①この謎　とは、どのようなことを指していますか。（　）に当てはまる言葉を、文章中から抜《ぬ》き出しなさい。　5点×2（10点）

同じ仕組みで（　　　）ができる都市部のタンポポのうち、セイヨウタンポポは少なくなり、（　　　）が多く生き残ったのはなぜかということ。

2 ②種子が発芽するタイミングと芽生えの生き残りやすさに注目して　とありますが、この二点に注目したのはなぜですか。（　）に当てはまる言葉を、文章中から抜き出しなさい。　5点×2（10点）

草花にとって（　　　）の時期に生き残るのが最も難しく、生き残りには種子が発芽する（　　　）が関係しているから。

3 よく出る　□に当てはまる言葉を次から一つ選び、記号で答えなさい。（20点）

ア　つまり　イ　まずは　ウ　では　エ　さて　（　　）

攻略！　最初に行った実験について述べられていることに注目しよう。

4 よく出る　③実験結果　として当てはまらないものを次から一つ選び、記号で答えなさい。（20点）

ア　セイヨウタンポポの種子は、高い温度でも低い温度でも発芽する。
イ　雑種タンポポの種子は、高温や低温のとき発芽率が低下した。
ウ　カントウタンポポの種子は、限られた温度のときによく発芽する。
エ　セイヨウタンポポと雑種タンポポの種子は、発芽の性質が全く同じであった。

（　　）

5 記述　④そこで……置いてみました。とありますが、その結果カントウタンポポと雑種タンポポの種子に、どのような性質があることが分かりましたか。二十五字以内で書きなさい。（20点）

6 ⑤セイヨウタンポポと雑種タンポポの芽生えの生き残りやすさについて、実験の結果から、筆者はどのように考えましたか。（20点）

4　考えをまとめる

知識の泉　Q「しめすへん」と「土」を合わせてできる漢字は？

実力判定テストB ステージ3

私《わたし》のタンポポ研究

30分

自分の得点まで色をぬろう!
合格! もう一歩 がんばろう!
100点 80 60 0
/100

解答 13ページ

次の文章を読んで、問題に答えなさい。

教p.101・⑤〜103・⑥

1 ここで、日本の都市部を襲《おそ》う夏の猛暑《もうしょ》を想像しながら、①セイヨウタンポポと雑種タンポポの芽生えの生き残りやすさについて考えてみましょう。

2 雑種タンポポの種子は二十五度以上になると発芽しにくくなるため、その種子の多くは夏には発芽せず、じっと種子のまま過ごすでしょう。これに対して、セイヨウタンポポの種子は三十四度でも発芽することから、夏でも発芽するでしょう。小さな芽生えの状態で、暑さの真っただ中にいると考えられます。

3 そうだとすれば、暑さの中で発芽するセイヨウタンポポは枯《か》れやすく、涼《すず》しくなってから発芽する雑種タンポポは生き残りやすいのではないでしょうか。

4 そこで、次に、芽生えの生き残りやすさについて調べることにしました。②特に注目するのは「セイヨウタンポポの芽生えは高温で生き残れるのか」ということです。もし生き残れるなら、セイヨウタンポポの種子が暑さの中で発芽しても、あまり問題はありません。しかし、もしもセイヨウタンポポの芽生えが暑さに弱いのなら、都市部で子孫を残すことは難しいと予想されます。

5 発芽実験のときと同様に、三種類のタンポポを比較《ひかく》しました。まず、それぞれの種子を十六度で発芽させます。次に、温度を六度、十六度、二十四度、三十一度、三十六度の五段階に設定し、芽生えを育てます。育て始めてから四週間がたったら、生き残った個体数を調べるのです。

6 今度も実験結果をグラフ*とともに見ていきましょう。六度から二十四度までは、どの種類のタンポポも大部分が生き残っていました。ところが、③三十一度以上では、タンポポによって生き残る割合が異なったのです。三十一度でも、三十六度でも、雑種タンポポのほうが、セイヨウタンポポよりも生き残る割合が高くなりました。

7 ここまでの二つの実験結果から、もう一度、セイヨウタンポポと雑種タンポポの芽生えの生き残りやすさについて考えてみましょう。

8 ④雑種タンポポの種子には夏の暑さを避《さ》けて発芽する性質があるということが分かりました。涼しくなってから発芽した雑種タンポポは、枯れずに成長するチャンスが高まるでしょう。しかも、もし暑さの中で発芽してしまったとしても、雑種タンポポの芽生えは高温にさらされながら生き残る可能性がありそうです。一方、ⓐセイヨウタンポポの種子は暑くても発芽します。しかし、その芽生えは暑さに弱いため、ⓑ恐《おそ》らく枯れてしまうことが多くなるでしょう。

9 ⓒセイヨウタンポポと雑種タンポポでは、種子が作られる仕組みは同じです。しかし、ここまで見てきたような⑤性質の違《ちが》いによって、ⓓ日本の都市部では、セイヨウタンポポよりも雑種タンポポのほうが生き残りやすいといえそうです。

知識の泉 **A 社。** 「しめすへん」と形の似た部首に、「衤」(ころもへん)がある。

＊グラフは省略しています。

〈保谷《ほや》 彰彦《あきひこ》「私《わたし》のタンポポ研究」による〉

1 よく出る ①セイヨウタンポポと雑種タンポポの芽生えの生き残りやすさ について、筆者が考えた内容を表にまとめました。□①～④に当てはまる言葉を後から一つずつ選び、記号で答えなさい。

	セイヨウタンポポ	雑種タンポポ
発芽温度	①でも発芽する。	②では発芽しにくい。
筆者の予想	夏でも発芽するだろう。→③のではないか。	夏には発芽しないだろう。→④のではないか。

ア 二十四度　イ 二十五度以上　ウ 三十一度以上
エ 三十四度　オ 生き残りやすい　カ 枯れやすい

①（　）②（　）③（　）④（　）

2 レベルUP ②特に注目するのは……ということです。とありますが、筆者がここに特に注目したのはなぜですか。（20点）

（　）

3 ③三十一度以上では、タンポポによって生き残る割合が異なったとありますが、どのように異なったのですか。（10点）

（　）

4 ④雑種タンポポの種子には夏の暑さを避けて発芽する性質があるとありますが、筆者はここからどんなことを推測しましたか。書きなさい。（10点）

（　）

5 記述 ⑤性質の違い とありますが、Ⅰ…雑種タンポポと、Ⅱ…セイヨウタンポポには、どのような性質があるのですか。二つずつ書きなさい。5点×4（20点）

Ⅰ（　）（　）
Ⅱ（　）（　）

6 〰〰線ⓐ～ⓓのうち、事実を述べているものにはアを、筆者の考えを述べているものにはイを書きなさい。5点×4（20点）

ⓐ（　）ⓑ（　）ⓒ（　）ⓓ（　）

7 よく出る この文章を内容のまとまりから分けたものとして適切なものを次から一つ選び、記号で答えなさい。（10点）

ア 1／2 3 4 5 6 7／8 9
イ 1 2 3／4 5 6／7 8 9
ウ 1 2 3 4／5 6 7 8／9
エ 1 2／3 4 5／6 7 8 9

（　）

知識の泉 Q「のれんに腕押《うでお》し」の意味は？

確認のワーク ステージ1

根拠《こんきょ》を明確にして書こう 「写真」の意見文
中心を明確にして話そう 「似ている言葉」スピーチ

学習のねらい
- 根拠《こんきょ》を明確に示し、説得力のある意見文が書けるようになろう。
- スピーチの構成や話し方の工夫《くふう》について理解しよう。

解答 13ページ

教科書の要点 根拠《こんきょ》を明確にして書こう

1 意見文の構成 意見文の構成について、（　）に当てはまる言葉を、[　]から選び、書き入れなさい。 教 p.110

① 自分の（　　）を書く。
② そのように判断した（　　）を書く。
③ 最後に簡単に（　　）を書く。

[根拠　結論　意見　質問]

基本問題 根拠《こんきょ》を明確にして書こう

★ 次の学級新聞の記事と写真を見て、問題に答えなさい。

一年三組「台風の目」で一位！
九月二十九日（土曜日）に体育祭が行われました。一年の学年種目は「台風の目」でした。昼休み、放課後とみんなで集まって練習をしたかいがあって、三組は一位をとることができました。クラス代表の大石《おおいし》さんが、全校生徒の前でトロフィーを受け取りました。

A

B

1 次は、どちらの写真の特徴《とくちょう》を述べたものですか。Aの写真の特徴にはア、Bの写真の特徴にはイ、A・Bどちらの写真にも当てはまる特徴にはウを書きなさい。

① 頑張《がんば》って走った人に焦点《しょうてん》が当てられている。（　）
② 新聞記事の見出しに内容が合っている。（　）
③ 一位のクラス以外の人も含《ふく》め、全体を写している。（　）

2 次は、写真に対する意見文です。（　）に当てはまる言葉を[　]から選んで書き入れなさい。

私《わたし》は、記事に載《の》せる写真はBのほうがよいと思う。Bには、体育祭の「台風の目」の競技で（　　）シーンが写っている。Aの写真に比べて（　　）がよく見えるので、読者の目をひきつける効果があると考えられる。

[ゴールした　表彰《ひょうしょう》された　表情　全体の様子]

知識の泉 **A 手ごたえがないこと。** 「豆腐《とうふ》にかすがい」「ぬかに釘《くぎ》」も同義のことわざ。

基本問題 中心を明確にして話そう

☆ 次のスピーチ原稿《げんこう》を読んで、問題に答えなさい。 教p.116・⑨〜117・⑤

私《わたし》が選んだ言葉は、「あふれる」と「こぼれる」です。皆《みな》さんも使ったことがあるのではないでしょうか。何となく使い分けていると思いますが、どんな点が同じで、どんな点が違《ちが》うのかを考えたことはありますか。これから、私が調べて分かったことや考えたことを紹介《しょうかい》したいと思います。

□、国語辞典で言葉の意味や用例を調べました。「あふれる」の一つ目の意味は、いっぱいになってこぼれることで、「涙《なみだ》があふれる」のように使います。二つ目の意味は、入りきらないほどいっぱいになることで、「町に人があふれる」のように使います。

それに対して「こぼれる」は、一つ目に、液体や粒状《つぶじょう》、粉状のものがあふれて落ちるという意味があり、「涙がこぼれる」のように使います。二つ目に、一定の範囲《はんい》から外に出る、現れるという意味があり、「明かりがこぼれる」「笑《え》みがこぼれる」のように使います。

次に、国語辞典で調べたことやグループでの話し合いをもとに、私が考えた、二つの言葉の共通点と相違《そうい》点についてお話しします。

共通点は、「あふれる」も「こぼれる」も外に出ることを表しているという点です。また、「涙があふれる」と「涙がこぼれる」のように、少し印象が違うものの、言葉を入れ替《か》えても意味が通じる場合もあります。

相違点は、「あふれる」は、量がいっぱいになったときに使うけれど、「こぼれる」は、量がいっぱいになっていなくても使う場合があることです。

……〈中心を明確にして話そう『似ている言葉』スピーチ」による〉

1 よく出る 次はこのスピーチの構成をメモしたものです。（　）に当てはまる言葉を文章中から抜《ぬ》き出して書きなさい。

(1) 言葉の意味（　　）で調べたこと
(2) 共通点・（　　）（使う場面などの具体例）
(3) 考え（分かったこと・考えたこと）

2 よく出る □に当てはまる言葉を次から一つ選び、記号で答えなさい。

ア 次に　イ つまり　ウ さて　エ まず　（　　）

3 共通点は、……という点です。という部分を話すとき、どこで間を取るとよいですか。次から一つ選び、記号で答えなさい。

共通点は、〈ア〉「あふれる」も〈イ〉「こぼれる」〈ウ〉も外に出ることを〈エ〉表しているという点です。　（　　）

攻略！ 強調したい言葉の前で間を取るとよい。

4 次は、このスピーチ原稿の工夫《くふう》について述べたものです。（　）に当てはまる言葉を書き入れなさい。

① 「……ないでしょうか。」「……ありますか。」など（　　）に問いかける語句を使って注意をひきつけるようにしている。
② 「それに対して」といった語句を用いて、二つのものを（　　）して述べている。

知識の泉 Q ——線を漢字で書くと？ 目がサめる。お茶がサめる。

確認のワーク ステージ1

日本語探検3 方言と共通語
漢字道場3 漢字の部首

解答 14ページ　スピードチェック 9ページ

学習のねらい
- 方言と共通語の役割について理解しよう。
- それぞれの部首が持つ意味について理解しよう。

漢字

1 漢字の読み 読み仮名《がな》を横に書きなさい。

＊は新出漢字　▼は新出音訓・◎は熟字訓

❶ ＊膨れっ面《つら》　❷ ＊慕う　❸ 安＊泰　❹ ＊雌の犬
❺ ＊抵＊抗　❻ ＊雄大　❼ ＊緯度　❽ ＊疫病

2 漢字の書き 漢字に直して書きなさい。

❶ 博覧会の（かいさい）。　❷（えり）を正す。

基本問題　日本語探検3

1 （　）に入る言葉を［　］から選び、書き入れなさい。

①（　　）…音声や意味などにおいて、他の地域と異なる言葉。

②（　　）…メディアなどで使われる、主に東京の言葉に基づいて作られてきた言葉。

［共通語　方言　話し言葉　書き言葉］

2 次の文は、方言と共通語のどちらについて説明したものですか。後から選び、記号で答えなさい。

① テレビや新聞、本などのメディアで使われる。（　）
② ふだん着のように使われる言葉。（　）
③ 改まっていてよそ行きの言葉。（　）
④ 知らない人に対して使われる。（　）
⑤ 家族や友達と話すときに使われる。（　）
⑥ 書き言葉として使われる。（　）

ア 方言　イ 共通語

教科書の要点　漢字道場3

1 部首 （　）に教科書の言葉を書き入れなさい。　教p.120

① 漢字を組み立てている部分のうちで、漢字をグループに分ける基準となるものを（　　）という。現れる場所によって、偏《へん》、旁《つくり》、冠《かんむり》、脚《あし》などとよばれる。

② 部首の多くは、きまった（　　）を持っている。

漢字辞典を引くときにも役立つので、部首を正しく覚えよう。

知識の泉　A 覚・冷。「覚める」＝意識がはっきりする。「冷める」＝冷たくなる。

2 部首 次の表の（　）に入る部首名と漢字を、後の□から選び、書き入れなさい。 教p.120

偏	旁	冠	脚	繞《にょう》	垂《たれ》	構《かまえ》	その他
にんべん「亻」	②（　）「欠」	ひとやね「𠆢」	さら「皿」	しんにょう「辶」	⑧（　）「疒」	もんがまえ「門」	ちから「力」
仕	歌	会	盛	⑥（　）	病	⑩（　）	労
①（　）「忄」	ふるとり「隹」	くさかんむり「艹」	⑤（　）「⺗」	えんにょう「廴」	⑨（　）「尸」	ぎょうがまえ「行」	こころ「心」
憎	③（　）	④（　）	慕	⑦（　）	届	⑪（　）	⑫（　）

あくび　てへん　りっしんべん　がんだれ
したごころ　やまいだれ　しかばね　愛　苗
通　超　聞　術　待　雄　建　開　烈

基本問題　漢字道場3

1 よく出る 次の漢字の部首は、何に関係がある漢字に付きますか。後から一つずつ選び、記号で答えなさい。

①道（　）　②順（　）
③種（　）　④室（　）

ア　頭部に関係がある。　イ　歩くことに関係がある。
ウ　穀物に関係がある。　エ　住居に関係がある。

攻略！ 同じ部首が付く漢字を思い浮《う》かべて、何に関係しているか考えよう。

2 上の漢字と、その部首の元になった漢字とを線で結びなさい。

①朝・　・水
②泰・　・肉
③襟・　・衣
④胸・　・月

3 次の漢字の部首名を後から一つずつ選び、記号で答えなさい。

①動（　）　②祝（　）
③囲（　）　④益（　）
⑤熱（　）　⑥雑（　）

ア　さら　イ　くにがまえ　ウ　ふるとり
エ　れっか　オ　しめすへん　カ　ちから

攻略！ ①は、右側の「旁《つくり》」の部分が部首である。

4 よく出る 次の漢字の部首と部首名を書きなさい。

①降　部首（　）　部首名（　）
②原　部首（　）　部首名（　）

知識の泉　Q 「ちらっと聞く」のはどっち？　ア＝耳が痛い　イ＝小耳に挟《はさ》む

確認のワーク　ステージ1

月夜の浜辺《はまべ》

学習のねらい
- 詩の表現技法を学び、描《えが》かれた情景を味わおう。
- 詩に描かれた情景から、作者の思いを読み取ろう。

解答 15ページ　予想問題 137ページ

教科書の要点

1 詩の種類　この詩の種類を一つ選び、記号で答えなさい。 教 p.122〜123

ア 口語自由詩　イ 口語定型詩
ウ 文語自由詩　エ 文語定型詩　（　　）

自由詩と定型詩▼七音や五音が多く使われている場合でも、決まった配列や順序がない詩は**自由詩**である。

2 表現技法　次の問題に答えなさい。 教 p.122〜123

(1) 第一連と第三連は、同じ言葉が繰《く》り返されています。こうした表現を何といいますか。次から一つ選び、記号で答えなさい。
ア 比喩《ひゆ》　イ 反復　ウ 倒置《とうち》　エ 擬人法《ぎじん》　（　　）

(2) 第六連に「どうしてそれが、捨てられようか？」とありますが、この反語の表現から、作者のどんな気持ちが分かりますか。
（　　　　　　　　　　）

3 内容理解　（　）に教科書の言葉を書き入れなさい。 教 p.122〜123

連		内容	
第一連	月夜の浜辺《はまべ》	●波打際《なみうちぎわ》に（①　　　）が一つ落ちていた	反復
第二連	僕《ぼく》の心情と行動	▼役立てようと思ったわけでもないが（②　　　）に忍《しの》びない	ボタンを袂《たもと》に入れた
第三連	月夜の浜辺	●波打際に（①）が一つ落ちていた	反復
第四連	僕の心情と行動	▼役立てようと思ったわけでもないが月にも浪《なみ》にも抛《ほう》れなかった	ボタンを袂に入れた
第五連	僕の心情	▼ボタンは、**指先に沁《し》み**、（③　　　）に沁みた	
第六連	僕の心情	▼月夜の晩に拾ったボタンは捨てられようか？　…捨てられない	

おさえよう

主題　月夜の浜辺という情景は、幻想《げんそう》的で神秘的だが、（ア 孤独感《こどく》　イ 絶望感）も漂《ただよ》う。そこで拾ったボタンに「僕」は（ア 愛着　イ 価値）を感じて捨てられない。

知識の泉　**A イ。**「耳が痛い」は，自分の弱みを指摘《してき》されて聞くのがつらい様子。

基本問題

★ 次の詩を読んで、問題に答えなさい。

教 p.122〜123

月夜の浜辺《はまべ》

中原中也《なかはらちゅうや》

月夜の晩に、ボタンが一つ
波打際《なみうちぎは》《ギワ》に、落ちてゐ《イ》た。

それを拾つ《ヒロッ》て、役立てようと
僕《ぼく》は思つ《オモッ》たわけでもないが
なぜだかそれを捨てるに忍《しの》びず
僕はそれを、袂《たもと》に入れた。

月夜の晩に、ボタンが一つ
波打際に、落ちてゐた。

それを拾つて、役立てようと
僕は思つたわけでもないが
　月に向《むか》《ムカッ》つてそれは抛《はふ》《ホウ》れず
　浪《なみ》に向つてそれは抛れず
僕はそれを、袂に入れた。

月夜の晩に、拾つたボタンは
指先に沁《し》み、心に沁みた。

月夜の晩に、拾つたボタンは
どうしてそれが、捨てられようか？

1 詩の題名になっている「月夜の浜辺」は、どのような様子だったと考えられますか。次から一つ選び、記号で答えなさい。
ア にぎやかで明るい様子。　イ 静かで幻想《げんそう》的な様子。
ウ 波が高く荒々《あらあら》しい様子。　エ 暗くて怪《あや》しい様子。（　）

2 「僕」は、落ちていたボタンをどうしましたか。
（　　　　）

3 よく出る 〰〰線の表現技法を次から一つ選び、記号で答えなさい。
ア 直喩《ちょくゆ》　イ 体言止め　ウ 対句《ついく》　エ 倒置《とうち》（　）

4 よく出る 月夜の……捨てられようか？ と思ったのはなぜですか。（　）に当てはまる言葉を、詩の中から抜《ぬ》き出しなさい。
月夜の晩に拾ったボタンが（　　）に沁み、（　　）に沁みたから。

5 この詩についての説明を次から二つ選び、記号で答えなさい。
ア 擬人《ぎじん》法を用いて、月夜の情景を生き生きと描《えが》きだしている。
イ 同じ表現を繰《く》り返して、「僕」の心情を強調して伝えている。
ウ 読み手に呼びかけて、月夜の情景の美しさを想像させている。
エ 七音が多く使われており、音読すると心地《ここち》よいリズムがある。
オ 比喩を用いて、僕が心ひかれた対象を鮮明《せんめい》に描いている。
（　）（　）

攻略！ 第一連と第三連に注目して表現の特徴《とくちょう》を捉《とら》えよう。

知識の泉 Q 「後」を部首索引《さくいん》で引くときの部首名は？

確認のワーク ステージ1

移り行《ゆ》く浦島太郎《うらしまたろう》の物語
伊曽保物語《いそほものがたり》

解答 15ページ
スピードチェック 9・16ページ
予想問題 138ページ

学習のねらい
- 歴史的仮名遣《かなづか》いや古文で使われる語句を学び、古典に親しもう。
- 主語などに注意し、物語と教訓の内容を読み取ろう。

漢字

1 漢字の読み 読み仮名《がな》を横に書きなさい。

*は新出漢字　▼は新出音訓・◎は熟字訓

❶ *浦島太郎　❷ *亀（訓読み）　❸ *鶴　❹ *仙人
❺ 書き*換える　❻ 下*敷き　❼ *翻訳　❽ *沈む

2 漢字の書き 漢字に直して書きなさい。

❶ （　　）《ぶたい》に立つ。　❷ （　　）《ちょうじゅ》を祝う。
❸ 太陽が（　　）《かがや》く。　❹ 水に（　　）《う》く。

教科書の要点

1 作品 「伊曽保物語《いそほものがたり》」についてまとめなさい。 教 p.129〜130

文章の種類	仮名草子《かなぞうし》
成立	（①　　）世紀末
内容	古代ギリシャの寓話集《ぐうわしゅう》（寓話：教訓を含《ふく》んだ物語）「（②　　）」を翻《ほん》訳《やく》したもの。登場人物が動物であることが多い。

2 古典の仮名遣《づか》い（歴史的仮名遣い） （　）に現代仮名遣いを入れなさい。 教 p.134／136

歴史的仮名遣い	現代仮名遣い	例
ワ行の「わゐうゑを」	「ワイウエオ」と発音する。	ゐる→いる　こずゑ→こず（①　　）
語中・語尾《ごび》のハ行の「はひふへほ」	「ワイウエオ」と発音する。	くはへる→くわえる　むくひ→むく（②　　）
「かう」・「しう」	「こう」「しゅう」と書いて「コー」「シュー」と発音する。	かうむる→（③　　）むる　うつくしう→うつくしゅう
「ぢ」・「づ」	「じ」・「ず」と書く。	ふぢ→ふじ　よろづ→よろ（④　　）

3 歴史的仮名遣い ——線を現代仮名遣いに直しなさい。

① 取らむ（　　）　② ゆゑ（　　）
③ しづみぬ（　　）　④ あはれなる（　　）
⑤ 乗つて（　　）　⑥ さを（　　）

知識の泉 **A ぎょうにんべん。** 「街・衛」の部首は「行」（ぎょうがまえ）になる。

4 移《ゆ》り行く浦島太郎《うらしまたろう》の物語

次の浦島太郎の話は、どの時代のものですか。奈良時代のものにはアを、室町《むろまち》時代のものにはイを、現代のものにはウを書きなさい。

教 p.126～128

① 亀《かめ》をいじめる子供が出てくる。（　　）
② 主人公は、亀とともに神様としてまつられる。（　　）
③ 主人公は、蓬萊山《ほうらいさん》という島へ連れていかれる。（　　）
④ 主人公が箱を開けると、紫《むらさき》の雲が出て鶴《つる》になる。（　　）
⑤ 主人公は、女性と和歌を詠《よ》み合い悲しみを分かち合う。（　　）

5 移り行く浦島太郎の物語

筆者は、古典はどのようなものだと述べていますか。次から二つ選び、記号で答えなさい。

教 p.128

ア 貴重で手を触《ふ》れてはいけないもの。
イ 長い時間がたっても変わらないもの。
ウ 時代の変化の中で移り行くもの。
エ 人々から忘れ去られているもの。

（　　）（　　）

6 言葉（助詞）の省略

（　）に補うことができる言葉を[　]から一つ選び、書きなさい。

蟻《あり》（　　）これに乗って渚《なぎさ》に上がりぬ。

を　に　は　へ

7 構成のまとめ

後の[　]から言葉を選び、書き入れなさい。

題名	物語と教訓
犬と肉《ししむら》のこと 教 p.131	●肉をくわえた犬が、川を渡《わた》るとき、水に映った肉を見て「私《わたし》がくわえている肉より（①　　）。」と思って取ろうとした。結局、自分の肉も失ってしまった。 **教訓** 欲が深いと、他人の財産を羨《うらや》んで欲《ほ》しがり、（②　　）を受ける。つまり、自分の財産も失うことになる。
鳩《はと》と蟻《あり》のこと 教 p.132～133	●川のほとりで蟻が遊んでいるとき、川に流されてしまった。それを見た鳩は（③　　）を落として助けてやった。 ●ある人が竿《さお》に付けた鳥もちで鳩を捕《と》らえようとした。蟻は恩を返そうと思って、人の（④　　）にかみついて鳩を助けた。 **教訓** 人から恩を受けた人は、その恩を返したいと思う気持ちを持つべきである。

天罰《てんばつ》　足　手　枝の先　小さい　大きい

おさえよう

主題 「伊曽保物語」の話は、動物が主人公の物語とそこから得られる教訓によって構成されている。「犬と肉のこと」は、〔ア 欲深さ　イ 怒《いか》り〕を戒《いまし》める内容であり、「鳩と蟻のこと」では、〔ア 復讐《ふくしゅう》する　イ 恩を返す〕気持ちの大切さを説いている。

知識の泉 Q 「友達をショウカイ（紹介・照会）する。」（　）の中で正しいのは？

実力判定テストA ステージ2

移り行《ゆ》く浦島太郎《うらしまたろう》の物語
伊曽保物語《いそほものがたり》

30分

自分の得点まで色をぬろう!
合格! もう一歩 がんばろう!
100点 80 60 0
/100

解答 15ページ

1 次の文章を読んで、問題に答えなさい。 教p.128・①〜128・⑨

そう、まず「①風土記《ふどき》」では主人公の名前も、物語の舞台《ぶたい》となる場所も、今の物語とは違《ちが》っているのです。二人がいっしょに行く場所も、竜宮城《りゅうぐうじょう》ではなく蓬萊山《ほうらいさん》ですし、最後に和歌を詠《よ》み合って悲しみを分かち合うというのも異なっています。

②現在の私《わたし》たちが知っている浦島太郎《うらしまたろう》の物語は、これら古典の中に出てくる浦島太郎をもとに、明治時代の小説家が、子供向けに書き換《か》えたものだといわれています。最後、おじいさんになってしまうのは、約束を破って玉手箱を開けてしまったからでしょう。

このほか、江戸《えど》時代には浦島太郎の物語を下敷《したじ》きにした物語が書かれましたし、小説家の太宰治《だざいおさむ》も、浦島太郎の物語を題材とした作品を書いています。このように浦島太郎の物語は、時代を経てさまざまに変化してきたのです。

〈「移り行《ゆ》く浦島太郎《うらしまたろう》の物語」による〉

1 ①風土記 に出てくる浦島太郎の話は、今の物語と異なっているところがあります。異なっている内容として挙げられていないものを次から一つ選び、記号で答えなさい。（5点）

ア 主人公の名前。　イ 物語の舞台となる場所。
ウ 玉手箱の存在。　エ 二人がいっしょに行く場所。

（　　）

2 ②現在の私たちが知っている浦島太郎の物語 について答えなさい。

(1) これは、どのように成立したものだといわれていますか。 5点×2（10点）

古典の中に出てくる浦島太郎をもとに、（　　）時代の小説家が、子供向けに（　　）だといわれている。

(2) 筆者は、最後、主人公がおじいさんになってしまうのはなぜだと考えていますか。文章中から抜《ぬ》き出しなさい。（5点）

（　　）

3 現在の浦島太郎の物語は、どんな作品ですか。 5点×2（10点）

（　　）を経て、さまざまに（　　）してきた作品。

2 次の文章を読んで、問題に答えなさい。 教p.131・②〜131・⑥

①ある犬、肉《ししむら》をⓐくはへて川を渡《わた》る。真ん中ほどにて、②その影《かげ》水に映りて大きに見えければ、「我《わ》がくはふるところの肉より大きなる。」と③心得て、④これを捨ててかれを⑤取らむⓑとす。ⓒかるがゆゑに、二つな

（現代語訳）ある犬（　）／その姿が／大きく見えたので／私《わたし》がくわえている肉より大きい／考えて／自分の肉を捨てて（　）を取ろうとする／そのために／これらを

知識の泉 **A 紹介《しょうかい》。**「紹介」=引き合わせること。「照会」=問い合わせること。

がら（二つとも）これを失ふ。そのごとく（そのように）、重欲心《ぢゅうよくしん》の輩《ともがら》は（欲の深い者たちは）、他の財《たから》（他人の財産）を羨《うらや》み、事に触《ふ》れて貪《むさぼ》る（何かにつけて欲しがる）ほどに（ので）、たちまち⑥天罰《てんばつ》を被《かうむ》る。我が持つところの財（自分が持っている）をも⑦失ふことありけり。

〈「伊曽保物語《いそほものがたり》　犬と肉《しし》のこと」による〉

1 〰〰線ⓐ「くはへて」、ⓑ「取らむ」、ⓒ「かるがゆゑに」を現代仮名遣《かなづか》いに直し、全て平仮名で書きなさい。　5点×3（15点）

ⓐ（　　）　ⓑ（　　）　ⓒ（　　）

2 ①ある犬　の後に補うことのできる言葉を次から一つ選び、記号で答えなさい。　（5点）

ア に　イ も　ウ を　エ が　（　　）

3 ②その影　とは、何の姿ですか。□に当てはまる言葉を、古文中から抜《ぬ》き出しなさい。　5点×2（10点）

□がくわえている□の姿。

4 ③心得て　とありますが、考えた内容を現代語で書きなさい。　（10点）

（　　）

5 よく出る　④これ　が指すものを古文中から十一字で抜き出し、また、⑤かれ　が指すものを現代語で書きなさい。　5点×2（10点）

④□

⑤（　　）

6 攻略！ 何を捨てて何を取ろうとしたのか読み取ろう。

⑥天罰　とありますが、「ある犬」は、どのような天罰を受けましたか。古文中から十字で抜き出しなさい。　（5点）

□

7 ⑦失ふ　とありますが、誰《だれ》が失うのですか。古文中から五字で抜き出しなさい。　（5点）

□

8 この文章は、物語の部分と教訓を述べている部分から成り立っています。教訓を述べているのは、どこからですか。初めの五字を古文中から抜き出しなさい。　（5点）

□

9 よく出る　攻略！ 動物が登場するのが物語の部分である。

この文章の主題を次から一つ選び、記号で答えなさい。　（5点）

ア 欲があったほうが、財産を得ることができる。
イ あまりに欲深いと、人に嫌《きら》われることになる。
ウ 欲張って人の物まで欲しがると自分の財産も失う。
エ 財産を独り占《じ》めすると、やがて失うことになる。

（　　）

知識の泉　Q 慣用句「胸をなでおろす」の意味は？

実力判定テストB　ステージ3

伊《い》曽《そ》保《ほ》物語《ものがたり》

30分

自分の得点まで色をぬろう！
100点　合格！　80　もう一歩　60　がんばろう！　0　/100

解答 16ページ

★ 次の文章を読んで、問題に答えなさい。

教 p.132・上②〜133・下㉑

ある川のほとりに、①蟻《あり》遊ぶことありけり。ⓐにはかに水かさ増《ま》さりきて、かの蟻をA誘《さそ》ひ流る。浮《う》きぬ沈《しづ》みぬするところに、鳩《はと》こずゑよりこれを見て、②「あはれなるありさまかな。」と、こずゑをちとⓑ食ひ切つて川の中に落としければ、③蟻これに乗つて渚《なぎさ》に上がりぬ。かかりけるところに、ある人、竿《さを》の先に鳥もちを付けて、かの鳩を(あ)ささむとす。蟻心にⓒ思ふやう、④「ただ今の恩をⓓ送らむものを。」と思ひ、かの人の足にしつかと(い)食ひつきければ、⑤おびえあがつて、竿をかしこに投げ捨てけり。そのものの色や(う)知る。しかるに、⑥鳩これを悟《さと》りて、Bいづくともなく(え)飛び去りぬ。

そのごとく、人の恩を受けたらむ者は、いかさまにもその報《むく》ひをせばやと思ふ志《こころざし》を持つべし。

［現代語訳］

ある川のほとりで、蟻□遊んでいること□あった。急に水の量が増えてきて、その蟻をさらって流れる。浮いたり沈んだりしているところに、鳩が枝の先からこれを見て、「かわいそうな様子であることだなあ。」と、枝の先を少しかみ切って川の中に落としたところ、蟻はこれに乗って水際《みずぎわ》に上がった。このようなときに、ある人が、竿の先に鳥もちを付けて、その鳩を捕《と》らえようとする。蟻が心に思うことには、「たった今の恩に報《むく》いたいのだがなあ。」と思い、その人の足にしっかりとかみついたところ、ひどくおびえて、竿をあちらに投げ捨てた。（この人には）その出来事の（起こった）事情が分かっただろうか。（いや、分かるまい。）けれども、鳩はこれを理解して、どこへということもなく飛び去ってしまった。

そのように、人から恩を受けたような者は、どのようにしてでもその恩を返したいと思う気持ちを持つべきである。

〈「伊《い》曽《そ》保《ほ》物語《ものがたり》　鳩《はと》と蟻《あり》のこと」による〉

1　～～線ⓐ～ⓓを現代仮名遣《かなづか》いに直し、全て平仮名で書きなさい。　5点×4（20点）

ⓐ　　　　ⓑ

ⓒ　　　　ⓓ

2　＝＝線A「誘ひ流る」B「いづくともなく」の意味を、現代語訳から抜《ぬ》き出しなさい。　5点×2（10点）

A

B

3 ①蟻遊ぶことありけり　とありますが、これに言葉を補って現代語に訳すと、どうなりますか。□に当てはまる平仮名を書きなさい。
2点×2（4点）

蟻□遊んでいること□あった。

4 ②あはれなるありさまかな。とありますが、どのような様子を見て、このように思ったのですか。現代語訳の言葉を使って書きなさい。
（5点）

（　　　　）

5 ③これ　が指すものを、古文中から三字で抜き出しなさい。
（5点）

6 よく出る　ⓐささむとす　ⓘ食ひつきければ　ⓤ知る　ⓔ飛び去りぬ　の主語は何ですか。次から一つずつ選び、記号で答えなさい。
4点×4（16点）

ア　鳩　　イ　蟻　　ウ　ある人

ⓐ（　）ⓘ（　）ⓤ（　）ⓔ（　）

7 記述　④ただ今の恩　とありますが、蟻は何が何をしてくれたことに対して恩を感じているのですか。現代語で書きなさい。
（10点）

（　　　　）

8 レベルUP　⑤おびえあがつて　とありますが、何が、どうしておびえたのですか。現代語で書きなさい。
（10点）

（　　　　）

9 ⑥これ　とは、どのようなことですか。次から一つ選び、記号で答えなさい。
（5点）

ア　落ちた蟻が助かったこと。
イ　鳩が人にねらわれていたこと。
ウ　竿が投げ出されたこと。
エ　蟻が鳩の恩に報いたこと。

（　　）

10 この文章の最初の段落を二つのまとまりに分けるとすると、後半はどこからになりますか。後半の初めの五字を古文中から抜き出しなさい。
（5点）

11 よく出る　この文章の主題を次から一つ選び、記号で答えなさい。
（10点）

ア　人から受けた恩を直接返すことは難しいので、感謝の気持ちを常に持つことが大切である。
イ　人から恩を受けたら、何としてもその恩を返そうという気持ちを持つことが大切である。
ウ　人に情けをかけたときは、恩に着せて見返りを求めるような態度をとってはならない。
エ　人に情けをかけたことは覚えているものだが、人から恩を受けたことは忘れやすい。

（　　）

知識の泉　Q「熱」の部首のもとになっている漢字はどっち？　ア＝水　イ＝火

確認のワーク ステージ1　竹取物語《たけとりものがたり》

解答 17ページ｜スピードチェック 10・16ページ｜予想問題 139ページ

学習のねらい
- ●現代語と異なる言葉などに注意し、物語の出来事を捉《とら》えよう。
- ●人物どうしの関係を捉え、かぐや姫《ひめ》の心情を読み取ろう。

漢字

1 漢字の読み　読み仮名《がな》を横に書きなさい。

＊は新出漢字　▼は新出音訓・◎は熟字訓

❶ かぐや＊姫　❷ ＊愚かさ　❸ ＊筒（訓読み）　❹ ＊彼ら

❺ ▼訪れる　❻ ＊諦める　❼ ＊昇天　❽ ＊脱ぐ

2 漢字の書き　漢字に直して書きなさい。

❶ （きょひ）をする。　❷ （りくつ）をこねる。

❸ 手を（そ）える。　❹ 役割を（あた）える。

教科書の要点

1 作品　「竹取物語《たけとりものがたり》」についてまとめなさい。　教p.135

作者	不明
成立	（①　　）時代の九世紀末から十世紀初め頃《ごろ》。
文章の種類	日本で最も古い（②　　）。

2 歴史的仮名遣《かなづか》い　――線を現代仮名遣いに直しなさい。

① いふ（　　）　② よろづ（　　）

③ なむいひける（　　）　④ うつくしうて（　　）

⑤ ゐたり（　　）

歴史的仮名遣いの読み方・直し方
- ●ワ行の「わゐうゑを」は、「ワイウエオ」と発音する。
- ●語中・語尾《ごび》のハ行の「はひふへほ」は、「ワイウエオ」と発音する。
- ●「しう」は、「しゅう」と書いて「シュー」と発音する。
- ●「ぢ・づ」は、「じ・ず」と書く。
- ●「む」は「ン」と発音する。

3 現代語と異なる言葉　――線の意味を後から一つずつ選び、記号で答えなさい。　教p.136〜142

① あやしがりて、寄りて見るに、

ア 不思議に思って　イ 疑わしく思って
ウ 信頼《しんらい》できないと思って　エ 危ないと思って　（　　）

② 三寸《さんずん》ばかりなる人、いとうつくしうてゐたり。

ア 美しい様子で　イ 小さい姿で
ウ 変わった姿で　エ かわいらしい様子で　（　　）

知識の泉　A イ。「灬」の部首名は「れっか（れんが）」。

③ いとうつくしうてゐたり。
ア ある　イ いる
ウ 座《すわ》っている　エ 眠《ねむ》っている
（　　）

④ いと幼けれぱ、籠《こ》に入れて養ふ。
ア わずかに　イ たいへん
ウ いつも　エ 完全に
（　　）

⑤ いみじく静かに、朝廷《おほやけ》に御文奉《おほんふみたてまつ》りたまふ。
ア たいそう　イ わざと
ウ いつまでも　エ 急に
（　　）

⑥ 翁《おきな》を、いとほし、かなしと思《おぼ》しつることもうせぬ。
ア いとしい　イ とても欲《ほ》しい
ウ 頼《たの》もしい　エ 気の毒だ
（　　）

4 助詞の省略

□に補うことができる言葉を、平仮名一字で書きなさい。

① あやしがりて、寄りて見るに、筒《つつ》の中□光りたり。
② 衣《きぬ》□着せつる人は、心異《こと》になるなりといふ。
③ いみじく静かに、朝廷に御文□奉りたまふ。

5 構成のまとめ

（　）に教科書の言葉を書き入れなさい。

場面	出来事
翁がかぐや姫《ひめ》を見つける 教p.136	●翁は根元の光る（①　　）の筒の中に小さな人を見つける。 ●たいへん幼いので、籠《かご》に入れて育てる。
かぐや姫の成長と貴公子たちの求婚《きゅうこん》 p.137	●女の子は、（②　　）か月で美しく成長し、「なよ竹のかぐや姫」と名付けられる。 ●かぐや姫の美しさを聞きつけた五人の貴公子が（③　　）を申し込《こ》んでくる。
帝《みかど》の求愛とかぐや姫の告白、月からの迎《むか》え p.140	●五人の貴公子たちの求婚は失敗に終わる。 ●（④　　）が宮中に召《め》そうとするが、かぐや姫はこれにも応じない。 ●かぐや姫が月から来たことを告白する。 ●十五夜の月の夜、月から迎えがやってくる。
別れの場面 p.141〜142	●かぐや姫は（⑤　　）を着て心が変わる前に帝に手紙を残す。
かぐや姫の昇《しょう》天《てん》、結末 p.142	●かぐや姫は（⑥　　）に昇り、月へ帰った。 ▼残された翁と嫗《おうな》は悲しんだ。 ▼帝は、かぐや姫の形見の薬を山で焼かせる。

おさえよう

主題 竹の中で見つけられ、翁夫婦《ふうふ》に育てられた「かぐや姫」を巡《めぐ》る物語である。親子の〔ア 不仲　イ 情愛〕や天上の世界にまつわる〔ア 永遠性　イ 人間性〕へのあこがれなど現代にも通じる人間の姿が描《えが》かれている。

知識の泉 Q「意気投合」とよく似た意味の慣用句。□に入る動物は？　□が合う

実力判定テストA ステージ2

竹取物語《たけとりものがたり》

30分

自分の得点まで色をぬろう!
100点 合格! 80 もう一歩 60 がんばろう! 0
/100

解答 17ページ

★ 次の文章を読んで、問題に答えなさい。 教 p.136・上①〜136・下⑳

①今は昔、②竹取《たけとり》の翁《おきな》といふ者ありけり。野山にまじりて竹を取りつつ、ⓐよろづのことに使ひけり。名をば、さぬきのみやつことなⓑむいひける。

その竹の中に、もと光る竹なむ一筋《ひとすぢ》ありける。Aあやしがりて、③寄りて見るに、筒《つつ》の中光りたり。④それを見れば、⑤三寸《さんずん》ばかりなる人、ⓒいとうつくしうてⓓゐたり。

ⓔ翁言ふやう、「我、朝ごと夕ごとに見る竹の中にBおはするにて⑥知りぬ。子になりたまふべき人なめり。」とて、手にうち入れて、⑦家へ持ちて来《き》ぬ。⑧妻《め》の嫗《おうな》に預けて養はす。Cうつくしきこと、限りなし。Dいと幼ければ、籠《こ》に入れて養ふ。

[現代語訳]

（　　）、竹取の翁という人がいた。野や山に分け入って竹を取っては、いろいろなことに使っていた。名前を、さぬきのみやつこといった。

（ある日のこと、）その竹の中に、根元の光る竹が一本あった。不思議に思って、近寄って見ると、筒の中が光っている。それを見ると、三寸ほどの人が、（　　）。

翁が言うことには、「私《わたし》が、毎朝毎晩見る竹の中にいらっしゃるので分かった。（私の）子におなりになるはずのかたのようだ。」と言って、手（のひら）に入れて、家に持って帰った。妻の嫗に任せて育てさせる。かわいらしいこと、このうえない。たいへん幼いので、籠《かご》に入れて育てる。

〈「竹取物語《たけとりものがたり》」による〉

1 〜〜〜線ⓐ〜ⓔを現代仮名遣《かなづか》いに直し、全て平仮名で書きなさい。 4点×5（20点）

ⓐ　　ⓑ
ⓒ　　ⓓ
ⓔ

2 ＝＝＝線A〜Dの意味を現代語訳から抜《ぬ》き出しなさい。 5点×4（20点）

A　　B
C　　D

知識の泉 **A 馬。** 「馬」を使ったことわざの「馬の耳に念仏」も覚えよう。

3 ①今は昔 の意味を次から一つ選び、記号で答えなさい。（5点）

ア 今はもう昔のことだが
イ 今が昔のように思われるが
ウ 今も昔も変わらないことだが
エ 今からではもう間に合わないことだが

（　　）

攻略！ 古典の物語によく見られる書きだしである。

4 ②竹取の翁 について答えなさい。

(1) 「竹取の翁」は、どのような仕事をしていますか。それが分かる一文を古文中から抜き出し、初めの五字を書きなさい。（5点）

(2) 「竹取の翁」の名前は、何といいますか。古文中から抜き出しなさい。（5点）

（　　）

5 よく出る ③寄りて見るに とありますが、近寄って見たのは誰《だれ》ですか。古文中から抜き出しなさい。（5点）

（　　）

6 ④それを見れば とありますが、「それ」が指すものは何ですか。次から一つ選び、記号で答えなさい。（5点）

ア 一筋の光　イ 複数の竹
ウ 竹の先端《せんたん》　エ 筒の中

（　　）

7 よく出る ⑤三寸ばかりなる人 は、どのような様子でどうしていましたか。次から一つ選び、記号で答えなさい。（5点）

ア とても美しい姿で座《すわ》っている。
イ たいへんかわいらしい様子で座っている。
ウ かすかに光り輝《かがや》いて立っている。
エ 少しおとなしい感じで立っている。

（　　）

8 記述 ⑥知りぬ とありますが、翁は「三寸ばかりなる人」について、どのようなことが分かったのですか。現代語で書きなさい。（10点）

（　　）

9 ⑦家へ持ちて来ぬ について答えなさい。

攻略！ 小さな人が毎日見る竹の中にいたことを、どう考えたか捉《とら》えよう。

(1) 誰が何を持って帰ったのですか。□に当てはまる言葉を、古文中から抜き出しなさい。5点×2（10点）

□ が □ を持って帰った。

(2) どのようにして、持って帰りましたか。古文中から七字で抜き出しなさい。（5点）

10 ⑧妻の嫗に預けて養はす。とありますが、どのようにして育てましたか。現代語で書きなさい。（5点）

（　　）

知識の泉 Q ——線を漢字で書くと？ 税金をオサめる。

実力判定テストB ステージ3

竹取物語《たけとりものがたり》

30分

自分の得点まで色をぬろう!
合格! もう一歩 がんばろう!
100点 80 60 0
/100

解答 18ページ

1 次の文章を読んで、問題に答えなさい。 教p.141・上①〜141・下⑬

そのときに、かぐや姫《ひめ》、「しばし待て。」とⓐ言ふ。「衣《きぬ》着せつる人は、心異《こと》になるなりといふ。もの一言、言ひおくべきことありけり。」と言ひて、①文《ふみ》書く。天人《てんにん》、②「遅《おそ》し。」と心もとながりたまふ。かぐや姫、③「もの知らぬこと、なのたまひそ。」とて、いみじく静かに、朝廷《おほやけ》に御文《おほんふみ》ⓑ奉《たてまつ》りたまふ。あわてぬさまなり。

[現代語訳]

そのときに、かぐや姫は、「しばらく待ちなさい。」と言う。「(天人が) 羽衣《はごろも》を着せた人は、心が (人間とは) 異なってしまうといいます。一言、言っておかねばならないことがありました。」と言って、手紙を書く。天人は、「遅い。」といらいらしていらっしゃる。かぐや姫は、「ものをわきまえないことを、おっしゃらないでください。」と言って、たいそうもの静かに、帝《みかど》にお手紙をさしあげなさる。冷静な様子である。

〈「竹取物語《たけとりものがたり》」による〉

1 ⓐ言ふ ⓑ奉りたまふ を現代仮名遣《かなづか》いに直し、全て平仮名で書きなさい。 5点×2(10点)

ⓐ( ) ⓑ( )

2 朝廷 の意味を、現代語訳から抜《ぬ》き出しなさい。(5点)

( )

3 ①文書く とありますが、何を書いたのですか。次から一つ選び、記号で答えなさい。(5点)

ア 羽衣を着て心が変わってしまう前の翁《おきな》に伝えたいこと。
イ 羽衣を着て心が変わってしまう前に帝に伝えたいこと。
ウ 羽衣を脱《ぬ》いで心が変わってしまう前に天人に伝えたいこと。
エ 羽衣を脱いで心が変わってしまう前に嫗《おうな》に伝えたいこと。

( )

4 よく出る ②「遅し。」と心もとながりたまふ とありますが、この天人のいらいらした態度と対照的なかぐや姫の様子を、古文中から八字で抜き出しなさい。(10点)

5 レベルUP ③もの知らぬこと、なのたまひそ とありますが、かぐや姫は、天人にどんなことを分からせようとしていますか。次から一つ選び、記号で答えなさい。(10点)

ア 天人の声がうるさいから、手紙が書きにくいということ。
イ 帝に手紙をさしあげるのは、たいへんな名誉《めいよ》だということ。
ウ 手紙が、別れを惜《お》しむ気持ちを示す大切なものだということ。
エ 人間の世界では、手紙は時間をかけて書くものだということ。

( )

知識の泉 **A 納。** 熟語に置き換《か》えて考えるとよい。税金を納める=納税。

2 次の文章を読んで、問題に答えなさい。

教 p.142・上①〜142・下⑩

中将《ちゆうじやう》取りつれば、Aふと天《あま》の羽衣《はごろも》①うち着せ奉《たてまつ》りつれば、翁《おきな》を、ⓐいとほし、Bかなしと思《おぼ》しつることもうせぬ。②この衣着つる人は、ⓑ物思ひなくなりにければ、車に乗りて、③百人ばかり天人具して、昇《のぼ》りぬ。

［現代語訳］

頭中将《とうのちゆうじよう》が（手紙と不死の薬を）受け取ったので、（天人は）さっと天の羽衣を（かぐや姫《ひめ》に）着せてさしあげたところ、（かぐや姫の、）翁たちを、気の毒だ、ふびんだと思っていた気持ちもなくなってしまった。この羽衣を着たかぐや姫は、物思いがなくなってしまったので、（空を飛ぶ）車に乗って、百人ほど□天人□連れて、（天に）昇ってしまった。

〈「竹取物語《たけとりものがたり》」による〉

1 ⓐいとほし　ⓑ物思ひ　を現代仮名遣《かなづか》いに直し、全て平仮名で書きなさい。　5点×2（10点）

ⓐ（　　　）　ⓑ（　　　）

2 ＝＝線A・Bの意味を、現代語訳から抜《ぬ》き出しなさい。　5点×2（10点）

A（　　　）　B（　　　）

3 ①うち着せ奉りつれば　とありますが、これは誰《だれ》の行動ですか。現代語訳から抜き出しなさい。（5点）

（　　　）

4 ②この衣着つる人　は、誰ですか。次から一つ選び、記号で答えなさい。（5点）

ア 天人　イ 頭中将
ウ 帝　エ かぐや姫

（　　　）

5 記述 この場面で、かぐや姫の心情はどのように変化しましたか。「翁たち」という言葉を使って書きなさい。（10点）

天の羽衣を着させられると、

（　　　）

6 よく出る かぐや姫が月に帰っていったのは、どのようになったからですか。（10点）

（　　　）

7 ③百人ばかり天人具して　とありますが、次の□に平仮名を一字ずつ補って、現代語訳を完成させなさい。　5点×2（10点）

百人ほど□天人□連れて

知識の泉 Q 部首「あくび」はどっち？　ア＝欠　イ＝隹

確認のワーク ステージ1
矛盾《むじゅん》 「韓非子《かんぴし》」より

解答 18ページ　スピードチェック 10・17ページ　予想問題 140ページ

学習のねらい
- 漢文の読み方のルールを学び、故事成語の由来を理解しよう。
- 故事成語の意味を知り、正しく使えるようになろう。

漢字

1 漢字の読み　読み仮名《がな》を横に書きなさい。

＊は新出漢字　▼は新出音訓・◎は熟字訓

❶ ＊矛 ＊盾　❷ ＊韓 非 子　❸ 切り＊離す　❹ ＊陣
❺ ＊堅い　❻ ＊突き通す　❼ ◎大和　❽ ▼優れる

2 漢字の書き　漢字に直して書きなさい。

❶ （　じん　）を張る。　❷ 話が（　むじゅん　）する。
❸ 針を（　つ　）き通す。　❹ 車両を切り（　はな　）す。

教科書の要点

1 故事成語　（　）に教科書の言葉を書き入れなさい。　教 p.144

① 昔の中国の有名な話から生まれた短い言葉を（　　）という。
② 「（　　）」は、現代では、つじつまが合わないことを意味する言葉として使われている。

2 漢文の読み方　（　）に教科書の言葉を書き入れなさい。　教 p.147

〈漢文の書き表し方〉

漢文を日本語のように読むために、次のような書き表し方をする。

①（　　）	●漢文に送り仮名《がな》や、読む順番を表す返り点を付けたもの。
②（　　）	●訓読文を、読む順番に従って漢字仮名交じりで書き改めたもの。

送り仮名▼漢字の右下に片仮名で付ける。歴史的仮名遣《づか》い。
返り点▼漢字の左下に付ける。

〈返り点の種類〉

主な返り点には、次のようなものがある。

③（　　）	●下の一字から、すぐ上の一字に返って読む。 例 誉《ほ》メテレ之《これ》ヲ曰《い》ハク、 → 之を誉めて曰はく、 2 1 3、
④（　　）	●二字以上、下から返って読む。 例 誉《ほ》メテ二其《そ》ノ矛《ほこ》ヲ一曰ハク、 → 其の矛を誉めて曰はく、 3 1 2 4。

知識の泉　A ア。「欠」の漢字には「歌・歓《かん》」など，「隹」（ふるとり）には「雑・雄《ゆう》」などがある。

〈書き下《くだ》し文にするときの注意点〉

● 送り仮名は歴史的仮名遣いのままで、片仮名を平仮名にする。
例 誉《メテ》レ之《ヲ》曰、《ハク》 → 之を誉めて曰はく、

● 付属語（助詞・助動詞）に当たる漢字は（⑤　　　）にする。
例 「吾《わガ》盾《たて》之《の》堅《かたキコト》、莫《なキ》二能《よク》陥《とほスモノ》一也《なりト》」。
→ 「吾が盾の堅きこと、能く陥すもの莫きなり。」と。
＊自立語に当たる漢字は漢字のままにする。

③ 内容理解

（　）に教科書の言葉を書き入れ、「矛盾《むじゅん》」の内容をまとめなさい。教 p.144～145

特徴《とくちょう》	盾	矛
	堅い	（①　　　）
商人の売り文句	（②　　　）ものはない。	どんなものでも突《つ》き通す。
つじつまが合わない点	商人が売っている盾を矛で突いた場合、売り文句のどちらかが成り立たなくなるところ。	

④ 故事成語

［　］から言葉を選び、書き入れなさい。

（①　　　）	（②　　　）	（③　　　）	（④　　　）
意味 詩や文章の表現を何度も練り直すこと。 由来 唐《とう》の詩人賈島《かとう》が詩の一節を「僧《そう》は推《お》す月下の門」と「僧は敲《たた》く月下の門」のどちらにするか悩《なや》んでいたことから。	意味 少しの違《ちが》いはあるが、本質的には同じであること。 由来 戦場で五十歩逃《に》げた者が百歩逃げた者を笑ったとしたらどうかと孟子《もうし》が梁《りょう》の恵王《けいおう》に言い、隣国《りんごく》の政治と大差ないことを諭《さと》したことから。	意味 絶対に失敗できない覚悟《かくご》で事に当たること。 由来 漢《かん》の韓信《かんしん》が敵と戦ったときに、わざと川を背にして陣取り、味方に決死の覚悟をさせて戦い、敵を破ったことから。	意味 あっても役に立たない余計なもの。 由来 楚《そ》の国で、蛇《へび》の絵を描《か》く競争で、早く描きあげた者が足まで描いて負けたことから。

［背水の陣《じん》　五十歩百歩　蛇足《だそく》　推敲《すいこう》］

おさえよう

要旨《ようし》 楚《そ》の国の商人が、盾と矛を、何でも防ぐ盾と何でも突き通す矛だと誉めて売っていたが、ある人にその矛でその盾を突いたらどうなるかと尋《たず》ねられ、〔ア 答えられなかった　イ うまく返答した〕。この話から「矛盾」という言葉が生まれた。このように昔の〔ア 日本　イ 中国〕の話から生まれた短い言葉を故事成語という。

知識の泉 Q ――線を漢字で書くと？　友達の立派な行いにカンシンする。

実力 判定テストA ステージ2

矛盾《むじゅん》 「韓非子《かんぴし》」より

30分

自分の得点まで色をぬろう！
合格！ もう一歩 がんばろう！ 0 60 80 100点
/100

解答 18ページ

1 次の文章を読んで、問題に答えなさい。

教 p.144・上①〜145・下⑨

　楚人《そひと》に盾《たて》と矛《ほこ》とを鬻《ひさ》ぐ者有り。①之《これ》を誉《ほ》めて曰《い》はく、「吾《わ》が盾の堅《かた》きこと、能《よ》く陥《とほ》すもの莫《な》きなり。」と。又《また》、②其《そ》の矛を誉めて曰はく、「吾が矛の③利《と》きこと、④物に於《お》いて陥さざる無きなり。」と。或《ある》ひと曰はく、「⑤子の矛を以《も》つて、子の盾を⑥陥さば、何如《いかん》。」と。其の人応《こた》ふる⑦こと能《あた》はざるなり。

［現代語訳］
　楚の国の人に盾と矛とを売る者がいた。その盾を自慢《じまん》して言うには、「私《わたし》の盾の堅いこと（といったら）、突《つ》き通せるものはないのだ。」と。更《さら》に、その矛を自慢して言うには、「私の矛の□（といったら）、どんなものでも突き通さないものはないのだ。」と。（すると、）ある人が言うには、「あなたの矛で、あなたの盾を□。」と。その人は答えることができなかったのである。
〈「矛盾《むじゅん》」『韓非子《かんぴし》』より〉による

1 ①之を誉めて曰はく　について答えなさい。

(1) よく出る 「之」は何を指しますか。漢字一字で答えなさい。（5点）

(2) 「曰はく」とありますが、これは誰《だれ》の動作ですか。現代語訳から抜《ぬ》き出しなさい。（5点）

2 ②其の矛を誉めて曰はく　の訓読文として適切なものを次から一つ選び、記号で答えなさい。（5点）

ア 誉メテ㆑其ノ㆑矛ヲ曰ハク　イ 誉メテ㆓其ノ矛ヲ㆒曰ハク
ウ 誉メテ其ノ㆓矛ヲ曰ハク㆒　エ 誉メテ㆒其ノ矛ヲ㆑曰ハク

3 ③利きこと　の意味を次から一つ選び、記号で答えなさい。（5点）

ア 役に立つこと　イ 利益になること
ウ 鋭《するど》いこと　エ 人気があること

4 ④物に於いて陥さざる無きなり　は、現代語訳に「どんなものでも突き通さないことはないのだ」とありますが、簡単にいうと、どういうことですか。（10点）

攻略！ 二重否定は強い肯定《こうてい》の意味になることから考えよう。

5 ⑤子　の読み方を平仮名《ひらがな》で書きなさい。また、ここでの意味を現代語訳から三字で抜き出しなさい。5点×2（10点）

読み方…（　　）　意味…□

知識の泉 **A** 感心。　他の同音異義語「関心＝興味」「歓心《かんしん》＝喜び」も覚えよう。

6 よく出る ⑥陥さば、何如 の意味を次から一つ選び、記号で答えなさい。 （5点）

ア 突き通さねばならない　イ 突いたら、どうであるか
ウ 突いてもよいだろうか　エ 突いてはいけない
（　）

7 記述 ⑦応ふること能はざるなり とありますが、答えることができなかったのはなぜですか。 （12点）

（　）

攻略！「或ひと」が言った内容が成り立つか考えよう。

8 この文章から、漢文には、どのような特徴《とくちょう》があることが分かりますか。次から二つ選び、記号で答えなさい。 5点×2（10点）

ア 一つ一つの文が長い。　イ 親しみやすい表現が多い。
ウ 人物の心理描写《びょうしゃ》が多い。　エ 引き締《し》まったリズムがある。
オ 「日はく」「何如」など独特の言い方がある。
（　）（　）

2 次の漢文を書き下し文に直《くだ》しなさい。 3点×3（9点）

① 僧《そう》ハ推《お》ス月下之門
（　）

② 歳《さい》月《げつ》不《ず》レ待タレ人ヲ
（　）

③ 百聞ハ不レ如《し》カ二一見一ニ。
（　）

3 次の問題に答えなさい。

1 よく出る 次の故事成語の意味を後から一つずつ選び、記号で答えなさい。 3点×5（15点）

① 完璧《かんぺき》（　）
② 他山の石（　）
③ 漁夫の利（　）
④ 塞翁《さいおう》が馬（　）
⑤ 蛍雪《けいせつ》の功（　）

ア 苦労して学問に励《はげ》んで成功すること。
イ 欠点がなく、非常に優《すぐ》れていること。
ウ 他人のつまらない言動でも、自分を磨《みが》く役に立つこと。
エ 二人が争っているすきに第三者が利益を横取りすること。
オ 人生の幸福や不幸は予測できないということ。

2 次の文の（　）に当てはまる故事成語を□から一つずつ選び、書き入れなさい。 3点×3（9点）

① 調査の方法が（　）だったため、このアンケートの結果は信用できない。
② 文化祭の準備が間に合うか心配だったが、私《わたし》たちのその心配は（　）に終わった。
③ 家族の中でペットを飼うことに反対なのは私だけで、まさに（　）という状況《じょうきょう》だった。

四面楚歌《そか》	杞憂《きゆう》	杜撰《ずさん》	大器晩成

知識の泉 Q 「□が立たない」「□に衣《きぬ》着せぬ」。□に入る共通の漢字は？

確認のワーク ステージ1

案内や報告の文章を書こう
日本語探検4 語の意味と文脈・多義語

学習のねらい
●案内状にどんな情報を載《の》せるとよいか判断できるようになろう。
●文脈で意味が変わる語や多義語を正しく使えるようになろう。

解答 19ページ　スピードチェック 11ページ

漢字

1 漢字の読み 読み仮名《がな》を横に書きなさい。

❶解＊釈　❷▼早速　❸＊疲れる

＊は新出漢字　▼は新出音訓・◎は熟字訓

2 漢字の書き 漢字に直して書きなさい。

❶古文の（かいしゃく）。　❷目が（つか）れる。

基本問題 案内や報告の文章を書こう

★ 次のメモと案内文を読んで、問題に答えなさい。

体育大会・予定メモ

・2021年６月12日（土）９：00〜15：00に開催《かいさい》する。
・山川中学校の校庭にて。
・生徒は，８：45に校庭に集合。
・種目は体操《たいそう》，１年学年種目（綱《つな》引《ひ》き），学年対抗リレー，PTA玉入れ，２年学年種目（むかで競走），３年学年種目（騎馬《きば》戦），フォークダンス。
・お知らせは，５月18日に配布する。
・生徒の持ち物は,体操着,シューズ，リレー用のはちまき。
・駐車場《ちゅうしゃじょう》はないので，保護者の車での来場はだめ。

2021年５月18日

保護者の皆様《みなさま》

山川中学校

体育大会のお知らせ

新緑の美しい季節になりました。皆様におかれましてはいかがお過ごしでしょうか。

さて，毎年恒例《こうれい》の体育大会を下記のとおり開催します。生徒たちの日頃《ひごろ》の練習の成果をぜひご覧ください。

記

１　日時　６月12日（土）
　　　　９：00〜15：00
２　場所　山川中学校　校庭
３　種目　体操，１年学年種目(綱引き)，学年対抗リレー，PTA玉入れ，２年学年種目（むかで競走），３年学年種目（騎馬戦），フォークダンス

※駐車場はありませんので，□。

1 メモにある内容で案内状には取り上げなかったのは、どんな内容ですか。（　）に当てはまる言葉を書きなさい。

（　　　）に関係あるが、（　　　）には関係ない内容。

2 よく出る 案内状の□には、どのような内容が入りますか。メモを参考にして書きなさい。

（　　　）

知識の泉 A 歯。「歯が立たない」＝かなわない。「歯に衣《きぬ》着せぬ」＝率直《そっちょく》に言う。

教科書の要点　日本語探検4

1 文脈・多義語

（　）に教科書の言葉を書き入れなさい。 教 p.151

（①）	●ある語が使われるときの、その語の前後における語句の意味のつながりのこと。 ●この働きによって、一つの語がさまざまに解《かい》釈《しゃく》される。	例 学校が短い。（授業の意味） 例 コの字形の学校。（校舎の意味）
（②）	●何らかの意味上のつながりがある、複数の意味を持つ語のこと。	例 写真をとる（撮る）。 例 山菜をとる（採る）。 例 ペンをとる（執る）。

基本問題　日本語探検4

1 次の――線の語は、どんな意味を表していますか。後から一つずつ選び、記号で答えなさい。

① 母は、風呂《ふろ》にひたっていた。（　　）
② 父は、風呂が大好きだ。（　　）
③ 風呂の高さは、膝《ひざ》くらいだとまたぎやすい。（　　）
④ 風呂は、廊下《ろうか》をつきあたった左手にある。（　　）

ア 湯　イ 浴室　ウ 浴槽《よくそう》　エ 入浴

2 よく出る 次の――線の語は、どんな意味を表していますか。後から一つずつ選び、記号で答えなさい。

① 胸にじんとくる。（　　）　② 疲《つか》れからくる病気。（　　）
③ 別れの時がくる。（　　）　④ 母から手紙がくる。（　　）

ア 時間が近づく。　イ ある原因からあることが起こる。
ウ 届く。　エ ある感情が心に生じる。

3 次の――線の語と同じ意味で使われている語をそれぞれ後から一つずつ選び、記号で答えなさい。

① 壁《かべ》に絵をかける。（　　）
ア 肉に塩をかける。　イ 言葉をかける。
ウ 服をハンガーにかける。

② 電柱をたてる。（　　）
ア 暮らしをたてる。　イ 泡《あわ》をたてる。
ウ アンテナをたてる。

③ 口に合う料理。（　　）
ア 袋《ふくろ》の口を閉める。　イ 口が肥える。
ウ 口をゆすぐ。

4 □に共通して入る多義語を、漢字を使って書きなさい。

① ・電車に□。・時流に□。
・相談に□。・おだてに□。（　　）

② ・背が□。・格調が□。
・値段が□。・□地位につく。（　　）

③ ・□を挙げる。・□がかかる。
・□を尽《つ》くす。・□が足りない。（　　）

知識の泉　Q □に当てはまる反対の意味の漢字は？　帯に□したすきに□し

確認のワーク ステージ1
文法の窓3 単語の分類

学習のねらい
●単語の分類を理解し、品詞の働きや性質を覚えよう。
●文を構成する単語の品詞が分かるようになろう。

解答 20ページ　スピードチェック 19ページ

教科書の要点

1 自立語・付属語 （　）に教科書の言葉を書き入れなさい。 教p.258

単語は、次の二つに分けることができる。

①（　）	●それだけで一文節になれる単語。
②（　）	●それだけでは一文節になれない単語。

2 活用 （　）に教科書の言葉を書き入れなさい。 教p.258

下に続く語によって語の形が変化することを（　）という。単語には、活用するものとしないものとがある。

活用する語	例 歩く　白い　きれいだ　です
活用しない語	例 山　小さな　すぐに　しかし　さあ　が

3 体言・用言 （　）に教科書の言葉を書き入れなさい。 教p.258

体言	活用せず、主語になる。	①（　）
用言	活用し、②（　）になる。	動詞・形容詞・形容動詞

4 品詞 （　）に教科書の言葉を書き入れなさい。 教p.258〜260

単語を性質によって分類したものを品詞といい、十種類ある。

単語		品詞	働きや性質
自立語	活用する	①（　）	●述語になる。（用言）●言い切りがウ段の音で終わる。
自立語	活用する	②（　）	●述語になる。（用言）●言い切りが「い」で終わる。
自立語	活用する	③（　）	●述語になる。（用言）●言い切りが「だ（です）」で終わる。
自立語	活用しない	④（　）	●主語になる。（体言）
自立語	活用しない	⑤（　）	●連体修飾《しゅうしょく》語になる。
自立語	活用しない	⑥（　）	●主に連用修飾語になる。
自立語	活用しない	⑦（　）	●接続語になる。
自立語	活用しない	⑧（　）	●独立語になる。
付属語	活用する	⑨（　）	●意味を添《そ》える、気持ちを表すなど。
付属語	活用しない	⑩（　）	●語句と語句の関係、細かい意味を表すなど。

補助動詞▼上の動詞に意味を添える動詞。「寝《ね》ている」など。
補助形容詞▼上の用言に意味を添える形容詞。「大きくない」など。

知識の泉　A 短・長。「帯に短したすきに長し」＝中途半端《ちゅうとはんぱ》で役に立たない。

基本問題

1 次の文の自立語には——線を、付属語には══線を引きなさい。

① 公園で同じ学校の生徒に会った。

② 九時までに宿題を終わらせたい。

2 よく出る 次の文の活用のある語に——線を引きなさい。

① 明日から雨が降るらしい。

② 重要な議題は、話し合うことができた。

3 次の——線の単語の品詞を後から選び、記号で答えなさい。

① 川沿いの遊歩道を走る。（　　）

② 夏休みには、家族で旅行に行きたい。（　　）

③ 田中君の趣味《しゅみ》は、山登りだそうだ。（　　）

④ 窓から美しい夕焼けが見える。（　　）

⑤ 家に帰るとすぐ着替《きが》えた。（　　）

⑥ 友達から本を借りた。（　　）

⑦ 大きな荷物が、家に届いた。（　　）

⑧ 図書館の中は、とても静かです。（　　）

⑨ まあ、きれいな花！（　　）

⑩ 雨が降り始めた。しかし、すぐにやんだ。（　　）

ア 名詞　イ 動詞　ウ 形容詞　エ 形容動詞
オ 連体詞　カ 副詞　キ 接続詞　ク 感動詞
ケ 助動詞　コ 助詞

4 次の文の体言には——線を、用言には══線を引きなさい。

① あの鳥には、大きいくちばしがある。

② この数学のテストは、とても簡単だ。

攻略！ 体言は名詞、用言は動詞、形容詞、形容動詞である。

5 次の文の——線のうち、補助形容詞を一つ選び、記号で答えなさい。

ア 財布《さいふ》がどこにもない。　イ 二百円なら、そう高くない。
ウ 朝早くは起きられない。（　　）

6 次の文の助詞には——線を、助動詞には══線を引きなさい。

① 晴れていたので、ふとんを干した。

② 熊のような犬に追いかけられる。

攻略！ 付属語を探して、活用するかしないかで見分けよう。

7 よく出る 次の——線の単語の品詞を後から選び、記号で答えなさい。

「天気予報によれば、①明日は、②ずっと③曇《くも》っている④ようだよ。⑤でも、⑥心配だから、⑦この傘《かさ》を持って行こうかな。」

「⑧うん、そうだね。荷物が⑨重くなるけれど、傘⑩があったほうが安心だね。」

①（　　）②（　　）③（　　）④（　　）⑤（　　）
⑥（　　）⑦（　　）⑧（　　）⑨（　　）⑩（　　）

ア 名詞　イ 動詞　ウ 形容詞　エ 形容動詞
オ 連体詞　カ 副詞　キ 接続詞　ク 感動詞
ケ 助動詞　コ 助詞

知識の泉　Q「完璧《かんぺき》」の意味は？

確認のワーク ステージ1

少年の日の思い出

解答 20ページ　スピードチェック 11ページ　予想問題 141ページ

学習のねらい
● 「僕《ぼく》」やエーミールの描写《びょうしゃ》や情景に着目しよう。
● 構成の工夫《くふう》や表現の効果を捉《とら》えよう。

漢字と言葉

1 漢字の読み

読み仮名《がな》を横に書きなさい。

＊は新出漢字　▼は新出音訓・◎は熟字訓

① ＊擦る　② ＊微▼笑　③ ＊載せる　④ ＊甲高い
⑤ 遊＊戯　⑥ ＊緊張　⑦ ＊獲物　⑧ ＊妬む
⑨ ＊誘＊惑　⑩ ＊繕う　⑪ ＊丹念　⑫ ＊償い

2 漢字の書き

漢字に直して書きなさい。

① （ゆうが）なしぐさ。　② （ふゆかい）に感じる。
③ （ばつ）を受ける。　④ 腕前《うでまえ》を（じまん）する。
⑤ 参加を（つの）る。　⑥ 景色を（なが）める。

3 語句の意味

意味を下から選んで、線で結びなさい。

① 呈《てい》する ・　　・ア 今のところ、さしあたって。
② さしずめ ・　　・イ 悪事をする男。
③ 悪漢 ・　　・ウ ある状態を示す。

教科書の要点

1 設定

物語の語り手は誰《だれ》ですか。（　）に教科書の言葉を書き入れなさい。

(1) 前半…「（　　）」　教 p.154・①〜156・⑪
(2) 後半…「（　　）」　教 p.156・⑫〜166・⑩

↓前半における「客」・「彼《かれ》」・「友人」と同一人物。

2 人物像

（　）に教科書の言葉を書き入れなさい。

(1) 僕《ぼく》　教 p.156〜157

● （　　）を採りに出かけると、学校の時間だろうが、お昼ご飯だろうが、もう塔《とう》の時計が鳴るのなんか、耳に入らなかった。

↓熱中すると、ほかのことが目に入らなくなる人物。

(2) エーミール　教 p.158〜159

● この少年は、非の打ちどころがないという悪徳を持っていた。
● とにかく、あらゆる点で、（①　　）だった。
● 彼は（②　　）らしくそれを鑑定《かんてい》し、その珍《めずら》しいことを認め、二十ペニヒぐらいの現金の値打ちはある、と値踏《ねぶ》みした。

↓模範《もはん》的で冷静だが、「僕」にとっては親しみにくい人物。

知識の泉　A 完全で欠点がないこと。　完璧《かんぺき》の「璧」は「壁」ではないので注意。

3 構成のまとめ

（　）に教科書の言葉を書き入れなさい。教p.154〜166

	前半	後半		
場面	第一場面 教初め〜p.156・⑪ 書斎《しょさい》にて	第二場面 p.156・⑫〜159・⑬ チョウの収集	第三場面 p.159・⑭〜164・③ チョウの誘惑《ゆうわく》・盗《ぬす》み	第四場面 p.164・④〜終わり 盗みの償《つぐな》い
出来事	●「私《わたし》」は客に収集したチョウを見せる。 客「自分でその思い出を（①　　）しまった」	〈「僕《ぼく》」が十歳《さい》になった頃《ころ》〉 ●「僕」は珍しい青いコムラサキを捕《と》らえた。 ●エーミールは「僕」のコムラサキに難癖《なんくせ》をつけた。	〈二年後〉 ●エーミールがクジャクヤママユをさなぎからかえした。 ●「僕」が訪ねていくと、エーミールは部屋におらず、クジャクヤママユは展翅《てんし》板に留められていた。 ➡「僕」は生まれて初めて（⑤　　）を犯《おか》した。 ●「僕」はエーミールの部屋へ引き返したが、クジャクヤママユは潰《つぶ》れていた。	●「僕」は罪をエーミールに告白する。 ●「僕」は、収集したチョウを粉々に潰してしまった。
心情や様子	▼思い出が不愉快《ゆかい》ででもあるかのように、彼は口早に「もう、けっこう。」と言った。	僕 チョウ集めのとりこになっていた。…熱狂的《ねっきょう》 ▼得意のあまり、隣《となり》の子供にだけ見せようという気になった。 エーミール 模範少年。収集は手入れが正確。…冷静 （熱狂的・冷静：対照的） ▼「僕」は妬《ねた》み、嘆賞《たんしょう》しながらエーミールを（②　　）いた。 ▼「僕」は、自分の獲物《えもの》に対する（③　　）が傷つけられた。	▼「僕」はすっかり興奮して、見るのが待ちきれなかった。 ▼「僕」は、この（④　　）を手に入れたいという逆らいがたい欲望を感じた。 僕 気持ちの変化 満足感➡良心の目覚め➡不安➡元に戻《もど》したい ▼盗みをしたという気持ちより、自分が潰してしまった美しい珍しいチョウを見ているほうが、「僕」の心を（⑥　　）。	エーミール ただ「僕」を眺《なが》めて、（⑦　　）していた。 僕 一度起きたことは、もう（⑧　　）のできないものだと悟《さと》った。 ▼自分への罰《ばつ》。そして、チョウへの強い熱情に決別をした。

おさえよう

主題 「僕」は、チョウ集めに純粋《じゅんすい》な熱情を傾《かたむ》けていたが、チョウの美しさの誘惑に負け、盗みを犯してしまう。エーミールから軽蔑《けいべつ》を受け、「僕」のチョウに対する熱情は〔ア 過熱　イ 挫折《ざせつ》〕する。「僕」は、一度起きたことを償うことはできないのだと悟るとともに、集めたチョウを指で潰し、〔ア 少年期　イ 思春期〕と決別する。

知識の泉 **Q** 次の故事成語の□に当てはまる漢字は？　漁夫の□

実力判定テストA　ステージ2

少年の日の思い出

30分

自分の得点まで色をぬろう！
100点　合格！　80　もう一歩　60　がんばろう！　0
/100

解答 21ページ

★ 次の文章を読んで、問題に答えなさい。

教 p.157・④〜159・⑬

　今でも美しいチョウを見ると、おりおりあの熱情が身にしみて感じられる。そういう場合、僕《ぼく》はしばしの間、子供だけが感じることのできる、あの何とも言えぬ、貪《むさぼ》るような、うっとりした感じに襲《おそ》われる。少年の頃《ころ》、初めてキアゲハに忍《しの》び寄った、あのとき味わった気持ちだ。また、そういう場合、僕はすぐに幼い日の無数の瞬間《しゅんかん》を思い浮《う》かべるのだ。強く匂《にお》う乾《かわ》いた荒野《こうや》の焼けつくような昼下がり、庭の中の涼《すず》しい朝、神秘的な森の外れの夕方、僕はまるで宝を探す人のように、網《あみ》を持って待ち伏《ぶ》せていたものだ。そして①美しいチョウを見つけると、特別に珍《めずら》しいのでなくったってかまわない、日なたの花に留まって、色のついた羽を呼吸とともに上げ下げしているのを見つけると、捕《と》らえる喜びに息も詰《つ》まりそうになり、次第《しだい》に忍び寄って、輝《かがや》いている色の斑点《はんてん》の一つ一つ、透《す》き通った羽の脈の一つ一つ、触角《しょっかく》の細いとび色の毛の一つ一つが見えてくると、その緊張《きんちょう》と歓喜《かんき》ときたら、なかった。そうした微妙《びみょう》な喜びと、激しい欲望との入り交じった気持ちは、その後、そうたびたび感じたことはなかった。

　僕の両親はりっぱな道具なんかくれなかったから、僕は自分の収集を、古い潰《つぶ》れたボール紙の箱にしまっておかねばならなかった。瓶《びん》の栓《せん》から切り抜《ぬ》いた丸いコルクを底に貼《は》り付け、ピンをそれに留めた。こうした箱の潰れた壁《かべ》の間に、僕は自分の宝物をしまっていた。初めのうち、僕は自分の収集を喜んでたびたび仲間に見せたが、ほかの者はガラスの蓋《ふた》のある木箱や、緑色のガーゼを貼った飼育箱や、そのほかぜいたくなものを持っていたので、自分の幼稚《ようち》な設備を自慢《じまん》することなんかできなかった。それどころか、②重大で、評判になるような発見物や獲物《えもの》があっても、ないしょにし、自分の妹たちだけに見せる習慣になった。あるとき、僕は、僕らのところでは珍しい青いコムラサキを捕らえた。それを展翅《てんし》し、乾いたときに、得意のあまり、せめて隣《となり》の子供にだけは見せよう、という気になった。それは、中庭の向こうに住んでいる先生の息子《むすこ》だった。③この少年は、非の打ちどころがないという悪徳を持っていた。それは子供としては二倍も気味悪い性質だった。彼《かれ》の収集は小さく貧弱《ひんじゃく》だったが、小ぎれいなのと、手入れの正確な点で一つの宝石のようなものになっていた。彼はそのうえ、傷《いた》んだり壊《こわ》れたりしたチョウの羽を、にかわで継《つ》ぎ合わすという、非常に難しい珍しい技術を心得ていた。とにかく、あらゆる点で、模範《もはん》少年だった。そのため、僕は妬《ねた》み、嘆賞《たんしょう》しながら彼を憎《にく》んでいた。

　この少年にコムラサキを見せた。彼は専門家らしくそれを鑑定《かんてい》

知識の泉　A 利。「漁夫の利」＝二者が争っているうちに，第三者が利益を横取りすること。

し、その珍しいことを認め、二十ペニヒぐらいの現金の値打ちはある、と値踏《ねぶ》みした。しかしそれから、彼は難癖《なんくせ》をつけ始め、展翅の仕方が悪いとか、右の触角が曲がっているとか、左の触角が伸《の》びているとか言い、そのうえ、足が二本欠けているという、もっともな欠陥《けっかん》を発見した。僕はその欠点をたいしたものとは考えなかったが、こっぴどい批評家のため、自分の獲物に対する喜びはかなり傷つけられた。それで④僕は二度と彼に獲物を見せなかった。

〈ヘルマン・ヘッセ　高橋《たかはし》 健二《けんじ》・訳「少年の日の思い出」による〉

1 よく出る　チョウを捕らえようとして待ち伏せている「僕」の様子は、何にたとえられていますか。文章中から五字で抜《ぬ》き出しなさい。（10点）

2 ①美しいチョウ　を見つけて忍び寄ったときの気持ちを、どのように表現していますか。文章中から二十三字で抜き出し、初めと終わりの五字を書きなさい。（10点）

〜

3 「僕」がチョウ集めをしている様子から、「僕」はどのような人物だと読み取れますか。次から一つ選び、記号で答えなさい。（10点）

ア　チョウを多く収集していることに、誇《ほこ》りを持っている人。
イ　チョウの美しさを繊細《せんさい》に感じ取り、夢中になっている人。
ウ　チョウの細部を冷静に観察し、分析《ぶんせき》するのが得意な人。
エ　チョウを自慢するために、必死に集めている人。（　　）

攻略！「僕」がチョウ集めにどんな態度で臨《のぞ》んでいるか読み取ろう。

4 ②重大で、評判になるような……見せる習慣になった　とありますが、なぜですか。（　）に当てはまる言葉を書きなさい。（10点）

自分の（　　　　）を見せるのが恥《は》ずかしかったから。

5 ③この少年は、非の打ちどころがないという悪徳を持っていた。について答えなさい。

(1) よく出る　「非の打ちどころがない」ことが、なぜ「悪徳」なのですか。次から一つ選び、記号で答えなさい。（10点）

ア　うそばかりついていて、信用できないから。
イ　本当の実力以上に見せかけているだけだから。
ウ　おとなしすぎて、友達としておもしろくないから。
エ　人間味に欠け、親しみにくい感じがするから。（　　）

(2) 少年が「非の打ちどころがない」ことを、別の言い方で表した言葉を、文章中から四字で抜き出しなさい。（15点）

(3) 「非の打ちどころがない」少年に対して、「僕」はどのような感情を持っていましたか。それが分かる部分を文章中から一文で抜き出し、初めの五字を書きなさい。（15点）

6 記述　④僕は二度と彼に獲物を見せなかった　とありますが、それはなぜですか。（20点）

攻略！直前の「それで」に着目する。その前に述べられたことが理由である。

知識の泉 Q「つじつまが合わない」という意味を表す故事成語は？

実力判定テストB　ステージ3

少年の日の思い出 (1)

30分

自分の得点まで色をぬろう!
100点　合格!　80　もう一歩　60　がんばろう!　0
/100

解答 21ページ

★ 次の文章を読んで、問題に答えなさい。

教 p.161・①〜164・③

せめて例のチョウを見たいと、僕《ぼく》は中に入った。そしてすぐに、エーミールが、収集をしまっている二つの大きな箱を手に取った。どちらの箱にも見つからなかったが、やがて、そのチョウはまだ展翅板《てんし》に載《の》っているかもしれないと思いついた。果たしてそこにあった。とび色のビロードの羽を細長い紙切れに張り伸《の》ばされて、クジャクヤママユは展翅板に留められていた。僕はその上にかがんで、毛の生えた赤茶色の触角《しょっかく》や、優雅《ゆうが》で、果てしなく微妙《びみょう》な色をした羽の縁《ふち》や、下羽の内側の縁にある細い羊毛のような毛などを残らず、間近から眺《なが》めた。あいにくあの有名な斑点《はんてん》だけは見られなかった。細長い紙切れの下になっていたのだ。

胸をどきどきさせながら、僕は①紙切れを取りのけたいという誘《ゆう》惑《わく》に負けて、留め針を抜《ぬ》いた。すると、四つの大きな不思議な斑点が、挿絵《さしえ》のよりはずっと美しく、ずっとすばらしく、僕を見つめた。それを見ると、②この宝を手に入れたいという逆らいがたい欲望を感じて、僕は生まれて初めて盗《ぬす》みを犯《おか》した。僕はピンをそっと引っ張った。チョウはもう乾《かわ》いていたので、形は崩《くず》れなかった。僕はそれを手のひらに載せて、エーミールの部屋から持ち出した。そのときさしずめ僕は、③大きな満足感のほか何も感じていなかった。

チョウを右手に隠《かく》して、僕は階段を下りた。そのときだ。下の方から誰《だれ》か僕の方に上がってくるのが聞こえた。その瞬間《しゅんかん》に④僕の良心は目覚めた。僕は突然《とつぜん》、自分は盗みをした、下劣《げれつ》なやつだということを悟《さと》った。同時に見つかりはしないか、という恐《おそ》ろしい不安に襲《おそ》われて、僕は本能的に、獲物《えもの》を隠していた手を、上着のポケットに突《つ》っ込《こ》んだ。ゆっくりと僕は歩き続けたが、大それた恥《は》ずべきことをしたという、冷たい気持ちに震《ふる》えていた。上がってきたお手伝いさんと、びくびくしながら擦《す》れ違《ちが》ってから、僕は⑤胸をどきどきさせ、額に汗《あせ》をかき、落ち着きを失い、自分自身におびえながら、家の入り口に立ち止まった。

すぐに僕は、このチョウを持っていることはできない、持っていてはならない、元に返して、できるなら何事もなかったようにしておかねばならない、と悟った。そこで、人に出くわして見つかりはしないか、ということを極度に恐れながらも、急いで引き返し、階段を駆《か》け上がり、一分ののちにはまたエーミールの部屋の中に立っていた。僕はポケットから手を出し、チョウを机の上に置いた。それをよく見ないうちに、僕はもうどんな⑥不幸が起こったかということを知った。そして泣かんばかりだった。クジャクヤママユは潰《つぶ》れてしまったのだ。前羽が一つと触角が一本なくなっていた。ちぎれた羽を用心深くポケットから引き出そうとすると、羽はばらばらになっていて、繕《つくろ》うことなんか、もう思いもよらなかった。

⑦盗みをしたという気持ちより、自分が潰してしまった美しい珍《めずら》

知識の泉　A 矛盾《むじゅん》。〈例〉彼《かれ》の言っていることとしていることは，矛盾している。

しいチョウを見ているほうが、僕の心を苦しめた。微妙なとび色がかった羽の粉が、自分の指にくっついているのを、僕は見た。また、ばらばらになった羽がそこに転がっているのを見た。それをすっかり元どおりにすることができたら、僕はどんな持ち物でも楽しみでも、喜んで投げ出したろう。

〈ヘルマン・ヘッセ　高橋《たかはし》 健二《けんじ》・訳「少年の日の思い出」による〉

1 記述 ①紙切れを取りのけたい　とありますが、これは何をしたいということを表していますか。（15点）

（　　　　）

2 ②この宝を手に入れたいという逆らいがたい欲望　を感じたのは、何を見たことがきっかけですか。文章中から十二字で抜き出しなさい。（15点）

3 レベルUP ③大きな満足感　とありますが、どのようなことに満足していたのですか。次から一つ選び、記号で答えなさい。（15点）

ア　高価なチョウを手に入れたこと。
イ　チョウを盗む作戦が成功したこと。
ウ　美しいチョウを自分のものにしたこと。
エ　エーミールを困らせることができたこと。

（　　）

4 ④僕の良心は目覚めた　とありますが、このとき「僕」はどのようなことを悟り、どう感じましたか。（　）に当てはまる言葉を、文章中から抜き出しなさい。5点×2（10点）

自分は（　　　　）ということを悟り、見つかりはしないか、という（　　　　）を感じた。

5 よく出る ⑤胸をどきどきさせ　とありますが、このときの「僕」の気持ちに当てはまらないものを次から一つ選び、記号で答えなさい。（15点）

ア　期待　　イ　不安
ウ　緊張《きんちょう》　　エ　恐怖《きょうふ》

（　　）

6 ⑥不幸　とありますが、どのようなことを「不幸」と表現しているのですか。文章中の言葉を使って、簡潔に書きなさい。（15点）

（　　　　）

7 よく出る ⑦盗みをしたという気持ちより……僕の心を苦しめた。とありますが、このときの「僕」の気持ちは、どのような状態ですか。次から一つ選び、記号で答えなさい。（15点）

ア　罪の意識よりチョウをエーミールへ返す悔《くや》しさのほうが強い。
イ　罪の意識よりチョウが潰れてしまった悲しみのほうが強い。
ウ　罪の意識よりチョウを修繕《しゅうぜん》することへの関心のほうが強い。
エ　罪の意識よりチョウの弁償《べんしょう》を心配する気持ちのほうが強い。

（　　）

知識の泉 Q「文章の字句を練ること」を表す故事成語は？　ア＝杜撰《ずさん》　イ＝推敲《すいこう》

実力判定テストB ステージ3

少年の日の思い出 (2)

30分

自分の得点まで色をぬろう!
100点 合格! 80 もう一歩 60 がんばろう! 0
/100

解答 22ページ

次の文章を読んで、問題に答えなさい。

教 p.164・⑧〜166・⑩

「おまえは、エーミールのところに、行かねばなりません。」と母はきっぱりと言った。「そして、自分でそう言わなくてはなりません。それよりほかに、どうしようもありません。おまえの持っているもののうちから、どれかを埋《う》め合わせにより抜《ぬ》いてもらうように、申し出るのです。そして許してもらうように頼《たの》まねばなりません。」

あの模範《もはん》少年でなくて、ほかの友達だったら、すぐにそうする気になれただろう。①彼《かれ》が僕《ぼく》の言うことを分かってくれないし、恐《おそ》らく全然信じようともしないだろうということを、僕は前もって、はっきり感じていた。かれこれ夜になってしまったが、僕は出かける気になれなかった。母は僕が中庭にいるのを見つけて、「今日のうちでなければなりません。さあ、行きなさい!」と小声で言った。それで僕は出かけていき、エーミールは、と尋《たず》ねた。彼は出てきて、すぐに、誰《だれ》かがクジャクヤママユを台なしにしてしまった、悪いやつがやったのか、あるいは猫《ねこ》がやったのか分からない、と語った。僕はそのチョウを見せてくれと頼んだ。二人は上に上がっていった。彼はろうそくをつけた。僕は台なしになったチョウが展翅《てんし》板の上に載《の》っているのを見た。エーミールがそれを繕《つくろ》うために努力した跡《あと》が認められた。壊《こわ》れた羽は丹念《たんねん》に広げられ、ぬれた吸い取り紙の上に置かれてあった。しかしそれは直す由《よし》もなかった。触角《しょっかく》もやはりなくなっていた。そこで、それは僕がやったのだと言い、詳《くわ》しく話し、説明しようと試みた。

すると、エーミールは激したり、僕を怒鳴《どな》りつけたりなどはしないで、低く、ちぇっと舌を鳴らし、しばらくじっと僕を見つめていたが、それから「そうか、そうか、②つまり君はそんなやつなんだな。」と言った。

僕は彼に③僕のおもちゃをみんなやると言った。それでも彼は冷《れい》淡《たん》に構え、依然《いぜん》僕をただ軽蔑《けいべつ》的に見つめていたので、僕は④自分のチョウの収集を全部やると言った。しかし彼は、「けっこうだよ。僕は君の集めたやつはもう知っている。そのうえ、今日また、君がチョウをどんなに取り扱《あつか》っているか、ということを見ることができたさ。」と言った。

その瞬間《しゅんかん》、⑤僕はすんでのところであいつの喉笛《のどぶえ》に飛びかかるところだった。もうどうにもしようがなかった。僕は悪漢だということに決まってしまい、エーミールはまるで世界のおきてを代表でもするかのように、冷然と、正義を盾《たて》に、侮《あなど》るように、僕の前に立っていた。彼は罵《ののし》りさえしなかった。ただ僕を眺《なが》めて、軽蔑していた。

そのとき初めて僕は、一度起きたことは、もう償《つぐな》いのできないものだということを悟《さと》った。僕は立ち去った。⑥母が根掘《ねほ》り葉掘り聞こうとしないで、僕にキスだけして、構わずにおいてくれたことをうれしく思った。僕は、床《とこ》にお入り、と言われた。僕にとっ

てはもう遅《おそ》い時刻だった。だが、その前に僕は、そっと食堂に行って、大きなとび色の厚紙の箱を取ってき、それを寝台《しんだい》の上に載せ、闇《やみ》の中で開いた。そして⑦チョウを一つ一つ取り出し、指で粉々に押《お》し潰《つぶ》してしまった。

〈ヘルマン・ヘッセ　高橋《たかはし》　健二《けんじ》・訳「少年の日の思い出」による〉

1 記述 ①彼が僕の言うことを……はっきり感じていた。とありますが、「僕」は、エーミールにどのようなことを分かってほしかったのですか。次の言葉に続けて書きなさい。（15点）

チョウを盗《ぬす》んだのは悪意からではなく、美しいチョウに対する熱情からだったということと、

（　　　　）

2 「僕」の告白を聞いたエーミールは、どのような態度を取りましたか。□に当てはまる言葉を、文章中から抜き出しなさい。（10点）

「僕」を□した態度。

3 記述 ②つまり君はそんなやつなんだな　とありますが、エーミールは「僕」をどのような人間だと思ったのですか。（15点）

（　　　　）

4 ③僕のおもちゃをみんなやる　④自分のチョウの収集を全部やる　と言ったのは、何をしたいと思ったからですか。文章中から二字で抜き出しなさい。（10点）

□

5 レベルUP ⑤僕は……飛びかかるところだった　とありますが、それはなぜですか。次から一つ選び、記号で答えなさい。（10点）

ア 「僕」が悪いと、激しく責め立てられたから。
イ 「僕」には実現不可能なことを要求されたから。
ウ 「僕」のチョウに対する思いまで否定されたから。
エ 「僕」の犯《おか》した悪事が全て明らかにされたから。

（　）

6 よく出る エーミールとのやり取りで「僕」が知ったのは、どのようなことですか。文章中から抜き出しなさい。（10点）

（　　　　）

7 ⑥母が……構わずにおいてくれた　から、母のどのような気持ちが分かりますか。次から一つ選び、記号で答えなさい。（10点）

ア 正直に罪を告白した「僕」の態度に感心している。
イ すぐに謝《あやま》りに行かなかった「僕」にあきれている。
ウ 「僕」が盗みを犯したことが信じられないでいる。
エ 「僕」のつらい気持ちを理解し、いたわっている。

（　）

8 よく出る ⑦チョウを一つ一つ取り出し、指で粉々に押し潰してしまった　とありますが、このときの「僕」の気持ちとして適切なものを次から二つ選び、記号で答えなさい。10点×2（20点）

ア 不愉快《ゆかい》な出来事を少しでも早く忘れたいという気持ち。
イ チョウへの熱情を断《た》ち切らなければならないという気持ち。
ウ クジャクヤママユ以外のチョウはいらないという気持ち。
エ エーミールへの怒《いか》りをチョウにぶつけようという気持ち。
オ 償いようのない罪を犯した自分を罰《ばっ》しようという気持ち。

（　）（　）

知識の泉　Q 慣用句「舌を巻く」に意味が近い熟語は？　ア＝感心　イ＝失望

確認のワーク ステージ1

文法の窓4 名詞
漢字道場4 他教科で学ぶ漢字

解答 23ページ｜スピードチェック 12・20ページ

学習のねらい
●名詞の種類が見分けられるようになろう。
●名詞の成り立ちの違《ちが》いを知り、見分けられるようになろう。

漢字

1 漢字の読み 読み仮名《がな》を横に書きなさい。

①風＊呂　②＊駐車　③＊掃▼除　④◎＊弥生
⑤＊脊＊椎　⑥＊哺乳類　⑦＊顕微鏡　⑧＊塑性

＊は新出漢字
▼は新出音訓・◎は熟字訓

2 漢字の書き 漢字に直して書きなさい。

①（かいしょ）の文字。　②麦の（しゅうかく）。
③水分を（ふく）む。　④（てぶくろ）をはめる。

教科書の要点　文法の窓4

1 名詞 □から言葉を選び、（　）に書き入れなさい。 教p.262

名詞とは、活用の（　　）自立語で、（　　）になることのできる単語である。

主語　述語　ある　ない

2 名詞の種類 （　）に教科書の言葉を書き入れなさい。 教p.262

普通《ふつう》名詞	●物事を表す（①　　）な名詞。	例 家　猫《ねこ》
②（　　）	●一人一人の人や、一つ一つの物などに付けられた名前を表す名詞。	例 東京　太平洋
③（　　）	●物の数や順序を表す、数を含《ふく》む名詞。	例 二人　三月
④（　　）	●人や物や場所などを指し示すのに用いられる名詞。	例 これ　僕《ぼく》
形式名詞	●もともとの意味をなくして、必ず（⑤　　）と結び付く名詞。	例 とき　こと

3 いろいろな成り立ちの名詞 次の名詞の成り立ちを、後から一つずつ選び、記号で答えなさい。 教p.263

①深み（　）　②ご両親（　）
③円安（　）　④続き（　）

ア　転成名詞（用言から名詞になったもの）
イ　形容詞の一部に接尾語《せつび》が付いたもの
ウ　複合名詞（二つ以上の単語が結び付いたもの）
エ　名詞に接頭語が付いたもの

知識の泉　A ア。〈例〉小学生のみごとなピアノ演奏に，舌を巻いた。

基本問題 文法の窓4

1 よく出る **次の文の名詞に――線を引きなさい。**

① 駅の 売店で 雑誌を 買う。

② 五十メートルほど 西に 学校が あります。

③ ファーブルは、昆虫《こんちゅう》の 行動を 研究した。

④ 僕《ぼく》の 趣味《しゅみ》は、本を 読む ことだ。

⑤ 彼《かれ》が、一人で フランスに 行く わけが ない。

攻略！ ④形式名詞は普通《ふつう》、平仮名《ひらがな》で書くことに注意しよう。

2 よく出る **次の文の――線を引いた名詞の種類を後から一つずつ選び、記号で答えなさい。**

① 図書館を 出た とき、空は 晴れて いた。
（　）（　）

② 千葉県では 強風の ために 電車が 何本も 止まった。
（　）（　）（　）

③ 私《わたし》の 学校の 陸上部は、県大会で 二位に なった。
（　）（　）（　）

④ そちらに 見えるのは、西郷隆盛《さいごうたかもり》の 銅像《どうぞう》です。
（　）（　）

ア 普通名詞　イ 固有名詞　ウ 数詞
エ 代名詞　オ 形式名詞

3 **次の文の代名詞に――線を引き、代名詞の種類が人称《にんしょう》代名詞ならア、指示代名詞ならイを書きなさい。**

① どれを選びますか。（　）　② 彼女《かのじょ》が描《か》いた絵。（　）

③ 隣《となり》は誰《だれ》の席ですか。（　）　④ あそこまで歩こう。（　）

攻略！ 人称代名詞は人を指し示し、指示代名詞は物事や場所を指し示す。

4 **次の用言から名詞を作りなさい。**

① 決まる（　）　② 近い（　）

③ 暮らす（　）　④ 確かだ（　）

5 **次の各組の名詞の中から、種類の違《ちが》うものを一つずつ選び、記号で答えなさい。**

① ア 一度　イ いくつ　ウ 五年　エ 一郎（　）

② ア 富士山《ふじさん》　イ 日本人　ウ 京都　エ ドイツ（　）

③ ア 君　イ 彼　ウ 兄　エ あなた（　）

6 **次の文章中から、後の①〜③に当てはまる名詞を一つずつ抜《ぬ》き出しなさい。**

川に沿って歩くうちに、川の流れはだんだん急になってきた。そして、私たちは源流にたどり着いた。岩の間から流れ出る湧《わ》き水を手ですくってみると、驚《おどろ》くほどの冷たさだった。

① 動詞から名詞になったもの。（　）

② 形容詞の一部＋接尾語《せつび》で名詞になったもの。（　）

③ 二つ以上の単語が結び付いた複合名詞。（　）

知識の泉　**Q** 「自業自得《じごう》」と同じ意味のことわざは？　身から出た□□

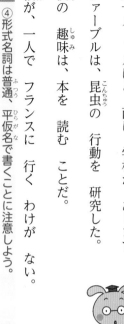

確認のワーク ステージ1　風を受けて走れ

学習のねらい
●義足の技術の発達と臼井《うすい》さんの気持ちの変化を捉《とら》えよう。
●「風」が臼井さんや選手にとってどのような存在か捉えよう。

解答 23ページ｜スピードチェック 13ページ｜予想問題 142ページ

漢字と言葉

1 漢字の読み　読み仮名《がな》を横に書きなさい。

＊は新出漢字　▼は新出音訓・◎は熟字訓

①＊脚（訓読み）　②義＊肢　③必＊需品　④＊膝
⑤＊薄い　⑥＊挑戦者　⑦▼試す　⑧＊喪失感
⑨＊踏み出す　⑩＊伴走　⑪▼競う　⑫＊幅（訓読み）

2 漢字の書き　漢字に直して書きなさい。

①（じょうぶ）な体。　②（れんらく）を取る。
③（ろうか）を歩く。　④（わんきょく）した柱。
⑤（なや）みを話す。　⑥希望を（いだ）く。

3 語句の意味　意味を下から選んで、線で結びなさい。

① 殊《こと》に　・　・ア 前もって大げさに言い広めること。
② 触《ふ》れ込《こ》み　・　・イ ほかと比べて特に。
③ 試行錯誤《さくご》　・　・ウ 何度も試《ため》して、良い方法を探すこと。

教科書の要点

1 人物像　次の行動から、臼井《うすい》さんはどんな人物だといえますか。後から一つずつ選び、記号で答えなさい。　教 p.175〜179

① ハワイで見た「走れる足部《そくぶ》」が日本に入ってくると、すぐさま勤務先に申請《しんせい》して走れる足部と膝継手《ひざつぎて》を手に入れた。（　）
② 練習会の運営はボランティアだが、苦にせず、「続けていけばいいんだ。」とだけ思ってやり続けた。（　）
③ 練習会の参加者が増えても、目立とうとせず、縁《えん》の下の力持ちに徹《てっ》した。（　）

ア 謙虚《けんきょ》　イ 行動的　ウ 威圧《いあつ》的　エ 粘《ねば》り強い

2 内容理解　正しい順番になるように、番号を書きなさい。　教 p.172〜179

（　）練習会が定期的に開かれるようになり、臼井のもとからパラリンピックの選手が誕生するようになった。

（　）臼井は「走れる足部」と「油圧式の膝継手」を入手し、最初の挑戦《ちょうせん》者の柳下孝子《やぎしたたかこ》が義足で走ることに成功した。

（　）「板バネ」が登場し臼井が調整を繰《く》り返すうちに、若者たちは百メートルを二十秒ほどで走れるようになった。

（　）臼井は、海外の最先端《せんたん》の技術に触《ふ》れ、日本でも義足の人が走れるのではないかと考えるようになった。

知識の泉　A さび。〈例〉勉強せずに不合格になったのだから，身から出たさびだよ。

3 構成のまとめ

（　）に教科書の言葉を書き入れなさい。教p.172〜179

	第一のまとまり	第二のまとまり	第三のまとまり	第四のまとまり
まとまり	教初め〜p.175・①	p.175・②〜176・㊱	p.176・㊲〜178・⑲	p.178・⑳〜終わり
	話題の提示	臼井の決心	義足の発達	「風」の存在
出来事・義足の技術の発達	●義足では走れないと思われていた。 理由① 義足の（①　）と耐久性《たいきゅう》の問題 理由② 膝継手の性能の問題	最初の挑戦者、柳下孝子 ●段階を踏《ふ》んで、道路で義足で走ることに成功する。 ●吹《ふ》き過ぎるそよ風。走っているという（③　）が、柳下の全身に伝わった。	カーボンファイバー「板バネ」の登場 ●「板バネ」は、カーボンファイバーを重ねた一枚板を湾曲《わんきょく》させたもので、強い（④　）がある。 ●板バネによって若者たちは百メートルを二十秒ほどで走るランナーに変身し、障害者陸上の大会や（⑤　）に出るような選手が誕生する。	ますます増える練習会の参加者 ●自分で作った風、自分で巻き起こした風は、自分の周りを輝《かがや》かせる。
臼井の考え・行動	▼臼井は疑問を抱《いだ》く。 きっかけ① ハワイで見た最先端の足部 きっかけ② 大腿《だいたい》義足の女性が走るビデオの映像 ▼「誰にでも（②　）があるのではないか。」と考えた。	▼やる気があれば、走る動作を取り戻《もど》せると確信した。 ▼やり続けるしかあるまい、と決意を固め、男女四人に声を掛《か》けて義足で走る練習を進めた。	●板バネの微妙《びみょう》な調整を繰《く》り返した。 ●障害者陸上の大会に出る選手のサポートを行う。 ▼不安を感じながらも走る気力を奮い起こした（⑥　）を、何よりだいじにしたい。	▼風みたいに、選手たちの背中をそっと押《お》す存在になりたい。 ▼義足で走れる機会を作り、（⑦　）のが役割。

おさえよう

主題 義足で走れるようになると人生の幅《はば》が広がるという信念のもと、義足のランナーをサポートし続ける臼井二《ふ》美男《みお》の活動がつづられている。「風」は、義足の人が自分の可能性に気づき（ア 体力　イ 自信）を取り戻すきっかけとして、また、臼井にとっては、自分の（ア 理想　イ 最上）のあり方として象徴《しょうちょう》的に用いられている。

知識の泉 Q ——線の使い方は○か×か？　「この小説の最後の場面は圧巻だ。」

実力判定テストA ステージ2　風を受けて走れ

30分

自分の得点まで色をぬろう!
100点　合格!　80　もう一歩　60　がんばろう!　0
/100

解答 24ページ

1 次の文章を読んで、問題に答えなさい。 教p.173・①〜173・㉗

「義足でだって走れるんじゃないか。走れば世界が広がるんじゃないか。」

それまで、①義足使用者、殊《こと》に大腿《だいたい》切断者は走れない、走れるわけがないと思われていた。

理由の一つは、義足そのものの重さである。以前の義足は重かった。二キログラムから三キログラムほどもある義足を速く振《ふ》って走るには、かなりの力が必要となる。しかも、走るという激しい動作に対応できる耐久《たいきゅう》性もなかった。義足は絶対に欠かせない生活必需《ひつじゅ》品なのだ。義足を壊《こわ》してしまうと、翌日から学校にも仕事にも行けなくなる。

それに、「膝継手《ひざつぎて》」とよばれる部品の性能も問題だった。

膝上からの大腿義足は、脚《あし》を切断した部分を包み込《こ》む「ソケット」、膝の代わりになる「膝継手」、すねの部分に当たる「チューブ」、いちばん下の「足部《そくぶ》」で成り立っている。

義足の膝継手は、本物の膝のように素速《すばや》く精巧《せいこう》には動かない。走ろうとして脚を速く振り出しても、膝下部分がついてこない可能性がある。

膝が伸《の》びきれずに折れたまま着地すれば転んでしまう。大腿義足を使っている者が何より恐《おそ》れるのは、この「膝折れ」による転倒《てんとう》である。転べば大けがにつながることもある。②病院でもリハビリの場でも「走る」という発想が出てこなかったのは、そのためだ。

〈佐藤《さとう》次郎《じろう》「風を受けて走れ」による〉

1 よく出る ①義足使用者、殊に大腿切断者は走れない、走れるわけがないと思われていた について答えなさい。

(1) 一つ目に挙げられている理由は、どんなことですか。(　)に当てはまる言葉を文章中から抜《ぬ》き出しなさい。 5点×2 (10点)

義足そのものの(　　　)と、走るという激しい動作に対応できる(　　　)がなかったこと。

(2) 二つ目に挙げられている理由は何ですか。文章中から十五字で抜き出しなさい。 (15点)

2 記述 ②病院でもリハビリの場でも「走る」という発想が出てこなかった とありますが、なぜですか。 (15点)

(　　　　　　　　)

攻略! 直後の「そのため」が指している部分を考えよう。

知識の泉 A ○。優《すぐ》れた答案(巻)を一番上に載《の》せた故事から「最も優れている部分」という意味。

2 次の文章を読んで、問題に答えなさい。

教p.174・⑥〜175・①

義足で長く暮らす間に野球などのスポーツを始める者もいた。しかし、義足と健足を交互《こうご》に出して、ある程度のスピードで進むこと、すなわち本当の意味で「走る」のは不可能だというのが、以前の常識だったのだ。

その①絶対ともいえる鉄則に、臼井《うすい》は疑問を抱《いだ》いたのである。

そこには、②二つのきっかけがあった。

一つは、一九八五年の新婚《しんこん》旅行中に、ハワイの義肢《ぎし》製作所で、アメリカの最先端《せんたん》の足部を見せてもらったことである。足部でだいじなのは、「キール」とよばれる芯《しん》の部分だ。③当時のキールは、プラスチック製で足形に作ってあるものが多かった。しかし、④そこで見たキールは、薄《うす》いカーボンファイバーを何層も重ね、湾曲《わんきょく》させた黒い板だった。軽くて丈夫《じょうぶ》なカーボンが義肢製作にも使われ始めた頃《ころ》で、⑤これなら、走ることもできるという触《ふ》れ込みだった。

もう一つは、千葉県の医師がアメリカから持ち帰ったビデオだった。大腿《だいたい》義足の若い女性が、グラウンドで走っている。義足にしては滑《なめ》らかな走りだ。この映像も衝撃《しょうげき》的だった。大腿義足を使っている人物が走るというのは、当時の日本では想像もできないことだったのである。

「やろうと思えば走れるのではないか。軽くて壊《こわ》れにくい部品さえあれば、誰《だれ》にでも走れる可能性があるのではないか。」

臼井は、⑥夢を育み始めた。

〈佐藤《さとう》 次郎《じろう》「風を受けて走れ」による〉

1 ①絶対ともいえる鉄則 とは、どのようなことですか。（10点）

（　　）

2 ②二つのきっかけ とは、具体的にどんなことですか。10点×2（20点）

（　　）
（　　）

攻略！ 「一つは」と「もう一つは」という言葉に着目しよう。

3 ③当時のキール と ④そこで見たキール について述べた次の文の（　）に当てはまる言葉を文章中から抜《ぬ》き出しなさい。5点×2（10点）

当時のキールは、（　　）製で足形に作ってあるものが多かったのに対し、そこで見たキールは、薄い（　　）を何層も重ね、湾曲させた黒い板だった。

4 ⑤これなら、走ることもできる とありますが、なぜですか。「カーボンは、……」に続くように書きなさい。（10点）

カーボンは、（　　）

5 よく出る ⑥夢を育み始めた とありますが、夢とはどのようなことですか。次から一つ選び、記号で答えなさい。（10点）

ア　カーボンファイバーよりも優《すぐ》れた素材を見つけ出すこと。
イ　義足の人にもできるスポーツの種類を増やしていくこと。
ウ　日本でも義足を使っている人が走れるようになること。
エ　アメリカを超《こ》える義足の技術を日本で作り出すこと。

（　　）

知識の泉 Q「蛇《へび》の絵に足をかき足したため勝負に負けた」という故事がもとになった故事成語は？

実力判定テストB　ステージ3

風を受けて走れ

30分

自分の得点まで色をぬろう!

100点　合格!　80　もう一歩　60　がんばろう!　0

/100

解答 24ページ

次の文章を読んで、問題に答えなさい。

教 p.175・⑧〜176・㉖

最初の走り手に選んだのは、二十七歳《さい》の柳下孝子《やぎしたたかこ》だった。四歳のときの交通事故で右脚《みぎあし》を膝《ひざ》の上から失っていたが、ほかの子供と同じように暮らし、学校に通った。体育の授業にも参加したし、遠足で山にも登った。ものおじせず、積極的にチャレンジする姿勢は大人になっても変わらず、①最初の挑戦《ちょうせん》者にうってつけといってよかった。

臼井《うすい》がアメリカ人女性が走っているビデオを見せると、柳下は、「②やってみたい。」と答えた。

最初の試みは、臼井の仕事場である東京身体障害者福祉《ふくし》センターの廊下《ろうか》で行われた。柳下はふだん使っている義足のまま、交互《こうご》に両脚を出して、小走りに進んでみせた。

次の機会には、アメリカ製の走れる足部《そくぶ》と油圧の膝継手《つぎて》を着けて試《ため》してみた。油圧の膝は折れることもなく、小走りの脚の動きについてきた。

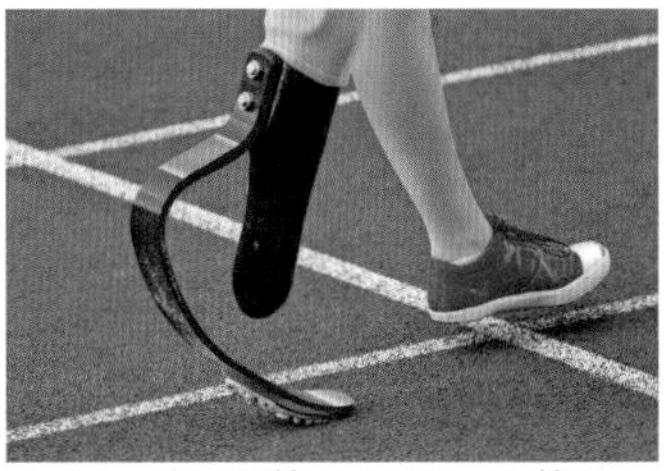
▲カーボンが使われている義足

そこで、二人は外の道路に出た。臼井が見守る中、柳下はゆっくりとスタートした。最初は早歩き。それから小走り。足は交互に出ている。両足が浮《う》いている。確かに走っているということだ。

「できる、できる、私《わたし》はちゃんと走れる。」

柳下は夢中で走った。力を込《こ》めて路面を蹴《け》った。③小走りが次第《しだい》にスピードを増していく。すっきりと晴れた青空。吹《ふ》き過ぎるそよ風。走っているという実感が、彼女《かのじょ》の全身に伝わった。

④臼井は喜びをかみしめていた。多くの人は、歩けるのも走れるのもあたりまえのことだと思い込んでいる。だが、脚をなくした人たちからすれば、その失われた動作は、深い喪失《そうしつ》感に結び付いているのではないか。走ることを取り戻《もど》すだけで、脚を失った人々の悩《なや》みが全て解決されるわけではない。しかし、そこからきっと何かが始まるはずだという予感が臼井にはあった。

「やる気がありさえすれば、走るという動作をもう一度取り戻せるのは間違《まちが》いない。」

⑤臼井は確信した。「やり続けなきゃいけない。」という決意が固まったのは、そのときだ。

⑥きらきら光る原石を見つけたのだと彼《かれ》は思った。走れないと誰《だれ》もが思っていた大腿《だいたい》義足の人間が一人、走れるようになった。それは宝石のように輝《かがや》く出来事だった。このまま掘《ほ》り起こしていけば、どんどん光る石が出てくるだろう。だが、ここでやめてしまったら、原石は埋《う》まったままで世に出ることはない。そして今のところ、⑦掘り手は自分しかいないようだ。ならば、やり続けるしかあるまい。

〈佐藤《さとう》 次郎《じろう》「風を受けて走れ」による〉

知識の泉　A 蛇足《だそく》。「なくてもよい余計なこと」。〈例〉最後の発言は蛇足だった。

1 ①最初の挑戦者にうってつけ　とありますが、柳下孝子のどのような性格がうってつけだったのですか。（10点）

（　　　　）

2 ②最初の試み　は、どのようにして行われましたか。（　）に当てはまる言葉を文章中から抜《ぬ》き出しなさい。5点×2（10点）

東京身体障害者福祉センターの（　　　　）において、柳下は（　　　　）のまま、小走りに進んだ。

3 よく出る ③吹き過ぎるそよ風。によって、柳下は何を感じましたか。文章中から十字で抜き出しなさい。（10点）

□□□□□□□□□□

4 ④臼井は喜びをかみしめていた。とありますが、なぜですか。次から一つ選び、記号で答えなさい。（10点）

ア　最初の挑戦者である柳下孝子が、期待した以上に速いスピードで走ることができたから。
イ　脚をなくした人たちが、走れるようになることで自信を取り戻すことができると感じたから。
ウ　自分が作った義足の部品によって、一人の人が走る能力を取り戻すことができたから。
エ　日本でも走るための義足が作られて、たくさん売れるようになると思ったから。

（　　）

5 歩くことや走ることは、「多くの人」と「脚をなくした人」にとって、どのようなことだと筆者は考えていますか。（　）に当てはまる言葉を文章中から抜き出しなさい。5点×2（10点）

多くの人にとっては、（　　　　）のことだが、脚をなくした人にとっては、失われた動作として（　　　　）に結び付いていること。

6 記述 ⑤臼井は確信した。とありますが、どのようなことを確信したのですか。（20点）

（　　　　）

7 レベルUP ⑥きらきら光る原石　とありますが、「原石」という言葉を使っているのは、どんなことを表すためですか。考えて書きなさい。（20点）

（　　　　）

8 よく出る ⑦掘り手　とは、どのような人を表した言葉ですか。次から一つ選び、記号で答えなさい。（10点）

ア　走りたいと思っている義足の人を見つけ出し、支援《しえん》する人。
イ　義足の人が速く走れるように、技術的な指導をする人。
ウ　走れる義足があることを宣伝して、世の中に広める人。
エ　義足の人が走ることを取り戻せるように、治療《ちりょう》を行う人。

（　　）

知識の泉　Q「たかをくくる」の意味は？

確認のワーク　ステージ1　ニュースの見方を考えよう

解答 25ページ　スピードチェック 14ページ　予想問題 143ページ

学習のねらい
- 具体例から導き出される筆者の考えを読み取ろう。
- 筆者の考えを捉《とら》え、ニュースの見方について考えよう。

漢字と言葉

1 漢字の読み　読み仮名《がな》を横に書きなさい。

❶ *渋谷《や》　❷ 視*聴者　❸ *紛争　❹ *冒頭

＊は新出漢字　▼は新出音訓・◎は熟字訓

2 漢字の書き　漢字に直して書きなさい。

❶（こちょう）した話。　❷ 部活動の（せんぱい）。

3 語句の意味　意味を下から選んで、線で結びなさい。

❶ 客観的・　　・ア 実際よりもおおげさに表現すること。
❷ 誇張《こちょう》・　　・イ こうしようと目指していること。
❸ 意図・　　・ウ 個人の考えが入らず、事実に基《もと》づいている様子。

教科書の要点

1 内容理解　筆者は、どんな立場の人物ですか。　教p.185／189

以前、あるテレビ局の（　　　）をしていたことがあり、現在はジャーナリストとして活動する立場。

2 話題　□から言葉を選び、書き入れなさい。

(1) 筆者は、多くの人がニュースをどのように考えているといっていますか。　教p.186

↓「（　　　）なもの」と考えている人が多い。

(2) 筆者は、ニュースはどのようなものだといっていますか。

↓ニュースは、（　　　）されているものである。

消費　標準化　編集　主観的　客観的

3 内容理解　この文章は、大きく六つのまとまりに分かれています。まとまりの構成は、どのようになっていますか。次から一つ選び、記号で答えなさい。　教p.184〜189

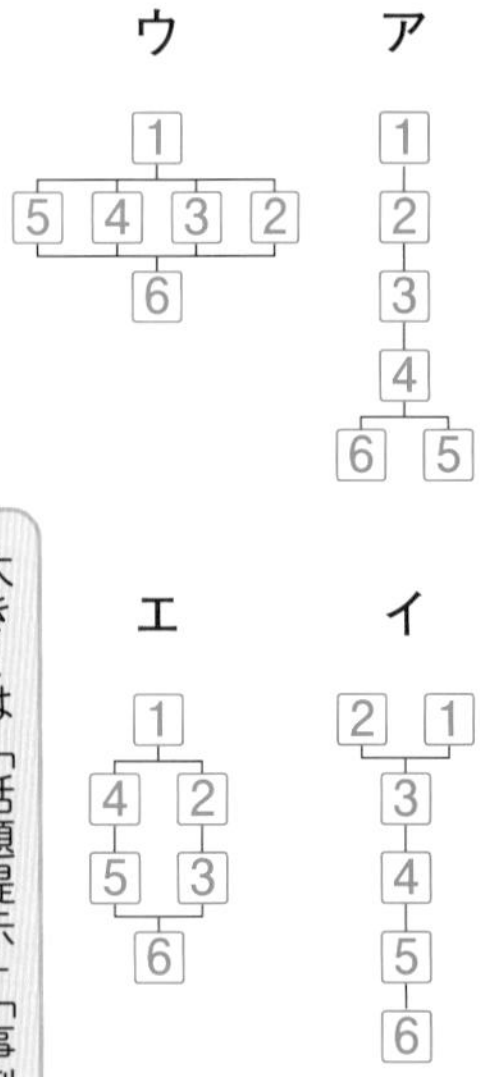

（　　　）

4 構成のまとめ

（　）に教科書の言葉を書き入れなさい。（各段落に1〜30の番号を付けて読みましょう。）教 p.184〜189

まとまり			内容
第一のまとまり	1〜10段落	事例① 話題提示	編集の例 〈テレビのニュースの街頭インタビュー〉 ●インタビューをどこで行うかを決める段階で、番組制作者の（①　）が行われている。 ↓ニュースは（②　）されている。 話題提示…編集の例を、更《さら》にいくつか見てみよう。
第二のまとまり	11〜14段落	事例②	編集の例 〈サッカーのワールドカップ〉 ●サッカーの試合のニュースばかりになったが、世界では、紛争《ふんそう》で大勢の人が命を落としていた。 ↓取り上げるニュースは、（③　）が決めている。 ○視聴《しちょう》者の関心が高い話題…取り上げる ×視聴者が関心を持たない話題…取り上げない
第三のまとまり	15〜16段落	事例③	編集の例 〈世論調査〉 ●同じ事実でも、伝え方によって視聴者が受ける（④　）が変わる。 ↓出来事のどのような面に着目してニュースにするか制作者が決めている。
第四のまとまり	17〜20段落	事例④	編集の例 〈専門家へのインタビュー映像〉 ●収録された膨大《ぼうだい》な映像から、制作者がカットを選ぶ。 ↓ニュースの内容は、（⑤　）されている。
第五のまとまり	21〜26段落	事例⑤	編集の例 〈ニュースの視聴率〉 ●たいしたニュースでないものも、「視聴者が飛びつきそうなもの」であれば、優先的に放送される。 ↓ニュースは、（⑥　）されている。
第六のまとまり	27〜30段落	筆者の考え	▼ふだん何気なく見ているテレビのニュースは、番組の制作者が意図やねらいを持って編集したものである。 ▼視聴者は、ニュースの受け手でいるだけでなく、ニュースを自分なりに（⑦　）していくことが大切である。

おさえよう

要旨《ようし》 テレビで放送されるニュースは「客観的なもの」と考えがちだが、実際にはテレビ局の制作者が意図やねらいを持って〔ア 編集　イ 創作〕したものである。だから、ニュースを見るときは、そのまま信じてしまわないで、〔ア 常に否定して　イ 考えながら〕見る習慣を身につけてほしい。

知識の泉 Q □に入る漢数字は？　「□日□秋」「□束□文」「□里霧《む》中《ちゅう》」

実力判定テストA ステージ2 ニュースの見方を考えよう

30分

自分の得点まで色をぬろう！
100点 合格！ 80 もう一歩 60 がんばろう！ 0
/100

解答 25ページ

次の文章を読んで、問題に答えなさい。

教 p.185・⑭〜186・㉟

私《わたし》は以前、あるテレビ局の記者でした。新聞記者と同じように、現場で取材して原稿《げんこう》を書く仕事をしていました。大きな出来事が起こると、カメラマンといっしょに①街頭インタビューに飛び出すことも多かったのです。このとき、どこに取材に行くか、ということをまず判断しなければなりません。

渋谷《しぶや》駅周辺で平日の午後にインタビューをしたことがあります。ところが、歩いている若い人にマイクを向けても、そもそもニュースについて知らなかったり、自分の意見を持っていなかったりして、全くインタビューになりませんでした。

②このときは、困ってしまって銀座《ぎんざ》に移動。夕方の銀座を歩いている人にマイクを向けると、こちらは会社帰りのサラリーマンが多く、次々に真面目な答えをしてくれました。あっという間に、大勢のインタビューが採れたのです。でも、③これはこれで困ったものです。だって、インタビューに出てくるのは、「銀座の街を歩いているサラリーマン」という限られた人たちばかりだからです。

テレビの世界では、④どんなインタビューを採るか、ということを先に決めてから行く場所を決める、ということもしばしばです。つまり、街頭インタビューをどこで行うか、ということを決める段階で、番組制作者の判断が行われているのです。

ニュースというのは、「客観的なもの」と考えている人が多いと思います。確かに、ニュースを取材して放送する人たちは、客観的なニュースを視聴《しちょう》者に伝えようと努力しています。でも、番組を作っているのも人間。どこで取材をするか、何をどのようにニュースとして伝えるかは、制作する人の考え方で決まってくるのです。⑤ニュースは編集されているのです。

編集の例を、更《さら》にいくつか見てみましょう。

二〇一八年六月にロシアで行われたサッカーのワールドカップ。毎日のように大きなニュースになりました。とりわけ日本代表チームの試合となると、このニュースばかりでした。

では、この間、世界は平和だったのでしょうか。残念ながら、そうではなかったのです。シリアでもアフガニスタンでも、パレスチナでも、紛争《ふんそう》で大勢の人が命を落としていました。なのに、⑥そのニュースは、ほとんど出てこなかったり、出ても小さな扱《あつか》いだったりしました。

⑦視聴者の関心が高い話題はニュースで長い時間取り上げられるけれど、「視聴者はたいして関心を持たない。」とニュース制作者が判断したニュースは、取り上げられなかったり、小さなニュースにしかならなかったりするのです。

つまり、⑧取り上げるニュースは制作者が決めているのです。

〈池上《いけがみ》彰《あきら》「ニュースの見方を考えよう」による〉

知識の泉 A 一・千（三）・二・三・五。 ほかにも「一石二鳥」など漢数字を使う四字熟語は多い。

1 ①街頭インタビューに飛び出す　とありますが、このとき、まず決めなければならないのは、どのようなことですか。（10点）

（　　　　）

2 よく出る ②このときは、困ってしまって　とありますが、なぜ困ったのですか。次から一つ選び、記号で答えなさい。（10点）

ア　どこでインタビューをしたら大勢のインタビューが採れるかということをすぐに判断できなかったから。
イ　渋谷の街でインタビューを採れたのは、働いていない若い人という限られた人たちばかりだったから。
ウ　渋谷の街にいる若い人にマイクを向けても、ニュースに無関心で全くインタビューにならなかったから。
エ　渋谷の街でインタビューが全く採れなくて、ニュースの放送時間に間に合わなくなりそうだったから。

（　　）

3 ③これはこれで困ったものです　とありますが、どのようなことに困ったのですか。（20点）

（　　　　）

4 ④どんなインタビューを採るか……先に決めてから行く場所を決める　とありますが、これは、どのようなことを示していますか。（　）に当てはまる言葉を、文章中から抜《ぬ》き出しなさい。（10点）

街頭インタビューには、（　　　　）の判断が入っているということ。

5 ⑤ニュースは編集されているのです。とありますが、このようにいえる理由を次から一つ選び、記号で答えなさい。（10点）

ア　ニュース番組は、全て制作者の判断のみで作られているから。
イ　客観性を重視していても、作り手の考え方が作用するから。
ウ　客観的なニュースにするため、事実を取捨選択《せんたく》しているから。
エ　視聴者の関心をひこうとして制作者が事実を脚色《きゃくしょく》するから。

（　　）

攻略！　根拠《こんきょ》となる段落全体の内容に注目しよう。

6 記述 ⑥そのニュースは……出ても小さな扱いだったりしました　とありますが、それはなぜですか。（20点）

（　　　　）

7 ⑦視聴者の関心が高い話題　とありますが、具体例として何が挙げられていますか。（10点）

（　　　　）

攻略！　二つ前の段落の内容に着目しよう。

8 よく出る ⑧取り上げるニュースは制作者が決めているのです　とありますが、その決め方を次から一つ選び、記号で答えなさい。（10点）

ア　社会にとって有意義な話題を取り上げる。
イ　制作者の価値観に合った話題を取り上げる。
ウ　暗い話題は避《さ》け、明るい話題を取り上げる。
エ　視聴者の関心の高い話題を取り上げる。

（　　）

知識の泉　Q　「取得」と同じ構成の熟語は？　ア＝採集　イ＝取捨　ウ＝得点

実力判定テストB ステージ3

ニュースの見方を考えよう

30分

自分の得点まで色をぬろう!
100点　合格!　80　もう一歩　60　がんばろう!　0
/100

解答 26ページ

次の文章を読んで、問題に答えなさい。

教p.187・㉛〜189・⑲

①テレビ局は、視聴《しちょう》率を気にしています。民放では、視聴率が高いとスポンサーからの広告料がたくさん入ってくるし、どのテレビ局だって、なるべく多くの人に見てもらおうと考えますから、視聴率を意識します。

それでもニュース番組に関しては、以前は視聴率のことをあまり考えませんでした。そもそも「ニュースは視聴率が低いもの」と考えられていたので、視聴率を意識しないで番組を作っていたのです。②放送局の社会的責任としてニュース番組も流すけれど、③視聴率は高くないから、もうかるものではない、と割り切っていたのです。

ところが最近は、ニュースの視聴率が高くなってきました。民放各局は、「ニュースでもお金になる。」と考えるようになったのです。そうなると、「高い視聴率が取れるニュース番組を作れ。」ということになってきます。

[　　]、ニュースの冒頭《ぼうとう》に、ショッキングな映像が出てきたり、かわいい動物の姿が紹介《しょうかい》されたり、「行列のできるラーメン店」の特集が行われたり、ということになってきました。本当の意味ではたいしたニュースでないものでも、「視聴者が飛びつきそうなもの」を優先的に放送するようになってきたのです。

なかには、視聴者におもしろく見てもらおうと考えて、「うそではないけれど、ちょっと誇張《こちょう》した」内容が交じることもあります。大げさなコメントとともに、はでな音楽がバックに流れることもあります。

つまり、④ニュースも演出されているのです。

私《わたし》たちが、ふだん何気なく見ているテレビのニュース。実はそれらも、制作者が意図やねらいを持って編集したものだということが、お分かりいただけたと思います。

そうしたニュースを、そのまま信じてしまわないで、「どうして、このニュースから伝えるんだろう。」「こんな表現、本当かな。」などと考えながら見る習慣を、少しずつ身につけてほしいと思うのです。

そして、⑤テレビのキャスターやコメンテーターの発言も、「そんなふうに考えていいのかな。」と疑問に思いながら聞く。そんなことを心がけてください。あるいは、「自分だったら、どんなコメントをするだろう。」と考えて、キャスターやコメンテーターと競《きそ》い合ってみるのです。ときには、新聞やインターネットなどで、同じニュースについてどのように伝えられたり論じられたりしているかを、調べてみるとよいでしょう。

ニュースの受け手でいるだけでなく、⑥ニュースを自分なりに判

知識の泉　A　ア。　似た意味の漢字を組み合わせたものを選ぶ。

断していく。これが、いずれ社会人になるあなたにとってだいじなことだと思うのです。〈池上《いけがみ》彰《あきら》「ニュースの見方を考えよう」による〉

1 ①テレビ局は、視聴率を気にしています。とありますが、その理由を二つ書きなさい。 10点×2（20点）

（　　　　）
（　　　　）

2 レベルUP ②放送局の社会的責任　とは、どのようなことですか。次から一つ選び、記号で答えなさい。（10点）

ア　人々に楽しんでもらえるように、娯楽《ごらく》番組を多く作ること。
イ　よりよい社会の実現のために、不正や犯罪を防止すること。
ウ　社会の経済が発展するように、消費を促《うなが》す番組を作ること。
エ　人々が社会生活を送るために必要とする情報を提供すること。

（　　）

3 ③視聴率は高くないから、もうかるものではない、と割り切っていた　とありますが、最近ではどう考えるようになりましたか。（10点）

（　　　　）

4 よく出る　えなさい。　□に当てはまる言葉を次から一つ選び、記号で答えなさい。（10点）

ア　けれども　　イ　あるいは
ウ　そこで　　エ　なぜなら

（　　）

5 ④ニュースも演出されているのです　とありますが、何のために演出が必要なのですか。（10点）

（　　　　）

6 記述　⑤テレビのキャスターやコメンテーターの発言　を疑問に思う必要があるのは、なぜですか。考えて書きなさい。（20点）

（　　　　）

7 よく出る　⑥ニュースを自分なりに判断していく　とありますが、こうする必要があるのはなぜですか。（　）に当てはまる言葉を、文章中から抜《ぬ》き出しなさい。 5点×2（10点）

ニュースは、制作者が（　　　　）を持って（　　　　）しているものだから。

8 この文章で述べられている筆者の考えに合わないものを次から一つ選び、記号で答えなさい。（10点）

ア　ニュースの受け手でいるだけでなく、ときには送り手になってみることも必要である。
イ　テレビのニュースは編集されたものであり、そのまま信じてしまうのは危険である。
ウ　制作者の意図やねらいを考えながらニュースを見るという姿勢を持ってほしい。
エ　ニュースの内容やキャスターやコメンテーターの発言を自分なりに判断していくべきである。

（　　）

知識の泉　Q「余計な心配をすること」を表す故事成語は？　ア＝杞憂《きゆう》　イ＝守株《しゅしゅ》

確認のワーク ステージ1

話し合いで理解を深めよう　グループディスカッション
心に残る出来事を表現しよう　日常生活から生まれる随筆《ずいひつ》

学習のねらい
- 話し合いの内容を付箋《ふせん》で整理する方法を学ぼう。
- 随筆《ずいひつ》の表現や構成の工夫《くふう》を読み取ろう。

解答 26ページ

基本問題　話し合いで理解を深めよう

☆ 次の話し合いを読んで、問題に答えなさい。

里香《りか》 まず、私《わたし》たちのクラスのいいところを出し合おう。
優太《ゆうた》 僕《ぼく》は、体育祭での活躍《かつやく》かな。リレーで学年一位になったのは、すごいと思う。
春奈《はるな》 そうだね。それに、合唱祭もよかったな。合唱はうまいとはいえなかったけど、みんな協力して、努力したよね。
純一《じゅんいち》 僕は、文化祭でお化け屋敷をやったのが印象的だな。お化けのいいアイデアがたくさん出て、好評だったよ。
里香 行事に関する意見が多いね。それ以外で、何かいいところはないかな。
優太 僕は、勉強やスポーツが得意な人が、苦手な人をリードして、教え合ったり支え合ったりするところがいいと思う。班になってする学習や体育のチームプレーがしやすいよ。
春奈 うん。誰《だれ》かが失敗をしても責めないで、フォローしようとする人が多い気がする。
里香 「人間関係」でグループができそう。見出しを加えておくよ。

1 話し合いの内容を次のように付箋《ふせん》で整理しました。（　）には、どんな言葉が入りますか。文章中から抜《ぬ》き出して書きなさい。

A（①　　　　）
- 体育祭での活躍。
- 合唱祭での協力、努力。

B 人間関係
- 班学習。体育の（②　　　　）
- 失敗しても、責めない。

攻略！ ①は、話し合いの内容を要約する言葉を探そう。

2 僕は、文化祭で……好評だったよ。という意見は、**1**で整理した付箋のグループのうち、AとBのどちらに分類されますか。（　　）

3 よく出る 「人間関係」のグループについて話し合われた内容の共通点は何ですか。次から一つ選び、記号で答えなさい。（　　）

ア 明るく元気　イ みんなで助け合う
ウ 進んで行動する　エ ルールを守る

知識の泉 A ア。「守株《しゅしゅ》」＝いつまでも古い習慣にとらわれ，進歩がないこと。

基本問題　心に残る出来事を表現しよう

次の文章を読んで、問題に答えなさい。

ツバメが巣を作った家には、幸運が訪《おとず》れるという。この言説が気になる人には、わが家で起きた話をぜひきいてもらいたい。

ツバメが玄関《げんかん》先に巣作りを始めたのは、五月の中頃《なかごろ》だった。

「家の出入り口に巣ができるんだぞ。糞《ふん》が落ちて汚《きたな》いし、服にでも落ちたら面倒《めんどう》だよ。」

と、父は巣を撤去《てっきょ》することを提案した。撤去というのは乱暴だが、正直に言えば、私も巣ができることは歓迎《かんげい》できなかった。

「でも、せっかく作った家が途中《とちゅう》で壊《こわ》されたら、かわいそうよ。それに、ツバメが巣を作った家には、幸運が訪れるというじゃない。糞は、巣の下に受け皿を設置すれば、大丈夫《だいじょうぶ》！」

母のこの言葉で、我々はツバメの巣作りを見守ることになった。

勤勉なツバメ夫婦は、急ピッチで巣を作り上げていった。

そして、巣ができて一週間後。ピイピイという金切り声で目が覚めた。揺《ゆ》れる五つの頭。餌《えさ》を求めて大きく開かれた黄色いくちばし。重なり合う懸命《けんめい》な声。子ツバメたちは元気いっぱいだった。私は子ツバメたちの成長を観察するのが楽しみになった。

子ツバメたちはしばらくすると無事に巣立っていったが、話はここで終わらない。ツバメは、来年も同じ巣を修復して使う習性があるという。巣の再利用である。母は、年末の宝くじを買うつもりらしい。わが家にはツバメの巣があるのだから、ほかの人よりも幾分《いくぶん》かは有利なはずだと言っている。

ツバメが巣を作る家に幸運が訪れるかどうか、客観的には分からない。しかし、私にとっては、来年もまたツバメの家族に会えることが、まぎれもなく「幸運」そのものだと思う。

1　「私」の気持ちは、どのように変化していきましたか。（　）に当てはまる言葉を文章中から抜《ぬ》き出しなさい。

最初は、ツバメの巣ができるのを（　　　　）が、子ツバメたちの成長を観察するのが（　　　　）になった。

攻略！ 気持ちを表す言葉に注目して変化を捉《とら》えよう。

2　ツバメは、来年も同じ巣を修復して使う習性があるを別の表現で言い換《か》えた部分を文章中から五字で抜き出しなさい。

□□□□□

3　この文章は、どのような構成になっていますか。次から一つ選び、記号で答えなさい。

ア　自分の意見→人から聞いたこと→自分の意見

イ　一般《いっぱん》的な意見→読んだ本の内容→自分の考え

ウ　話題の提示→自分がした体験→自分の考え

エ　ことわざの紹介→自分の意見→一般的な意見

（　　）

4　**よく出る**　この文章の特徴《とくちょう》として当てはまらないものを次から一つ選び、記号で答えなさい。

ア　読者の興味をひくような書きだしをしている。

イ　会話を使って、人物の考えや人柄《ひとがら》を伝えている。

ウ　体言止めを用いて、子ツバメの様子を表している。

エ　擬音《ぎおん》語を多用して人物の様子を表現している。

（　　）

知識の泉　Q「品質をホショウする。」正しいのはどれ？　ア＝保障　イ＝保証　ウ＝補償

確認のワーク ステージ1　文法の窓5　連体詞・副詞・接続詞・感動詞

解答 27ページ　スピードチェック 14・20ページ

学習のねらい
- 連体詞・副詞・接続詞・感動詞の特徴《とくちょう》を理解しよう。
- 連体詞・副詞・接続詞・感動詞を見分けられるようになろう。

漢字

1 漢字の読み 読み仮名《がな》を横に書きなさい。

＊は新出漢字　▼は新出音訓・◎は熟字訓

❶ しば＊刈り　❷ 洗＊濯

2 漢字の書き 漢字に直して書きなさい。

❶ 洋服の（せんたく）。　❷ しば（か）りをする。

教科書の要点

1 連体詞　（　）に教科書の言葉を書き入れなさい。　教p.264

「〜の」型	例この道　その本　あの街　どの子
「〜（①　）」型	例大きな石　いろんな人　おかしな話
「〜（②　）」型	例たいしたもの　とんだ間違《まちが》い
「〜（③　）」型	例いかなる理由　あらゆる国　あるとき

?用法の特例▼指示する語句に属する連体詞は、体言以外に接続することもある。例このような本→「ようだ（助動詞）」に接続。

2 副詞　（　）に教科書の言葉を書き入れなさい。　教p.264〜265

（①　）の副詞	●動作がどのような様子で行われているかを表す。	例いつも
（②　）の副詞	●状態がどのくらいかを表す。	例とても
（③　）の副詞	●下にきまった言い方がくる。	例全く

3 接続詞　（　）に教科書の言葉を書き入れなさい。　教p.265〜266

順接	●前後の事柄《ことがら》の関係が、素直《すなお》に考えられるとおりのもの。	例だから　例すると
（①　）	●前後の事柄の関係が、素直に考えられるのとは逆のもの。	例しかし　例ところが
（②　）	●事柄を付け加えたり、並べたりするもの。	例そして
（③　）	●後で説明や付け足しをするもの。	例すなわち
（④　）	●前後の事柄を比べたり、どちらかを選んだりする関係のもの。	例一方　例または
（⑤　）	●前とは別の事柄を持ち出すもの。	例ところで

4 感動詞　（　）に教科書の言葉を書き入れなさい。　教p.266

●感動詞は、気持ちの表現や呼びかけ・（　）などに用いる。

知識の泉　A イ。　保障＝保護して守ること。保証＝確かだとうけ合うこと。補償《ほしょう》＝損害を償《つぐな》うこと。

基本問題

1 次の文の連体詞に――線を引きなさい。

① 部屋の中は、あらゆる場所に本が積まれていた。
② 山田さんは、たいした人物だと聞いている。
③ 父は、大きなバッグに必要な書類を詰《つ》め込《こ》んだ。
④ あの建物は、オリンピックを記念して建てられた。

2 次の――線の副詞の種類を後から一つずつ選び、記号で答えなさい。

① まるで、夢のようだ。（　）
② 妹がそっと部屋を出た。（　）
③ この坂はたいへん急だ。（　）

ア 状態の副詞　イ 程度の副詞　ウ 呼応の副詞

3 よく出る 次の□に当てはまる副詞を後から一つずつ選び、記号で答えなさい。（同じ記号は、一度だけ使います。）

① □失敗したのか、考えてみよう。（　）
② 彼女《かのじょ》の瞳《ひとみ》は、□宝石のようだ。（　）
③ 知らない土地なので、□気が休まらない。（　）
④ □負けても、思い残すことはない。（　）

ア 少しも　イ たとえ　ウ まるで　エ なぜ

攻略！ 全て呼応の副詞なので、どの言葉と呼応するか考える。

4 次の――線の接続詞の種類を後から一つずつ選び、記号で答えなさい。

① 彼女は歌がうまい。そのうえ、ピアノも上手だ。（　）
② 朝早く家を出た。ところが、電車が遅《おく》れて遅刻《ちこく》した。（　）
③ 野菜の値段が高い。なぜなら、雨が降らないからだ。（　）
④ ところで、お母さんはお元気ですか。（　）
⑤ カーテンを開けた。すると、朝日が差し込んだ。（　）
⑥ 山沿いは雨だ。一方、海岸沿いは晴れている。（　）

ア 順接　イ 逆接　ウ 累加《るいか》・並立《へいりつ》
エ 説明・補足　オ 対比・選択《せんたく》　カ 転換《てんかん》

5 よく出る 次の□に当てはまる接続詞を後から一つずつ選び、記号で答えなさい。

① 雨が降っている。□、練習は行われる。（　）
② 関係者、□ご臨席の皆様《みなさま》に感謝《かんしゃ》します。（　）
③ お昼になった。□、今日は何を食べようかな。（　）
④ 今週末は、海へ行こうか。□、山へ行こうか。（　）

ア さて　イ ならびに　ウ それとも　エ しかし

攻略！ □の前後の文や語句がどんな関係かを考える。

6 次の文の感動詞に――線を引き、その意味を後から一つずつ選び、記号で答えなさい。

① おうい、田中君。待ってくれ。（　）
② えっ、どうして忘れたの。（　）
③ はい、承知いたしました。（　）

ア 驚《おどろ》き　イ 呼びかけ　ウ 応答

知識の泉 Q 「抽象的《ちゅうしょうてき》」の対義語は？

確認のワーク ステージ1

漢字道場5 漢字の成り立ち

学習のねらい
● 漢字の成り立ちの種類と特徴《とくちょう》を学ぼう。
● 漢字の成り立ちを見分けられるようになろう。

解答 27ページ スピードチェック 14ページ

漢字

1 漢字の読み 読み仮名《がな》を横に書きなさい。

＊は新出漢字 ▼は新出音訓・◎は熟字訓

① ＊炎上　② ＊囚人　③ ＊弦楽　④ ＊溶＊媒
⑤ 楽＊譜　⑥ ＊摩擦　⑦ ＊姓名　⑧ ＊犠＊牲
⑨ ＊附属　⑩ ＊且っ　⑪ ＊租税　⑫ ＊狙撃
⑬ 選＊択　⑭ ＊抄訳　⑮ 一＊斤　⑯ 巨＊匠

2 漢字の書き 漢字に直して書きなさい。

① 最良の（せんたく）。　② （ふごう）を付ける。
③ 映画界の（きょしょう）。　④ （まさつ）が生じる。
⑤ （ぎせい）をはらう。　⑥ 建設を（そし）する。
⑦ （そぜい）の仕組み。　⑧ （さる）にえさをやる。

教科書の要点

1 漢字の成り立ち ［　］から言葉を選び、書き入れなさい。 教p.206～207

①（　　）	● 物をかたどって漢字を作る。	例 川
②（　　）	● 形のない物事を線や点で象徴《しょうちょう》化して表す。	例 上
③（　　）	● 既《すで》にある象形《しょうけい》文字や指事《しじ》文字を組み合わせて新しい漢字を作る。	例 林 例 鳴
④（　　）	● 意味を表す要素と音《おん》を表す要素を組み合わせ、新しい漢字を作る。	例 園 例 遠
⑤（　　）	● 元の意味と関係のある別の意味に、使い方を広げる。	例 楽 例 悪
⑥（　　）	● 元の意味とは無関係に、漢字の音だけを借りてほかの意味を表す。	例 我 例 豆

［ 会意《かいい》　転注《てんちゅう》　形声《けいせい》　象形　仮借《かしゃ》　指事 ］

漢字の成り立ちは、漢字辞典によって異なる場合があるよ。

知識の泉 A 具体的。 具体的＝はっきりとした実体を備えている様子。

基本問題

1 次の漢字の成り立ちを後から一つずつ選び、記号で答えなさい。

①洋（　　）　②上（　　）　③門（　　）
④明（　　）　⑤魚（　　）　⑥本（　　）
⑦張（　　）　⑧信（　　）　⑨車（　　）

ア　象形《しょうけい》　イ　指事《しじ》　ウ　会意《かいい》　エ　形声《けいせい》

攻略！ 漢字の音や意味を手がかりにして考えよう。

2 次のようにして作られた漢字は何ですか。

①  →（　　）
②  →（　　）
③  →（　　）

3 よく出る　次の漢字は、いずれも会意文字です。何と何の漢字（要素）を組み合わせてできていますか。要素をそれぞれ書きなさい。

①砂（　　）（　　）
②鳴（　　）（　　）
③好（　　）（　　）
④林（　　）（　　）

4 よく出る　次の漢字は、いずれも形声文字です。例にならって、意味と音《おん》を表す要素をそれぞれ書きなさい。

例　銅→意味…（金）　音…（同）
①郡→意味…（　　）　音…（　　）
②譜→意味…（　　）　音…（　　）
③板→意味…（　　）　音…（　　）
④週→意味…（　　）　音…（　　）

攻略！ それぞれの漢字の音を考えてみよう。

5 次の漢字に共通する音を、片仮名《かたかな》で書きなさい。

①固　故　枯（　　）
②照　昭　招（　　）
③静　清　晴（　　）
④講　構　購（　　）

6 次の言葉の説明として適切なものを後から一つずつ選び、記号で答えなさい。

①国字《こくじ》（　　）　②転注《てんちゅう》（　　）　③仮借《かしゃ》（　　）

ア　元の意味とは無関係に、漢字の音だけを借りてほかの意味を表すこと。
イ　日本で独自に作られた漢字のこと。
ウ　元の意味と関係のある別の意味に、使い方を広げること。

知識の泉　Q　「川を背に陣《じん》を取り，勝利を収めた」という故事がもとになった故事成語は？

確認のワーク ステージ1

わたしの中にも

学習のねらい
●連と連とのつながりや対応する内容を読み取ろう。
●春の動植物の姿から作者が自分の中に発見したものを読み取ろう。

解答 28ページ

教科書の要点

1 詩の種類　この詩に合うものに○を付けなさい。

この詩は、用語で分類すると、現代の話し言葉で書かれているので、〔ア 文語詩　イ 口語詩〕となり、形式で分類すると、各行の音数に決まりがなく、自由に書かれているので、〔ア 定型詩　イ 自由詩〕となる。

2 表現技法　（　）に教科書の言葉を書き入れなさい。 教 p.208〜209

●擬人法《ぎじん》…第一連では、「つくし」と「（①　　）」が「まっすぐ（②　　）して」と人に見立てられている。

●体言止め…第四連では、「春のよろこびを伝える（③　　）」、「思いを告げるただひとつの（③　　）」と体言止めを用い、余韻《よいん》を残している。

3 構成　（　）に教科書の言葉を書き入れなさい。 教 p.208〜209

	まとまり	内容
第一連	つくし・つばな	●つくしやつばなが天に向かって背伸びする。 ↓草花がまっすぐ（①　　）様子。
第二連	わたしの中にあるもの	▼わたしの中にも「せいいっぱい（②　　）とするもの」がある。 …自分の中にある生命力の発見。
第三連	羽化《うか》したばかりの蝶《ちょう》	●もんしろ蝶やもんき蝶がひらひら舞《ま》い立つ。 ↓蝶が（③　　）したばかりのういういしい羽を広げた様子。
第四連	わたしの中にあるもの	▼わたしの中にも「ことばのひらく（④　　）」がある。 …自分の中にことばが生まれる可能性があることの発見。

おさえよう

主題 春の動植物の成長しようとする姿やういういしい姿を見て、「わたし」は自分の中にも同じように生命力や自分を〔ア 律《りつ》する　イ 表現する〕ことばが生まれる可能性があることに気がつく。自分の持つ可能性を発見し、〔ア 希望　イ 不安〕や喜びにあふれる「わたし」の心情が表されている。

知識の泉　**A 背水の陣《じん》。**　歴史書『史記《しき》』の故事に由来。「絶体絶命の状況《じょうきょう》で事に当たること」。

基本問題

次の詩を読んで、問題に答えなさい。

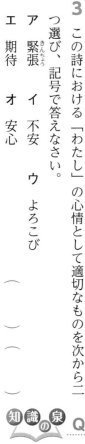

教p.208〜209

わたしの中にも

新川《しんかわ》 和江《かずえ》

①つくし　つばな
つんつん伸《の》びる
丘《おか》のポプラには較《くら》ぶべくもないけれど
天に向かって
まっすぐ　背伸びして

わたしの中にも　そのように
せいいっぱい伸びようとするものがある
どんなに低くとも　そこはもう天
光がみち　天上の風が吹《ふ》いている

もんしろ蝶《ちょう》　もんき蝶
ひらひら舞《ま》い立つ
羽化《うか》したばかりの
まだ濡《ぬ》れているういういしい羽をひろげて
はじめての空に

わたしの中にも　そのように
②ことばのひらく気配がある
たくさんの人に
春のよろこびを伝えることば
ひとりのひとに
思いを告げるただひとつのことば

1 ①つくし　つばな について答えなさい。

(1) どんな存在として描《えが》かれていますか。次から一つ選び、記号で答えなさい。

ア 弱々しい存在。　イ 小さい存在。
ウ 親しみやすい存在。　エ 貴重な存在。　（　　）

(2) 「わたし」は、つくしとつばなの姿を見て、自分の中にどんなものがあると気づきましたか。詩の中から抜《ぬ》き出しなさい。

（　　　　　　）

2 よく出る　②ことばのひらく気配がある とは、どういうことを表していますか。「……が生まれそうだということ。」に続くように（　）に当てはまる言葉を書きなさい。

（　　　　　　）が生まれそうだということ。

攻略！ どんなことばが生まれそうなのかを考えよう。

3 この詩における「わたし」の心情として適切なものを次から二つ選び、記号で答えなさい。

ア 緊張《きんちょう》　イ 不安　ウ よろこび
エ 期待　オ 安心　（　）（　）

知識の泉 Q 人に対する態度が謙虚《けんきょ》なことを表す慣用句。 □が低い

確認のワーク ステージ1 トロッコ

解答 28ページ ｜ スピードチェック 15ページ ｜ 予想問題 144ページ

学習のねらい
- 描写《びょうしゃ》されている情景と良平《りょうへい》の心情の関係を読み取ろう。
- 良平の行動や様子から心情の変化を読み取ろう。

漢字と言葉

1 漢字の読み　読み仮名《がな》を横に書きなさい。

＊は新出漢字　▼は新出音訓・◎は熟字訓

①初＊旬　②＊泥　③▼有頂天　④野＊郎

⑤色＊彩　⑥＊褒める　⑦＊崖（訓読み）　⑧▼乳飲み子

⑨駄《だ》＊菓子　⑩◎草＊履　⑪◎足袋　⑫＊朱筆

2 漢字の書き　漢字に直して書きなさい。

①（　　）《じゃま》をする。　②（　　）《きおく》に残る。

③（　　）《がんじょう》な扉《とびら》。　④荷物を（　　）《うんぱん》する。

⑤ボールを（　　）《け》る。　⑥壁《かべ》に絵を（　　）《か》ける。

3 語句の意味　意味を下から選んで、線で結びなさい。

①勾配《こうばい》・　　・ア　夕暮れ。夕方。

②薄暮《はくぼ》・　　・イ　だんだん登り坂になる様子。

③爪先《つまさき》上がり・　　・ウ　傾《かたむ》きぐあい。

教科書の要点

1 登場人物　（　）に教科書の言葉を書き入れなさい。　教p.210〜212

- 良平《りょうへい》…年は（①　　）つ。毎日、工事場に土を運搬《うんぱん》する（②　　）を見に行っていた。
- 麦わら帽《ぼう》をかぶった背の高い土工…良平たちを怒鳴《どな》った。
- 若い二人の土工…良平は何だか（③　　）やすいように感じていた。

2 情景描写《びょうしゃ》　（　）に教科書の言葉を書き入れなさい。

(1) 良平が、あこがれのトロッコを押《お》すことができて満足しているとき、どんな情景でしたか。　教p.213

みかん畑に、（　　）がいくつも日を受けている。

(2) 良平がトロッコを押して遠くに来すぎたと気づいたとき、どんな情景でしたか。　教p.214

高い崖《がけ》の向こうに、広々と（　　）海が開けた。

明るさや色彩《しきさい》が、人物の心情を反映していることを捉《とら》えよう。

知識の泉　A 腰。 逆に，人に対して高圧的であることを示す慣用句は「高飛車」など。

3 構成のまとめ

（　）に教科書の言葉を書き入れなさい。教p.210〜217

場面		良平の行動	良平の様子や心情	
第一場面 教初め〜p.210・㉑	あこがれ	●八つの年の良平は、トロッコを見たくて、村外れの工事場に毎日行っていた。	▼トロッコへ乗りたい。 ▼乗れないまでも、（①　　）さえできたらと思う。	あこがれ
第二場面 p.210・㉒〜212・②	トロッコ初体験	**〈二月の初旬《しょじゅん》のある夕方〉** ●弟たちとトロッコに乗ったが、土工に見つかり怒鳴られる。	▼トロッコに乗ってほとんど（②　　）になる。 ▼二度と勝手に乗ってみようと思ったことはない。	喜び
第三場面 p.212・③〜214・④	二度目のトロッコ体験	**〈十日余りたった日〉** ●二人の若い土工を手伝ってトロッコを押し、乗った。 ●海が見えてきて、**遠く来すぎたことに気づく**。	▼「優《やさ》しい人たちだ。」と思う。 ▼「押すよりも（③　　）ほうがずっといい。」	満足
第四場面 p.214・⑤〜215・⑯	不安から絶望へ	●土工たちは二度ほど茶店に寄る。 ●一人で歩いて帰らなければならないことを知る。	▼「もう（④　　）くれればいい。」 ▼茶屋に入った二人を**いらいらしながら待つ**。 ▼一人で帰ると分かり、ほとんど**泣きそうになる**。	不安 いらだち 絶望
第五場面 p.215・⑰〜216・⑧	家を目指す	●菓子《かし》包みも板草履《ぞうり》も羽織も投げ捨て、暗くなる一方の道を**無《む》我《が》夢中で走り続ける**。	▼必死に駆《か》け続けた。 ▼「（⑤　　）さえ助かれば。」	心細さ 恐怖《きょうふ》
第六場面 p.216・⑨〜217・⑧	家に着く	●家の門口《かどぐち》に駆け込《こ》み、**大声で泣きだす**。	▼今までの（⑥　　）を振《ふ》り返ると、**いくら大声に泣き続けても、足りない気持ち**だった。…今までの不安からの解放	
第七場面 p.217・⑨〜終わり	現在の良平	●生活に疲《つか》れたとき、今でもそのときの自分を思い出すことがある。	▼全然何の（⑦　　）もないのに？	不安 孤独《こどく》

おさえよう

主題 トロッコにあこがれていた良平は、二人の土工を手伝い、トロッコを押して遠くまで来てしまう。その後、思いがけず一人で帰ることになった良平は、必死に駆けて家までたどり着く。〔ア 欲望　イ 期待〕やあこがれが裏切られることへの衝撃《しょうげき》やあせり、〔ア 不安感　イ 満足感〕が描《えが》かれている。

読書への招待

知識の泉　Q「言う」の謙譲語《けんじょうご》は？

実力判定テストA ステージ2 トロッコ

次の文章を読んで、問題に答えなさい。

教p.213・㉖〜215・⑯

①みかん畑の間を登り詰《つ》めると、急に線路は下りになった。しまのシャツを着ている男は、良平《りょうへい》に「やい、乗れ。」と言った。良平はすぐに飛び乗った。トロッコは三人が乗り移ると同時に、みかん畑の匂《にお》いをあおりながら、ひた滑《すべ》りに線路を走りだした。「押《お》すよりも乗るほうがずっといい。」——良平は羽織に風をはらませながら、あたりまえのことを考えた。「行きに押すところが多ければ、帰りにまた乗るところが多い。」——そうも考えたりした。

竹やぶのある所へ来ると、トロッコは静かに走るのをやめた。三人はまた前のように、重いトロッコを押し始めた。竹やぶはいつか雑木林になった。爪先《つまさき》上がりのところどころには、赤さびの線路も見えないほど、落ち葉のたまっている場所もあった。その道をやっと登りきったら、今度は高い崖《がけ》の向こうに、広々と薄《うす》ら寒い海が開けた。と同時に良平の頭には、あまり遠く来すぎたことが、急にはっきりと感じられた。

三人はまたトロッコへ乗った。車は海を右にしながら、雑木の枝の下を走っていった。しかし良平はさっきのように、②おもしろい気持ちにはなれなかった。「もう帰ってくれればいい。」——彼《かれ》はそうも念じてみた。が、行くところまで行き着かなければ、トロッコも彼らも帰れないことは、もちろん彼にも分かりきっていた。

その次に車の止まったのは、切り崩《くず》した山を背負っている、わら屋根の茶店の前だった。二人の土工はその店へ入ると、乳飲《ちの》み子をおぶったかみさんを相手に、悠々《ゆうゆう》と茶などを飲み始めた。良平はひとりいらいらしながら、トロッコの周りを回ってみた。トロッコには頑丈《がんじょう》な車台の板に、跳《は》ね返った泥《どろ》が乾《かわ》いていた。

しばらくののち茶店を出てきしなに、巻きたばこを耳に挟《はさ》んだ男は、(そのときはもう挟んでいなかったが)トロッコのそばにいる良平に新聞紙に包んだ駄菓子《だがし》をくれた。良平は冷淡《れいたん》に「ありがとう。」と言った。が、すぐに冷淡にしては、相手にすまないと思い直した。彼はその冷淡さを取り繕《つくろ》うように、包み菓子の一つを口へ入れた。菓子には新聞紙にあったらしい、石油の臭《にお》いが染《し》み付いていた。

三人はトロッコを押しながら緩《ゆる》い傾斜《けいしゃ》を登っていった。良平は車に手を掛《か》けていても、③心はほかのことを考えていた。

その坂を向こうへ下りきると、また同じような茶店があった。土工たちがその中へ入った後、良平はトロッコに腰《こし》をかけながら、帰ることばかり気にしていた。茶店の前には花の咲《さ》いた梅に、西日の光が消えかかっている。「もう日が暮れる。」——彼はそう考えると、ぼんやり腰かけてもいられなかった。トロッコの車輪を蹴《け》ってみたり、一人では動かないのを承知しながらうんうんそれを押してみたり、——そんなことに気持ちを紛《まぎ》らせていた。

ところが土工たちは出てくると、車の上の枕木《まくらぎ》に手を掛けながら、無造作に彼にこう言った。

30分

自分の得点まで色をぬろう!
100点 合格! 80 もう一歩 60 がんばろう! 0
/100

解答 29ページ

知識の泉 A **申し上げる。申す。** 「言う」の尊敬語は「おっしゃる」「言われる」。

「われはもう帰んな。俺《おれ》たちは今日は向こう泊《ど》まりだから。」

「あんまり帰りが遅《おそ》くなるとわれのうちでも心配するずら。」

④良平は一瞬間《いっしゅんかん》あっけにとられた。もうかれこれ暗くなること、去年の暮れ母と岩村《いわむら》まで来たが、今日の道はその三、四倍あること、それを今からたった一人、歩いて帰らなければならないこと、──そういうことが一時に分かったのである。良平はほとんど泣きそうになった。が、泣いてもしかたがないと思った。⑤泣いている場合ではないとも思った。彼は若い二人の土工に、取って付けたようなお辞儀《じぎ》をすると、どんどん線路伝いに走りだした。

〈芥川《あくたがわ》龍之介《りゅうのすけ》「トロッコ」による〉

1 ①みかん畑の間を登り詰めると、急に線路は下りになった。とありますが、トロッコは、ここからどういう道のりで進みましたか。進んだ順に並べ、記号で答えなさい。 3点×4（12点）

ア 海の見える場所　イ 同じような茶店

ウ 竹やぶのある所　エ わら屋根の茶店の前

みかん畑→（　）→雑木林→（　）→（　）→（　）

2 ②おもしろい気持ちにはなれなかったのは、どのようなことに気づいたからですか。文章中から抜《ぬ》き出しなさい。（12点）

（　）

3 記述 ③心はほかのことを考えていたとありますが、「ほかのこと」とは、どのようなことですか。（15点）

（　）

4 ④良平は一瞬間あっけにとられた。とありますが、それはなぜですか。（　）に当てはまる言葉を書きなさい。 8点×2（16点）

（　）つもりでいたのに、（　）と分かったから。

攻略！ 直後の文に着目して、何が分かったのかを捉《とら》えよう。

5 ⑤泣いている場合ではないとも思った。とありますが、このときの良平の気持ちを次から一つ選び、記号で答えなさい。（10点）

ア 泣くよりも先に家族へ連絡《れんらく》する方法を考えなければならない。

イ 泣くよりも先に土工たちにお礼を言わなければならない。

ウ 泣いていないで泊《と》めてもらえるよう頼《たの》まなければならない。

エ 泣いていないで少しでも早く帰り始めなければならない。

（　）

6 よく出る 良平の心に最初に不安を生じさせた情景（A）と、夕《ゆう》闇《やみ》が迫《せま》っていることを表す情景（B）を述べた一文を文章中から抜き出し、それぞれ初めの五字を書きなさい。 10点×2（20点）

A □□□□□

B □□□□□

7 よく出る この場面で、良平の気持ちはどのように変化していきましたか。次から一つ選び、記号で答えなさい。（15点）

ア 喜び→いらだち→不安→憎《にく》しみ

イ 喜び→不安→あせり→絶望

ウ 喜び→不安→寂《さび》しさ→悲しみ

エ 喜び→不安→怒《いか》り→後悔《こうかい》

（　）

攻略！ 文章中の「　」に述べられている良平の思いを手がかりにしよう。

知識の泉 Q ──線を漢字で書くと？　果物のイタみが早い。

実力判定テストB ステージ3 トロッコ

次の文章を読んで、問題に答えなさい。

教 p.215・⑰〜217・⑯

良平《りょうへい》はしばらく無我《むが》夢中に線路のそばを走り続けた。そのうちに懐《ふところ》の菓子《かし》包みが、邪魔《じゃま》になることに気がついたから、それを道端《みちばた》へ放り出すついでに、板草履《ぞうり》もそこへ脱《ぬ》ぎ捨ててしまった。すると薄《うす》い足袋《たび》の裏へじかに小石が食い込《こ》んだが、足だけははるかに軽くなった。①彼《かれ》は左に海を感じながら、急な坂道を駆《か》け登った。ときどき涙《なみだ》が込み上げてくると、自然に顔がゆがんでくる。——それは無理に我慢《がまん》しても、鼻だけは絶えずクークー鳴った。

竹やぶのそばを駆け抜《ぬ》けると、夕焼けのした日金山《ひがねやま》の空も、もうほてりが消えかかっていた。②良平はいよいよ気が気でなかった。すると行きと帰りと変わるせいか、景色の違《ちが》うのも不安だった。今度は着物までも、汗《あせ》のぬれ通ったのが気になったから、やはり必死に駆け続けたなり、羽織を道端へ脱いで捨てた。

みかん畑へ来る頃《ころ》には、辺りは暗くなる一方だった。「命さえ助かれば。」——良平はそう思いながら、滑《すべ》ってもつまずいても走っていった。

やっと遠い夕闇《ゆうやみ》の中に、村外れの工事場が見えたとき、③良平はひと思いに泣きたくなった。しかしそのときもべそはかいたが、とうとう泣かずに駆け続けた。

彼の村へ入ってみると、もう両側の家々には、電灯の光が差し合っていた。良平はその電灯の光に、頭から汗の湯気の立つのが、彼自身にもはっきり分かった。井戸端に水をくんでいる女衆《おんなしゅ》や、畑から帰ってくる男衆《おとこしゅ》は、良平があえぎあえぎ走るのを見ては、「おいどうしたね?」などと声を掛《か》けた。が、彼は無言のまま、雑貨屋だの床屋《とこや》だの、明るい家の前を走り過ぎた。

彼のうちの門口《かどぐち》へ駆け込んだとき、良平はとうとう大声に、わっと泣きださずにはいられなかった。その泣き声は彼の周りへ、一時に父や母を集まらせた。殊《こと》に母は何とか言いながら、良平の体を抱《かか》えるようにした。が、良平は手足をもがきながら、すすり上げすすり上げ泣き続けた。その声があまり激しかったせいか、近所の女衆も三、四人、薄暗い門口へ集まってきた。父母はもちろんその人たちは、口々に彼の泣く訳を尋《たず》ねた。④しかし彼は何と言われても泣き立てるよりほかにしかたがなかった。あの遠い道を駆け通《どお》してきた、今までの心細さを振《ふ》り返ると、いくら大声に泣き続けても、足りない気持ちに迫《せま》られながら、……

良平は二十六の年、妻子といっしょに東京へ出てきた。今ではある雑誌社の二階に、校正の朱筆《しゅふで》を握《にぎ》っている。が、彼はどうかすると、全然何の理由もないのに、⑤そのときの彼を思い出すことがある。全然何の理由もないのに?——塵労《じんろう》に疲《つか》れた彼の前には今でもやはりそのときのように、薄暗いやぶや坂のある道が、細々と一筋断続している。……

〈芥川《あくたがわ》龍之介《りゅうのすけ》「トロッコ」による〉

30分

自分の得点まで色をぬろう!

100点 合格! 80 もう一歩 60 がんばろう! 0

/100

解答 29ページ

知識の泉 A 傷。 食べ物が悪くなること。「痛」は体の苦しさを指すことが多い。

1　良平が道端へ捨てたものを、文章中から全て抜き出しなさい。　完答（10点）

（　　　　）

2　よく出る　①彼は左に海を感じながら　とありますが、ここから良平のどのような様子が分かりますか。□に当てはまる言葉を、文章中から抜き出しなさい。　（8点）

海を見る余裕《よゆう》もないほど、□□□□で走る様子。

3　記述　②いよいよ気が気でなかった　とありますが、このとき良平は、どのようなことを気にしていたのですか。　（15点）

（　　　　）

4　暗くなっていく情景を述べた次の1～4のとき、良平はどこを走っていましたか。後から一つずつ選び、記号で答えなさい。　3点×4（12点）

1　夕焼けのした日金山の空も、もうほてりが消えかかっていた。
2　辺りは暗くなる一方だった。
3　遠い夕闇の中に、村外れの工事場が見えた。
4　両側の家々には、電灯の光が差し合っていた。

ア　村に近づいた場所。　イ　竹やぶのそば。
ウ　彼の村の中。　エ　みかん畑。

1（　）2（　）3（　）4（　）

5　③良平はひと思いに泣きたくなった　とありますが、このとき、良平はどのような気持ちでしたか。次から一つ選び、記号で答えなさい。　（10点）

ア　もうこれ以上走れないと思って、悲しくなる気持ち。
イ　見慣れた場所に戻《もど》ってこられて、ほっとした気持ち。
ウ　大変な思いをする原因になった場所を見て、怒《おこ》る気持ち。
エ　まだ家が遠いということが分かって、つらくなる気持ち。

（　）

6　レベルUP　④彼は何と言われても泣き立てるよりほかにしかたがなかった　とありますが、それはなぜですか。次から一つ選び、記号で答えなさい。　（15点）

ア　トロッコに乗ったことが分かると、怒られると思ったから。
イ　自分の失敗をほかの人に説明することがいやだったから。
ウ　今までの不安をどう伝えればよいか分からなかったから。
エ　駆け通しだったので、息が上がって話せなかったから。

（　）

7　⑤そのときの彼を思い出すことがある　について答えなさい。

(1)　よく出る　良平が大人になってもふと思い出すのは、どのような気持ちですか。文章中から三字で抜き出しなさい。　（15点）

□□□

(2)　記述　(1)の気持ちを思い出すのは、大人になった良平がどのような状況《じょうきょう》だからだと考えられますか。　（15点）

（　　　　）

知識の泉　Q「国民のソウイを反映する。」正しいのはどれ？　ア＝相違　イ＝創意　ウ＝総意

確認のワーク ステージ1

そこに僕《ぼく》はいた

学習のねらい
●人物の描写《びょうしゃ》に着目して、「僕《ぼく》」とあーちゃんの人物像を捉《とら》えよう。
●「僕」の行動や感じ方の変化から、心情の変化を読み取ろう。

解答 30ページ

教科書の要点

1 登場人物 （　）に教科書の言葉を書き入れなさい。 教 p.273〜274

①（　　）…物語の主人公。小学校三年生ぐらいの頃《ころ》、近所の餓鬼《がき》大将だった。

②（　　）…右足が義足の少年。

③ 弟…①の二歳《さい》年下の弟。

2 あらすじ 正しい順番になるように、番号を書きなさい。 教 p.273〜279

（　）「あーちゃん」が投げた石のため、「僕《ぼく》」は失明しかけた。

（　）「あーちゃん」の義足をたたかせてもらった。

（　）「僕」はたんぼで足を取られた「あーちゃん」を助けた。

（　）「僕」は「あーちゃん」の義足のことを考えず山の斜面《しゃめん》を登ったことを彼《かれ》に謝《あやま》った。

（　）「あーちゃん」に、義足になった理由を聞いた。

おさえよう

主題 「僕」の遊び友達のあーちゃんは、義足というハンディを持つ少年だった。「僕」は、あーちゃんの存在を〔ア 重荷に　イ 励《はげ》みに〕感じ、二人の関係はうまくいかない。しかし、「僕」が失明しかけたことをきっかけに、あーちゃんと〔ア 自然に　イ しかたなく〕接するようになり、心を開いて話ができるまでになる。

3 構成のまとめ （　）に教科書の言葉を書き入れなさい。 教 p.273〜279

場面			あーちゃんの行動と「僕」の心情
第一場面	教初め〜p.274・㉛	最初の頃《ころ》	あーちゃん 「僕」のグループにいた。 僕 最初、義足の音がすごく（①　）だった。
第二場面	p.274・㉜〜p.275・㉜	山の斜面	あーちゃん 助けようとした「僕」に反発する。 僕 あーちゃんの姿を見かけるたびに憂鬱《ゆううつ》になり、気が（②　）なるのだった。
第三場面	p.275・㉝〜p.276・㉘	石投げ	あーちゃん けがをさせたのに何も言わない。 僕 違《ちが》う何かが（③　）始めていた。
第四場面	p.276・㉙〜p.277・⑧	たんぼ	あーちゃん 助けようとした「僕」の手を握《にぎ》った。 僕 とても（④　）。
第五場面	p.277・⑨〜p.278・㉕	義足の話	あーちゃん 笑いながら過去を話してくれた。 僕 すごく（⑤　）になり始めた。
第六場面	p.279・①〜終わり	義足をたたく	あーちゃん 義足をたたかせてくれた。 僕 義足の（⑥　）が忘れられない。

知識の泉 **A** ウ。 総意＝全員の意見。相違《そうい》＝二者間の違《ちが》い。創意＝新しい思いつき。

基本問題

☆ 次の文章を読んで、問題に答えなさい。 教 p.274・32～275・21

あるとき、僕《ぼく》たちは社宅の裏にある小さな山の斜面《しゃめん》の木の上に基地を作ることにした。僕たちは僕を先頭に一列になって山を登っていた。斜面には草が生えていて、何度も足を取られた。転ぶ子もいるほど斜面は急だったのである。途中《とちゅう》まで登ったとき、僕の二歳《さい》年下の弟が僕の背中をたたいた。

「兄貴、あーちゃんが……。」

見ると、あーちゃんは斜面の下の道端《みちばた》に立ってじっと僕らの方を見上げていたのだ。彼《かれ》にはちょっと登るのは難しかったのである。弟が小声でどうする？　ときいてきた。小さな子供たちも僕の方を見ていた。僕は小さくため息をついた。

「ちょっと行ってくる。」

僕は弟にちびっこたちを任せて、あーちゃんのところまで滑《すべ》り降りていった。

あーちゃんは僕の顔をじっと見ていた。僕はあーちゃんの足のことも考えずに山を登ってしまったことでちょっと心が恥《は》ずかしかった。

①「すまんかった。」

僕が素直《すなお》にそう言って手を差し出すと、彼は目をぱちくりさせたのだ。

②「なんで謝《あやま》るとや。それになんなその手は。」

僕はそれ以上は何も言えなかった。

「今日はこれから親戚《しんせき》の人んちへ行かなならんけん［行かなければならないので］、皆《みな》とは遊べんと。そのことば［そのことを］言おうと思っとった。」

あーちゃんはそう言うと、くるりと背中を見せて帰っていった。僕は差し出していた手を引っ込《こ》めて、体を斜《なな》めにしながら一本道を歩く彼の後ろ姿を見つめていたのだ。

〈辻《つじ》 仁成《ひとなり》「そこに僕《ぼく》はいた」による〉

1 ①すまんかった。とありますが、「僕」はどのようなことに対して謝ったのですか。文章中から二十六字で抜《ぬ》き出し、初めの七字を書きなさい。

□□□□□□□

2 よく出る ②なんで謝るとや。それになんなその手は。と言ったときのあーちゃんの心情を次から一つ選び、記号で答えなさい。

ア　なぜ謝るのか見当がつかず、とまどう気持ち。
イ　泥《どろ》だらけの手を差し出されて不愉快《ふゆかい》な気持ち。
ウ　「僕」が本心から謝っているのか疑う気持ち。
エ　同情されたと感じ、それに反発する気持ち。

（　　）

3 この場面から、Ⅰ…「僕」と、Ⅱ…あーちゃんは、どのような人物だと読み取れますか。次から一つずつ選び、記号で答えなさい。

ア　責任感が強い。　イ　思いやりがない。
ウ　自立心が強い。　エ　怒《おこ》りっぽい。

Ⅰ（　　）　Ⅱ（　　）

攻略！「僕」の行動やあーちゃんの言葉や態度から読み取ろう。

知識の泉　Q　慣用句「口をすっぱくする」の意味は？

実力判定テストA　ステージ2

そこに僕《ぼく》はいた

30分

自分の得点まで色をぬろう!
100点　合格!　80　もう一歩　60　がんばろう!　0
/100

解答 ▶ 30ページ

★ 次の文章を読んで、問題に答えなさい。

教 p.276・㉙〜278・⑧

　やはりあーちゃんといっしょに遊ぶことは気が重かったのだが、月日が流れるうちに①それは苦痛ではなくなっていた。彼《かれ》の義足の金具の音も気にならなくなっていたのである。あーちゃんが僕《ぼく》らの仲間になってどれくらいの時間がたった頃《ころ》だろう。僕たちは近くのたんぼにかえるを捕《と》りに行ったのだ。たんぼは通過した台風のせいでぬかるんでいた。ちょっとしたくぼみがあって、あーちゃんはそこに足を取られたのである。泥《どろ》の深みにはまって抜《ぬ》け出せず悪戦苦闘《くとう》しているあーちゃんに、僕は本当に自然に手を差し出していたのだ。彼がハンディを背負っている人だという意識などみじんもなかった。僕の手は彼の前にごく自然に差し出されていたのである。

　すると不思議なことに②あーちゃんの手が僕の手を握《にぎ》ってきたのだ。僕は力まかせに彼の体を引きずり上げるのだった。

「ありがとう。」

　あーちゃんがそう言ったので、僕はただ照れるしかなかったが、あーちゃんのそんな言葉を聞くのは初めてのことでとてもうれしかったのである。

　そしてそれから更《さら》に月日が過ぎたある日、僕は③ずっと気になっていたことをあーちゃんにきいてみたのである。小さな子供たちが母親たちに呼ばれて家路に就《つ》いた後だった。広場には僕とあーちゃんと僕の弟しかいなかった。

「あーちゃんは、どうしてそうなったと。」

　僕はあーちゃんの義足を指差してそうきいたのだ。どうしてそんなことをきいたのか僕にはあのときの自分の気持ちを思い出せない。差し出した手のような自然の質問だった。

「これね。」

　あーちゃんは自分の足を見てそして笑うのだった。

「電車にはねられたとたい《「はねられたんだよ」》。」

　僕の横にいた弟が大声をあげた。

「電車にね?」

　あーちゃんはうなずく。

「なして、電車にはねられよった《「はねられたの」》と。」

　今度は僕がきいた。

　あーちゃんは少し考えた後、再び笑顔《えがお》で言うのだった。

「子猫《こねこ》ば助けようとしたったい。」

「子猫?」

　僕と弟はほとんど同時に声をあげた。

「うん、まだ俺《おれ》が小さかときに、子猫が線路に飛び出したとよ。ちょうど遮断機《しゃだんき》が降りようときで、見たら電車がその子猫に向かって迫《せま》りよった。あっ、と叫《さけ》んだ瞬間《しゅんかん》には俺の体は踏切《ふみきり》の中へ潜《もぐ》り込《こ》んでいたったい。」

知識の泉　A　**何度も繰《く》り返し言う。**　<例>早く帰るようにと，弟たちに口をすっぱくして注意した。

僕らは黙《だま》っていた。少しして弟があーちゃんにきき返す。

「そんで？」

④あーちゃんは笑っている。

「そんだけさ。気がついたら、はね飛ばされとった。」

僕はあーちゃんの義足のほうの足を見下ろしていた。えも言われぬ痛みが心の中を駆《か》け抜けていく。自分の足だったら、という想像が僕を包み込む。

「子猫はどげんしたね〔どうなったの〕。」

僕がしばらくしてきくと、彼は笑って首を真横に振《ふ》るのだった。

僕と弟はしばらく言葉を失ったままだった。何かを言いたかったがまとまらなかった。ただ、⑤なぜかあーちゃんがすごく好きになり始めていたのである。

〈辻《つじ》仁成《ひとなり》「そこに僕《ぼく》はいた」による〉

1 ①それは苦痛ではなくなっていた　とありますが、この心情の変化は、「僕」の物の感じ方にどのような変化をもたらしましたか。（20点）

（　　　　　）

2 よく出る ②あーちゃんの手が僕の手を握ってきた　とありますが、あーちゃんがこうしたのは、なぜですか。（　）に当てはまる言葉を書きなさい。　5点×2（10点）

「僕」が、あーちゃんは（　　　）を背負っている人だと意識せず、自然に手を（　　　）から。

攻略！「僕」の気持ちの変化が行動に表れていることを捉《とら》えよう。

3 よく出る ③ずっと気になっていたこと　とは、どのようなことですか。「あーちゃんが……」に続くように書きなさい。（20点）

あーちゃんが（　　　　　）

4 ④あーちゃんは笑っている。とありますが、これはなぜですか。次から一つ選び、記号で答えなさい。（15点）

ア　子猫のかわいかった様子を思い出していたから。
イ　「僕」や弟が怖《こわ》がっているのが面白かったから。
ウ　片足を失った自分の過去を受け入れていたから。
エ　つらい話を少しでも楽しくしたいと思ったから。

（　　）

5 記述 ⑤なぜかあーちゃんがすごく好きになり始めていた　とありますが、その理由を考えて書きなさい。（20点）

（　　　　　）

攻略！「あーちゃん」の話をどのように受け止めたかを考えよう。

6 あーちゃんに対する「僕」の気持ちは、どう変化していきましたか。次の事柄《ことがら》を正しい順に並べかえなさい。　完答（15点）

ア　いっしょに遊ぶのが苦痛ではなくなっていた。
イ　あーちゃんのことがすごく好きになり始めた。
ウ　いっしょに遊ぶことは気が重かった。
エ　あーちゃんのハンディを意識しないようになった。

（　）→（　）→（　）→（　）

資料編

知識の泉　Q「□透明《とうめい》」「□履行《りこう》」「□景気」　□に共通する打ち消しの漢字は？

確認のワーク ステージ1

「常識」は変化する

学習のねらい
●具体例と筆者の主張の関係を読み取ろう。
●接続語に注意し、段落どうしの関係を捉《とら》えよう。

解答 31ページ

教科書の要点

1 内容理解　筆者は、どんな主張をしていますか。（　）に当てはまる言葉を書きなさい。 教p.281

「常識」が変化するのは（　　）ことではない。むしろ、（　　）ことだと考えたほうがよいくらいである。

2 内容理解　次のことは、どのような例として挙げられていますか。後から一つずつ選び、記号で答えなさい。 教p.281〜282

① PCB（　）　② こんにゃく（　）
③ 環境《かんきょう》問題（　）

ア 時代や価値観の変化によって「常識」が変化した例。
イ 新しい事実の判明と価値観の変化が互《たが》いに関連して「常識」が変化した例。
ウ 新しい事実の判明や思いがけない出来事で「常識」が変化した例。

3 構成のまとめ　（　）に教科書の言葉を書き入れなさい。 教p.280〜283

まとまり	範囲	内容
第一のまとまり	教初め〜p.281・⑨	主張の提示　「常識」が（①　）するのは珍《めずら》しいことではない。
第二のまとまり	p.281・⑩〜282・㉕	例1 PCB…新しい事実や思いがけない（②　）によって「常識」は変化する。 例2 こんにゃく…時代や（③　）の変化によって「常識」は変化する。 例3 環境問題…新しい事実の判明と価値観の変化が互いに関連することで「常識」は変化する。
第三のまとまり	p.282・㉖〜282・㉚	まとめとしての主張　↓常識や判断の（④　）は変化する。
第四のまとまり	p.282・㉛〜終わり	筆者の提言　ふだんからさまざまな情報や考え方に触《ふ》れ、（⑤　）を深めていく訓練を心がけよう。

おさえよう

要旨《ようし》　筆者は、「［ア 常識　イ 知識］」が変化することは珍しくないと主張している。時代や社会、人間の在り方などによって、常識の判断の基準は変化するからである。だからこそ、物事と向き合うときは、自分で考えたり調べたりして［ア 考えを深める　イ 情報を信じる］訓練を心がけることが大切であると提言している。

知識の泉　A 不。「不履行《りこう》」は約束を実行しないこと。

★ 基本問題

次の文章を読んで、問題に答えなさい。

教p.281・⑩〜282・④

①PCBという物質を知っていますか。ポリ塩化ビフェニルといって、人間が生み出した化学物質です。電気を通さない性質と併《あわ》せて、変質しにくく燃えにくい特徴《とくちょう》があり、熱が発生しても火災のおそれがありません。そのため、電気製品には最適で、冷蔵庫や洗濯機《せんたくき》に欠かせないコンデンサー、蛍光灯《けいこうとう》の安定器、送電線の途中《とちゅう》で電圧を変える変圧器などの絶縁油《ぜつえんゆ》として使われました。電車を走らせるのにも変圧器が必要ですから、以前は「PCBがなければ新幹線を走らせることができない。」と言われたほどです。このように使い勝手がよく値段も安いPCBは「夢の化学物質」ともよばれ、工業化が進むとともにどんどん需要《じゅよう》が増えていったのです。

しかし、その後、この便利なPCBが人体や環境《かんきょう》に悪い影響《えいきょう》を及《およ》ぼすことが分かりました。PCBが混ざってしまった米ぬか油を食べた人に、皮膚《ひふ》や消化器、肝臓《かんぞう》などの障がいが現れました。PCBを食べてしまったお母さんから生まれた赤ちゃんや、母乳を飲んだ赤ちゃんにまで障がいが出るという深刻な事件が起こったのです。このような不幸な事件から危険性がはっきりと分かり、世界の国々がPCBを作ること、使うことを禁止しました。

既《すで》に作られてしまったPCBはどうなったのでしょう。変質しにくいということは、時間がたっても、薬品などを使っても、なかなか分解しないということです。今では、使うことはもちろん、捨てることもできない、とても厄介《やっかい》なものとして、厳しい決まりに従って保管されたり、特別な方法で処理されたりしています。それまでは、②優《すぐ》れた性質だと考えられていたことが一転して、③とても都合の悪い性質になってしまいました。

PCBの例から分かるように、ある物質が有用かどうか、人体や環境にとって安全かどうかといったことについては、後になってから、それまで考えられていたこととは反対の結果が現れることがあります。研究によって新しい事実が明らかになったり、思いがけない出来事が起こったりすることによって、「常識」は変化するのです。

〈古田《ふるた》 ゆかり「『常識』は変化する」による〉

1 ①PCBという物質を知っていますか。という問いかけには、どんな効果がありますか。次から一つ選び、記号で答えなさい。

ア 主張を強調する。　イ 筆者の知識量を示す。
ウ 読者の興味をひく。　エ 疑問の思いを表す。　（　　）

2 ②優れた性質だと考えられていたこと とは、どんな性質ですか。

（　　　　）

3 よく出る ③とても都合の悪い性質 とは、どんな性質ですか。

（　　　　）

4 筆者は、PCBの例からどのような結論を導き出していますか。結論を述べた部分を一文で抜《ぬ》き出し、初めの五字を書きなさい。

攻略！ 最後の段落に着目して、結論を読み取ろう。

資料編

知識の泉 Q 「タイカ」と読むのはどっち？　ア＝書道の大家。　イ＝集合住宅の大家。

実力判定テストA ステージ2

「常識」は変化する

30分

自分の得点まで色をぬろう！

合格！ もう一歩 がんばろう！

100点 80 60 0

/100

解答 31ページ

次の文章を読んで、問題に答えなさい。

教p.282・⑦〜283・⑩

1 健康に対する関心が高まるにつれ、さまざまな健康法や体によい食品が注目されるようになっていますが、その一つにこんにゃくがあります。かつてこんにゃくは、栄養価やカロリーが低くあまり役に立たない食品だと考えられていました。しかし今では、食物繊維《せんい》を多く含《ふく》むことや、以前は評価されなかった低カロリーであることがよいとされ、歓迎《かんげい》されています。

2 食べ物が豊富ではなく、栄養をとることがだいじだった頃《ころ》には関心を持たれなかったこんにゃくが、健康のためにカロリーのとりすぎに注意しなければならない時代になって注目されたのは、時代や価値観の変化によるものといえるでしょう。

3 更《さら》に、①新しい事実の判明と②価値観の変化が互《たが》いに関連する場合もあります。環境《かんきょう》問題がよい例です。

4 工業化を進め、物質的、経済的な豊かさを求めた時代には、生物や環境に対する配慮《はいりょ》が十分ではありませんでした。しかし、工業化による悪い影響《えいきょう》が明らかになると、人々は自然を守ることが大切だという考え方に変わり、地球環境を守ることに関心が注がれるようになりました。

5 このように、時代や社会の在り方、人々がどんな知識を持ち、何を大切に思い、どのような暮らしを望んでいるのかなどによって、常識や判断の基準は変化するのです。もしかしたら、今、私《わたし》たちが信じていることでも、否定される日がやってくるかもしれません。

6 では、③私たちは、何を信じ、どのように物事と向き合ったらいいのでしょうか。

7 それにはまず、あたりまえだと思っていることでも、一歩立ち止まって、自分自身が納得《なっとく》できるかどうかをじっくり考えてみることが大切です。与《あた》えられた情報をうのみにするのではなく、疑問に思ったことを自分で調べたり、専門家をはじめ、いろいろな人の意見に耳を傾《かたむ》けたりしてみることも有効です。ただし、専門家といえどもまだ分からないことがあったり、また異なる考えを持つ人もいたりするということを忘れてはなりません。

8 ふだんからさまざまな情報や考え方に触《ふ》れ、まずは「本当かな」と考え、納得できるまで考えたり、調べたり、人と話し合ったりして考えを深めていく訓練を心がけましょう。そのためには、自分の知識と感覚を鍛《きた》え、そう、「嗅覚《きゅうかく》」といってもいいほどの鋭《するど》い感覚を持って、④物事と向き合う力、はっきりと結論が出せないことについても考え続ける力を育てていくことが大切です。

9 そのことが、私たち一人一人にとって生きやすい社会を作ることにつながり、また、自分自身が納得できる生き方を助けてくれるのだと、私は考えています。

〈古田《ふるた》 ゆかり「『常識』は変化する」による〉

知識の泉 A ア。「タイカ」＝ある分野で特に優《すぐ》れた人。「おおや」＝貸し家の持ち主。

1 「こんにゃく」について答えなさい。

(1) よく出る どのような食品だと見られていますか。昔と今についてそれぞれ書きなさい。 10点×2（20点）

昔…（　　　）

今…（　　　）

(2) (1)のように、こんにゃくに対する常識が変化したのは、私たちの価値観がどのように変化したからですか。次から一つ選び、記号で答えなさい。 （10点）

ア 栄養価やカロリーが低いものより、高いもののほうが体にはよいと考えられるようになったから。

イ 栄養をとることよりも、カロリーのとりすぎに注意しなければならないと考えられるようになったから。

ウ おいしいものを食べるよりも、体によいものを食べるべきであると考えられるようになったから。

エ たくさん食べるよりは小食のほうが健康的であり、体によいと考えられるようになったから。

（　　）

2 「環境問題」について答えなさい。

(1) 判明した①新しい事実とは、どのようなことですか。文章中から十字で抜《ぬ》き出しなさい。 （10点）

□□□□□□□□□□

(2) 記述 ②価値観の変化とありますが、人々の価値観はどう変化したのですか。変化する前と後の価値観が分かるように書きなさい。 （20点）

（　　　）

3 攻略！ (1)を境に変化した、かつての価値観と現在の価値観を読み取ろう。

③私たちは、何を信じ、どのように物事と向き合ったらいいのでしょうかとありますが、この問いかけの答えとなる私たちの心構えについてまとめた一文を文章中から抜き出し、初めの五字を書きなさい。 （10点）

□□□□□

4 よく出る ④物事と向き合う力、はっきりと結論が出せないことについても考え続ける力を育てていくこととありますが、筆者は、このことが、どのようなことに役立つと考えていますか。二つ書きなさい。 10点×2（20点）

（　　　）

（　　　）

5 この文章の中で筆者の提言が述べられている段落を次から一つ選び、記号で答えなさい。 （10点）

ア 1段落～4段落　**イ** 3段落～4段落

ウ 4段落～5段落　**エ** 6段落～9段落

（　　）

攻略！ 段落の初めの言葉に着目しよう。

資料編

知識の泉 Q 漢字「洗」の音《おん》を表す部分は？

確認のワーク ステージ1 さまざまな古典作品

学習のねらい
●古典作品に出てくる人物の状況を捉《とら》え、作品の特徴《とくちょう》をつかもう。
●古典作品に登場する人物の心情《しんじょう》や作者の考えを読み取ろう。

解答 32ページ

教科書の要点

1 作品 （　）に教科書の言葉を書き入れなさい。 教p.292〜295

作品	成立	種類	作者
古事記《こじき》	奈良《なら》時代	歴史書	太安万侶《おおのやすまろ》編
土佐日記《とさにっき》	平安時代	日記	①（　）
伊勢物語《いせものがたり》	平安時代	②（　）	作者未詳《みしょう》
源氏物語《げんじものがたり》	平安時代	物語	③（　）
方丈記《ほうじょうき》	鎌倉《かまくら》時代	④（　）	鴨長明《かものちょうめい》

2 内容理解 主題を後から一つずつ選び、記号で答えなさい。

① 名月や池をめぐりて夜《よ》もすがら　松尾芭蕉《まつおばしょう》（　）
② 菜の花や月は東に日は西に　与謝蕪村《よさぶそん》（　）
③ 痩蛙《やせがえる》まけるな一茶是《これ》に有り　小林一茶《こばやしいっさ》（　）

ア 弱い生きものへの愛情。　イ 自然の美しさへの陶酔《とうすい》。
ウ 絵画的に捉《とら》えた雄大《ゆうだい》な自然の風景。

3 内容理解 （　）に教科書の言葉を書き入れなさい。 教p.292〜295

作品	内容
古事記	▼倭建命《やまとたけるのみこと》は、故郷を①（　）思って、「倭《やまと》は 国の真秀《まほ》ろば……」と歌った。
土佐日記	▼男もするという②（　）というものを、女もしてみようと思って書く。
伊勢物語	▼男が自分は役に立たない人間だと思って、京を捨てて③（　）の方へ旅立った。
源氏物語	▼あるとき、身分は高くない人で、④（　）から寵愛《ちょうあい》を受けていらっしゃるかたがいた。
梁塵秘抄《りょうじんひしょう》	▼遊ぶために生まれてきたのか。遊ぶ子供たちの声を聞くと、私《わたし》の⑤（　）まで揺《ゆ》れ動きだす。
方丈記	▼河の流れは常に変わり続ける。世の中にある人と⑥（　）も同じである。

おさえよう

主題 古事記…倭建命が歌で故郷の美しさを表現する。土佐日記…日記を書き始めた〔ア 心情　イ 効果〕を表す。伊勢物語…自分の居場所を求め、男が旅立つ。源氏物語…帝《みかど》から寵愛を受ける人物が登場する。梁塵秘抄…子供の遊び声を聞いて弾む心を表す。方丈記…河の流れにたとえて、〔ア 道徳性　イ 無常観〕を説く。

知識の泉 **A 先。** 水の意味を表す「氵」と「セン」という音《おん》を表す「先」を組み合わせてできた漢字。

基本問題

次の文章を読んで、問題に答えなさい。 教p.293・上①〜295・上⑥抜粋《ばっすい》

①土佐日記《とさにっき》 旅立ち

男もすなる日記《にき》といふものを、女もしてみむとて、するなり。
それの年の十二月《しはす》の二十日《はつか》余り一日《ひとひ》の日の戌《いぬ》の刻《とき》に、門出《かどで》す。
そのよし、いささかに物に書きつく。

伊勢物語《いせものがたり》 東下《あづまくだ》り [第九段]

昔、男ありけり。その男、身を要《えう》なきものに思ひなして、京にはあらじ、東《あづま》の方《かた》に住むべき国求めにとて②行《ゆ》きけり。もとより友とする人、一人、二人して行《い》きけり。道知れる人もなくて、惑《まど》ひ行《い》きけり。

[現代語訳] 昔、男がいた。その男は、(自分の)身を無用なものと思い込《こ》んで、京にはいるまい、東国《とうごく》の方に住むのにふさわしい国を求めようと思って行った。古くからの友人、一人二人とともに行った。道を知っている人もいなくて、迷いながら行った。

源氏物語《げんじものがたり》 桐壺《きりつぼ》

いづれの御時《おほんとき》にか、女御《にょうご》、更衣《かうい》あまたさぶらひたまひける中に、いとやむごとなき際《きは》にはあらぬが、③すぐれて時めきたまふありけり。

[現代語訳]
どの帝《みかど》のご治世であったか、女御、更衣たちが大勢お仕えしていらっしゃった中に、それほど高貴な身分ではない人で、格別に(帝の)寵《ちょう》愛《あい》を受けていらっしゃるかたがいた。

方丈記《ほうじょうき》 行《ゆ》く河の流れ

行く河の流れは絶えずして、しかも元の水にあらず。よどみに浮《う》かぶうたかたは、かつ消えかつ結びて、④久しくとどまりたるためしなし。世の中にある人と住みかと、またかくのごとし。

〈「さまざまな古典作品」による〉

1 よく出る ①土佐日記 の作者は、何(誰《だれ》)を装《よそお》って日記を書いていますか。
( )

2 ②行きけり とありますが、男が行ったのは、なぜですか。( )に当てはまる言葉を、現代語訳から抜《ぬ》き出しなさい。

自分を( )と思い込んで、京から出て東国の方に( )を求めようと思ったから。

3 ③すぐれて時めきたまふ とありますが、この人物はどのような身分の人物でしたか。古文中から十四字で抜き出し、初めの五字を書きなさい。

□□□□□

4 よく出る ④かくのごとし とは、どのような様子を指していますか。次から一つ選び、記号で答えなさい。

ア にぎやかな様子。 イ 常に変わっている様子。
ウ 清らかな様子。 エ 悠然《ゆうぜん》としている様子。
( )

攻略! 「河の流れ」や「うたかた」はどんな様子か考えよう。

プラスワーク 聞き取り問題① スピーチ
ヤゴ救出大作戦

解答 33ページ

/100

放送文は、上のQRコードから聞くことができます。

★ 放送を聞いて、問題に答えなさい。

メモ欄《らん》 放送の間は、問題に答えずメモを取りましょう。

順序を表す言葉に気をつけてメモを取り、話題を捉《とら》えよう。

↓ここより下は問題になります。放送の指示にしたがって答えましょう。

(1) (問題は放送されます。) (20点)

(2) (問題は放送されます。)
大勢の人が一度にプールに入ると、　　　　。 (20点)

(3) (問題は放送されます。) (20点)

(4) (問題は放送されます。) 10点×2 (20点)

(5) レベルUP (問題は放送されます。) (20点)

プラスワーク 聞き取り問題② 会話

「まちの駅」ってどんなところ

放送文は、上のQRコードから聞くことができます。

/100

解答 34ページ

★ 放送を聞いて、問題に答えなさい。

メモ欄《らん》 放送の間は、問題に答えずメモを取りましょう。

会話文を聞き取るときは、誰《だれ》がどういう内容を話しているかに注意してメモを取ろう。

↓ここより下は問題になります。放送の指示にしたがって答えましょう。

(1)（問題は放送されます。）

［　　　　］方法がある。（20点）

(2)（問題は放送されます。）（20点）

(3)（問題は放送されます。）（20点）

(4)（問題は放送されます。）

総合学習の授業で［　　　　］を先生に提案してみる。（20点）

(5) レベルUP（問題は放送されます。）（20点）

プラスワーク 日本文学史（奈良時代〜平安時代）

文学史の要点

奈良時代

【口承《こうしょう》文学から記載《きさい》文学へ】文字がない時代には、物語は口で語り伝えられていたが、中国から漢字が伝来し、神話や歌謡《かよう》などが記録されるようになった。

歴史書

古事記《こじき》　現存最古の書物。太安万侶《おおのやすまろ》編。天皇の命で、稗田阿礼《ひえだのあれ》が暗誦《あんしょう》した神話、歴史、歌謡などを記録。「日本書紀」とあわせて「記紀《きき》」とよばれる。

日本書紀《にほんしょき》　舎人親王《とねりしんのう》ら編。国の歴史を、年代順（編年体）にまとめた歴史書。

歌集

万葉集《まんようしゅう》　現存する日本最古の歌集。大伴家持《おおとものやかもち》ら編。幅《はば》広い階層の歌を収め、五七調、素朴《そぼく》で素直《すなお》な歌が多い。代表的歌人は柿本人麻呂《かきのもとのひとまろ》、山上憶良《やまのうえのおくら》ら。

◆三代和歌集
万葉集（奈良時代）・古今《こきん》和歌集（平安時代）・新古今《しんこきん》和歌集（鎌倉《かまくら》時代）

平安時代

【貴族文化と女流文学】仮名《かな》文字が考案され国風文化が広まり、優美で情緒《じょうちょ》的な貴族文化の繁栄《はんえい》と、仮名文字を使いこなした女流文学の台頭が見られた。

物語

竹取物語《たけとりものがたり》　現存最古の作り物語。「物語の出《い》で来《き》はじめの祖《おや》」とよばれている。

伊勢物語《いせものがたり》　現存最古の歌物語。在原業平《ありわらのなりひら》と思われる男を主人公としている。

源氏物語《げんじものがたり》　作者は紫式部《むらさきしきぶ》。光源氏《ひかるげんじ》とその子薫《かおる》の君を主人公に貴族の世界を描《えが》いた長編物語。「もののあはれ」の文学といわれている。

歌集

古今和歌集　最初の勅撰《ちょくせん》和歌集。紀貫之《きのつらゆき》ら撰《せん》。七五調、華《はな》やかで技巧《ぎこう》的な歌が多い。代表的歌人は、紀貫之、在原業平、小野小町《おののこまち》、僧正遍昭《そうじょうへんじょう》など。

日記

土佐日記《とさにっき》　最初の仮名日記。紀貫之。仮名文字は女性が使うものだったため、貫之は女性を装《よそお》い土佐《とさ》から京都《きょうと》に帰るまでの出来事を仮名文字でつづった。

随筆《ずいひつ》

枕草子《まくらのそうし》　清少納言《せいしょうなごん》著。宮廷《きゅうてい》生活や自然・人間を鋭《するど》い観察と独特の感性で捉《とら》え、簡潔な文体で表現している。「をかし」の文学といわれている。

基本問題

(1) 現存する日本最古の書物を答えなさい。
（　　　　　）

(2) 日本で最初の勅撰和歌集を答えなさい。
（　　　　　）

(3) 日本最古の作り物語を答えなさい。
（　　　　　）

(4) 「源氏物語」の作者を次から選びなさい。
ア　紫式部　　イ　清少納言
ウ　小野小町　エ　紀貫之
（　）

(5) 「をかし」の文学といわれる、日本を代表する随筆の作品名を答えなさい。
（　　　　　）

解答
(1) 古事記　(2) 古今和歌集
(3) 竹取物語　(4) ア
(5) 枕草子

覚えておきたい 故事成語

蛇足《だそく》

意味 よけいなもの。無駄《むだ》な行い。

由来 楚《そ》の国の話。酒をふるまわれた従者たちは、蛇《へび》の絵を最初に描《か》き終えた者が酒を飲むことに決めた。ある者が先に描き終えたが、調子に乗って蛇の足を描き足してしまい、結局酒を飲み損《そこ》ねた。

用例 蛇足になりますが、最後に一言申し上げます。

五十歩百歩《ごじっぽひゃっぽ》

意味 本質的には大きな差のないこと。

由来 梁《りょう》の恵王《けいおう》は、孟子《もうし》に「よい政治をしているのに、私の国に人が集まらないのはなぜか」と尋《たず》ねた。孟子は、「戦争が始まったとたん逃《に》げた兵士がいました。五十歩逃げた者が百歩逃げた者を笑ったとしたらどうでしょうか」と答え、隣国《りんごく》の政治と大差がないことを諭《さと》した。

用例 五分遅《おく》れるのも三十分遅れるのも五十歩百歩だ。

背水《はいすい》の陣《じん》

意味 決死の覚悟《かくご》で事に当たること。

由来 漢《かん》の名将韓信《かんしん》は、戦争の時にわざと川を背にして陣を敷《し》いた。そうして、兵たちにもう退却《たいきゃく》できないという覚悟をさせ、必死に戦わせて敵軍を打ち破った。

用例 もう負けられないと背水の陣で試合に臨《のぞ》む。

漁夫《ぎょふ》の利《り》

意味 両者が争っている間に、第三者が利益を手に入れること。

由来 しぎが貝の肉を食べようとすると、貝は殻《から》を閉じてしぎのくちばしをはさんだ。両者が互《たが》いに相手を離《はな》そうとせずにいるところに、漁師がやってきて、両方とも捕《と》らえてしまった。

用例 姉と妹が一枚のクッキーを巡《めぐ》り争っている間に、弟が漁夫の利を占《し》めてそのクッキーを食べてしまった。

杞憂《きゆう》

意味 無用な心配をすること。取り越《こ》し苦労。

由来 杞の国に、天が崩《くず》れ落ちてこないかと心配して、食べ物も喉《のど》に通らない人がいた。

用例 何十年も先まで心配するのは杞憂というものだ。

虎《とら》の威《い》を借《か》る狐《きつね》

意味 権力のある人の力に頼《たよ》っていばる人のこと。

由来 虎に捕《と》らえられた狐は、虎を後ろに連れて歩き、他の動物が虎を恐《おそ》れて逃《に》げるのを自分のせいだと思わせて、虎をだまし、助かった。

用例 父親が有名人だからといっていつもいばっているあの人は、虎の威を借る狐だ。

推敲《すいこう》

意味 詩や文章の言葉を何度も練り直すこと。

由来 唐《とう》の詩人賈島《かとう》は、詩作をしていて、「僧《そう》は推《お》す月下の門」という句の「推す」を「敲《たた》く」にしようかと夢中で考えているうちに、うっかり都の長官の韓愈《かんゆ》の行列にぶつかってしまった。いきさつを韓愈に話すと、韓愈は「敲く」がよいだろうと言った。

用例 推敲に推敲を重ねて清書し、提出する作文を仕上げた。

助長《じょちょう》

意味 よけいな手助けをして、かえって害を与《あた》えること。（力添《ぞ》えをして成長させる意味にも用いる。）

由来 宋《そう》の国の話。苗《なえ》の生育が遅《おそ》いので、伸《の》ばしてやろうとして、全ての苗を引っ張った人がいた。あとで見に行くと、苗は全部枯《か》れていた。

用例 掃除《そうじ》当番をさぼるのを一人でも許すと、他の人がさぼるのを助長することになる。

四面楚歌《しめんそか》

意味 周りを敵に囲まれて、孤立《こりつ》すること。

由来 楚の項羽《こうう》は、漢《かん》の劉邦《りゅうほう》の軍に四方を囲まれた。漢軍が楚の国の歌を歌うのを聞いて、項羽は、楚の国はすでに漢軍によって占領《せんりょう》されたと思い、嘆《なげ》いた。

用例 首相は、国民やマスコミから非難されて、四面楚歌の状態になった。

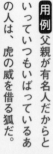

覚えておきたい 部首

へん（偏）＝字の左側にあるもの

部首	画数	よび名	意味	例
亻	2	にんべん	人。	伸 倒
冫	2	にすい	凍《こお》る。寒い。	冷 凍
彳	3	ぎょうにんべん	行く。道路。	復 彼
阝	3	こざとへん	丘《おか》。盛り土。	陸 降
忄	3	りっしんべん	心。精神作用。	快 悟
扌	3	てへん	手。手の動作。	振 押
犭	3	けものへん	犬。犬に似た動物。	独 犯
氵	3	さんずい	水。液体。	渡 濃
日	4	ひへん	太陽。日時。	暖 暇
月	4	つきへん	月。舟《ふね》。	服 朕
木	4	きへん	木。木材。	桃 栓
歹	4	かばねへん／いちたへん	死。骨。	死 残
火	4	ひへん	火。	灯 燃
礻	4	しめすへん	神。祭り。	礼 祝
月	4	にくづき	肉。人体の部分。	胸 腰
禾	5	のぎへん	穀物。	種 税
衤	5	ころもへん	衣服。	複 補
糸	6	いとへん	糸。織物。	縦 縮
言	7	ごんべん	言葉。	詞 詳
貝	7	かいへん	財宝。金銭。	貯 財
足	7	あしへん	足。足の動作。	路 踏
金	8	かねへん	金属。	鋼 針
食	8	しょくへん	食べること。食べ物。	飯 飼

つくり（旁）＝字の右側にあるもの

部首	画数	よび名	意味	例
刂	2	りっとう	刀。刃物《はもの》で切る。	刻 削
力	2	ちから	力。	効 勤
卩	2	ふしづくり	ひざまずく形。	印 却
彡	3	さんづくり	飾《かざ》り。輝《かがや》き。	影 彫
阝	3	おおざと	国。地域。	郡 郷
寸	3	すん	手。	射 将
攵	4	のぶん／ぼくにょう	うつ。強制する。	救 攻
斗	4	とます	ひしゃく。はかる。	料 斜
斤	4	おのづくり	おの。おので切る。	新 断
欠	4	あくび	口を開ける動作。	歌 欲
殳	4	るまた	殴《なぐ》る。打つ。	段 殴
見	7	みる	見る。	観 視
隹	8	ふるとり	鳥。	雑 難
頁	9	おおがい	頭。	額 頂

かんむり（冠）＝字の上部にあるもの

部首	画数	よび名	意味	例
亠	2	なべぶた	―	京 交
人	2	ひとやね	人。	会 介
冖	2	わかんむり	覆《おお》う。	写 冠
宀	3	うかんむり	家。屋根。	宅 宝
艹	3	くさかんむり	草。	芽 荒
耂	4	おいかんむり	年寄り。	考 老
癶	5	はつがしら	両足を開く。	登 発
穴	5	あなかんむり	穴。	究 窓
罒	5	あみがしら／よこめ	網《あみ》。	置 罪
竹	6	たけかんむり	竹。	節 簡
雨	8	あめかんむり	雨。気象。	雲 雪

あし（脚）＝字の下部にあるもの

部首	画数	よび名	意味	例
儿	2	ひとあし／にんにょう	人。人の体。	元 光
廾	3	にじゅうあし	両手。	弁 弊
心	4	こころ	心。精神作用。	懸 恐
⺗	4	したごころ	心。精神作用。	恭 慕
灬	4	れんが／れっか	火。	照 烈
皿	5	さら	皿。	盛 盟

たれ（垂）＝字の上部から左にたれたもの

部首	画数	よび名	意味	例
厂	2	がんだれ	がけ。石。	原 厚
尸	3	しかばね／かばね	人体。人の尻《しり》。	居 展
广	3	まだれ	家。屋根。	座 床
疒	5	やまいだれ	病気。	痛 癖

にょう（繞）＝字の左から下部に続くもの

部首	画数	よび名	意味	例
廴	3	えんにょう	ひきのばす。進む。	建 延
辶	3	しんにょう／しんにゅう	行く。進む。道。	違 途
走	7	そうにょう	走る。	起 越

かまえ（構）＝字の外側を囲むもの

部首	画数	よび名	意味	例
冂	2	どうがまえ／けいがまえ	―	再 冊
凵	2	うけばこ	上方に開けた形。	出 凶
勹	2	つつみがまえ	抱《かか》え込《こ》む。	包
囗	3	くにがまえ	囲む。	囲 困
弋	3	しきがまえ	棒。道具。	式 弐
行	6	ぎょうがまえ／ゆきがまえ	道路。行く。	街 術
門	8	もんがまえ	門。	関 閉

＊部首は辞書によって異なることがあります。

定期テスト対策

得点アップ！ 予想問題

1
この「**予想問題**」で
実力を確かめよう！

2
「**解答と解説**」で
答え合わせをしよう！

3
分からなかった問題は
戻《もど》って復習しよう！
この本での
学習ページ

スキマ時間で漢字と知識事項を確認《かくにん》！
別冊「**スピードチェック**」も使おう

●予想問題の構成

第1回 予想問題 話し方はどうかな

次の文章を読んで、問題に答えなさい。

解答 36ページ　15分　●7問中　問

続いて気象情報です。気象庁の観測によりますと、千島《ちしま》列島付近では低気圧がⓐ猛烈に発達しています。一方、中国大陸には優勢な高気圧があって、日本付近は強い冬型の気圧配置となっています。上空およそ五千五百メートルには氷点下三十度以下の強い寒気が入っており、日本海側の各地では、これから明日の朝にかけて大雪の恐《おそ》れがあります。特に、東北地方の日本海側から北陸地方にかけては、多い所で七十センチから一メートルの大雪となる所があるでしょう。太平洋側の各地では晴れる所が多くなりますが、空気が非常にⓑカンソウしていますので、火のⓒ取り扱いには十分ご注意ください。あさってからは、暖かい日と寒い日が交互《こうご》に現れるようになるでしょう。

これを一分間で読むのです。①この速さを練習してください。ゆっくりだなあ、あるいは、速いなあと感じるでしょうが、とにかく、この速さをつかんでください。人間の話には、起承転結があり、緩《かん》急《きゅう》があり、強弱があります。重要な部分の話はゆっくり、そうでないところは速くなるのが普通《ふつう》です。そのことを一言で②「話の表情」というとしますと、淡々《たんたん》と一分間に三百字の速さで話すのでは無表情です。無表情の人に魅力《みりょく》がないのと同じように、分かりやすい、聞きやすい、理解しやすい話にはなりません。話の内容に合った表情が必要です。ですから、三百字という速さは土台と考えてください。この速さで話せる土台があれば、話の表情を豊かにし、魅力的な話し方ができるようになります。

これから皆《みな》さんは、教室だけではなく、いろいろな場で発言する機会が増えることと思います。聞き手によく分かるような話し方を工夫《くふう》していきましょう。

（川上《かわかみ》 裕之《ひろゆき》「話し方はどうかな」による）

---

1 ══線ⓐ・ⓒは読み仮名《がな》を書き、══線ⓑは漢字に直しなさい。 ●

2 ①この速さ とは、どのような速さですか。次の□に当てはまる言葉を、文章中から抜《ぬ》き出しなさい。 ●

[Ⅰ]間に[Ⅱ]字を読む速さ。

3 ②話の表情 とは、何を意味していますか。次から一つ選び、記号で答えなさい。 ●

ア　話の内容に合わせた話の長さの変化。
イ　話の内容に合わせた話し方の変化。
ウ　聞き手の様子に応じた話し手の顔の変化。
エ　聞き手の様子に応じた話の題材の変化。

4 この文章で筆者が最も伝えたいことを述べている一文を抜き出し、初めの五字を書きなさい。

1	2	4
ⓐ	Ⅰ	
ⓑ	Ⅱ	
ⓒ	3	

第2回 予想問題 詩の心――発見の喜び

次の文章を読んで、問題に答えなさい。

解答 36ページ　15分　●6問中　問

土　三好達治《みよしたつじ》

①蟻《あり》が
蝶《てふ》の羽をひいて行く
ああ
②ヨットのやう《ヨウ》だ

③庭先などでよく見かける小さな光景。蟻が、蝶の死骸《しがい》を引っ張って地面を移動している――それだけなら、何ということもないでしょう。詩人の目は、それをじっと見つめ、不意に「ああ／ヨットのやうだ」と感じます。無論白く立っている蝶の羽からの連想であり、比喩《ひゆ》ですが、④そこにある発見や驚《おどろ》きが、私《わたし》たちの隠《かく》れた、気づかない詩の心を目覚めさせ、改めて連想や比喩の楽しさを教えてくれます。

〈嶋岡《しまおか》晨《しん》「詩の心――発見の喜び」による〉

1 ①蝶 を声に出して読むとき、何と読みますか。平仮名《ひらがな》で書きなさい。

2 ②ヨットのやうだ について答えなさい。

(1) 「ヨット」は、何をたとえていますか。文章中から十字で抜《ぬ》き出しなさい。

(2) ここで使われている表現技法は何ですか。次から一つ選び、記号で答えなさい。

ア 体言止め　イ 擬人《ぎじん》法　ウ 比喩　エ 反復

3 ③庭先などでよく見かける小さな光景。とは、具体的にどんな光景だと述べていますか。「……光景。」につながるように、文章中から抜き出しなさい。

4 この詩の題名と内容について述べた次の文の□に当てはまる言葉を、考えて書きなさい。

詩の題名は「土」であるが、最後の二行では、「土」の上の光景から「□」の上の光景へと変わっている。

5 ④そこにある発見や驚き は、私たちに何を教えてくれると筆者は述べていますか。文章中から九字で抜き出しなさい。

1	2 (1)	2 (2)	3	4	5
			光景。		

第3回 予想問題　飛べ　かもめ

次の文章を読んで、問題に答えなさい。

解答 36ページ　15分　●6問中　問

　①海沿いに走る鈍行《どんこう》列車の片隅《かたすみ》の席に、少年はいた。冬の初めの、どんよりと曇《くも》った昼過ぎ。車内には、ほんの数人のⓐ人影が、うつむいているだけ。

　少年は黙《だま》って、窓にもたれる。②目が落ち着かない。③誰《だれ》にも言わずに、家を出てきたのだ。もう帰らない、帰りたくない、と、自分に念を押すように思い続ける。

　といって、家出、というほどきっぱりしたつもりでもなかった。課外活動の陸上競技に熱中しすぎて、成績がいくらか下がってきたのを、今朝、母親にやや強く言われて、おもしろくない。深くも考えずに、自由になるお金をありったけかき集めて、行き当たりばったりの列車に乗ったのだ。

　こんなときでも、幼いⓑ頃からの癖《くせ》で、海の見える側へ席を取る。しかし、④放心した目は、何も見ていない。ふと、面目《めんもく》を失《しっ》しないで帰宅するにはどうしたらよかろうと弱気に考え、すぐさままた、何とかなるさ、帰るもんか、と思う。窓ガラスが、少年の息で曇る。ふと、その窓ガラスに、大きなしみのようなものを感じて、少年は目を上げた。

〈杉《すぎ》　みき子《こ》「飛べ　かもめ」による〉

1　――線ⓐ・ⓑの漢字の読み仮名《がな》を書きなさい。

2　①冬の初めの、どんよりと曇った昼過ぎ。とありますが、この情景から、少年のどんな気持ちが読み取れますか。

3　②目が落ち着かない。とありますが、このとき少年は、どのような気持ちでしたか。次から一つ選び、記号で答えなさい。

ア　不安　イ　緊張《きんちょう》　ウ　満足　エ　恐怖《きょうふ》

4　③誰にも言わずに、家を出てきたのだ。とありますが、少年が家を出てきた理由が分かる一文を抜《ぬ》き出し、初めの五字を書きなさい。

5　④放心した目は、何も見ていない　とありますが、このときの少年はどのような気持ちでしたか。次から一つ選び、記号で答えなさい。

ア　海の美しさに感動して、胸がいっぱいになる気持ち。
イ　気ままな旅を一人で楽しむ、のんびりとした気持ち。
ウ　うるさく小言を言う家族から離《はな》れて、せいせいした気持ち。
エ　これからどうしたらよいか分からず、途方《とほう》に暮れる気持ち。

1	2	3	5
ⓐ			
ⓑ		4	

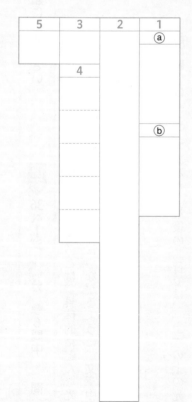

第4回 予想問題　さんちき

次の文章を読んで、問題に答えなさい。

解答 37ページ　15分　●6問中　問

結局、一本の矢の裏と表に、親方とⓐ弟子がいっしょに彫《ほ》ることになった。

三吉《さんきち》のほうは、「き」の字の「こ」だけだから、すぐに彫れた。

それでも、丸みをつけるのに苦労した。親方は、難しそうな字を次々に彫っていく。けっこう楽しそうにやっている。なかなか終わりそうにない。

「親方、はようせんと、物騒《ぶっそう》ですよ。」

「あほう！　ⓑ侍が怖《こわ》くて車大工《くるまだいく》がつとまるか。侍が、命を懸《か》けて幕府だの攘夷《じょうい》だのとやってるんなら、①わしらも命を懸けて車を作ってるんや。ええか三吉、わしらののみの先にはな。」

親方がその次をしゃべるより早く、三吉が後を続けた。

「②四十人の命が懸かってるんでっしゃろ。鉾《ほこ》の上に乗る四十人のはやし方の重みを、この車が支えてるんでっしゃろ。そやから……、ええと、そやから……。あっ、思い出した。のみを動かすときには、一分《いちぶ》たりとも間違《まちが》えたらあかん〔いけない〕のでっしゃろ。」

この車を作り始めてから、同じことをもう五回も聞かされた。

親方が満足そうにうなずいた。

「そのとおりや、車大工は木を削《けず》りながら自分の命を削ってるんや。」

しゃべりながら、どんどん彫り込《こ》んでいく。

「よし、できたぞ。」

見ると、

元治元年甲子五月二十日

と、難しい字が並んでいる。

親方が声を出してゆっくり読んだ。

「げんじがんねん、きのえね、ごがつはつか、つまり、今日のことや。」

〈吉橋《よしはし》 通夫《みちお》「さんちき」による〉

1 ══線ⓐ・ⓑの漢字の読み仮名《がな》を書きなさい。

2 ──線①わしらも命を懸けて車を作ってる　と同じ内容を、別の言葉で表現した部分を文章中から抜き出《ぬ》しなさい。

3 ──線②四十人の命が懸かってる　とありますが、これはどういうことですか。次の□に当てはまる言葉を書きなさい。

車は、鉾の上に乗る四十人の［Ⅰ］の重みを［Ⅱ］ということ。

4 この文章から、親方はどのような人物だと分かりますか。次から一つ選び、記号で答えなさい。

ア　物事を心配しすぎる人。　イ　仕事に誇《ほこ》りを持っている人。

ウ　知識をひけらかす人。　エ　自分の意見を押《お》しつける人。

1	2	3	4
ⓐ		Ⅰ	
ⓑ		Ⅱ	

第5回 予想問題　オオカミを見る目

次の文章を読んで、問題に答えなさい。

解答37ページ　15分　●7問中　問

1 江戸《えど》時代の中頃《なかごろ》、日本人のオオカミに対する見方を一変させる出来事が起こります。それは、海外から入ってきた①狂犬病《きょうけんびょう》の流行です。狂犬病はイヌ科の動物がかかりやすい感染症《かんせんしょう》で、いったん発症すると発病した動物にかまれることによって人にも感染し、数日間で死亡するという恐《おそ》ろしい病気です。狂犬病にかかったオオカミは獰猛《どうもう》になり、何にでもかみつくようになるために、人をもよく襲《おそ》いました。狂犬病のオオカミに襲われた人は、たとえそのときは命を落とさずにすんだとしても、後になって狂犬病を発症し激しく苦しんで死ぬこともあったのです。こうしたことから、オオカミはにわかに忌《い》まわしい動物となっていきました。

2 [　　]、明治時代になると、日本の社会は大きな変革期を迎《むか》えます。国は「富国強兵」をスローガンに近代化・軍国化を急ぎ、積極的に西洋の知識や価値観を取り入れました。そんな中、②オオカミを悪者にしたヨーロッパの童話も入ってきました。うそをついてはいけないという教訓で有名な「オオカミ少年」などいくつかの童話は、当時の教科書にも掲載《けいさい》され、広く普及《ふきゅう》しました。このことがオオカミのイメージをますます悪化させたと考えられます。

3 オオカミに対する見方のこうした変化を背景に、オオカミは害《がい》獣《じゅう》として駆除《くじょ》の対象とされるようになっていきました。更《さら》に、感染症であるジステンパーの流行、開発による生息地の減少、食料であるシカの激減など、③オオカミにとって不利な条件が重なって、日本のオオカミはとうとう絶滅《ぜつめつ》してしまったのです。

4 ところが、現在では、増えすぎたシカによる被害《ひがい》が日本中で問題になっているため、オオカミの絶滅が自然のバランスを崩《くず》し、シカの激増を招いてしまったという反省の声もあるのです。

〈高槻《たかつき》成紀《せいき》「オオカミを見る目」による〉

1 ①狂犬病の流行　によって、オオカミは日本人にどのように見られるようになりましたか。

2 [　　]に当てはまる言葉を次から一つ選び、記号で答えなさい。

ア しかし　イ つまり　ウ そして　エ さて

3 ②オオカミを悪者にしたヨーロッパの童話　は、オオカミのイメージにどのような影響《えいきょう》を与《あた》えましたか。

4 ③オオカミにとって不利な条件　として、三つのことが挙げられています。それは何ですか。簡潔に書きなさい。

5 1〜4の段落のうち、前で述べた内容とは反対の見方を示しているのは、どの段落ですか。

1	2	3	4	5
				段落

第6回 予想問題 碑《いしぶみ》

次の文章を読んで、問題に答えなさい。

解答 37ページ　15分　6問中　問

六日の干潮は、午後二時四十五分でした。生徒たちは、川原に上がり、土手にはい上がりました。

五学級の下野義樹《しものよしき》君は、土手にはい上がったときのことを、こう話しています。

「川の中で板切れにつかまって浮《う》いていました。はい上がってみたら、町はめちゃめちゃで、①僕《ぼく》はもうだめだと思った。しかし、気を取り直して、父や母に会いたい一心で頑張《がんば》った。岸に上がるとき、先生が僕の手を引っ張ってくれた。そして、『君はあまりやけどをしていないから、元気を出して頑張れ。』とⓐ励ましてくださった。いっしょに岸にはい上がって、飲み水を探しているうちに、けがのひどかった先生は、『もう私《わたし》はだめだ、しかし君は頑張れよ。』と言われて離《はな》れ離れになったが、そのとき、②先生としっかり手を握《にぎ》って別れた。」

＊＊

川原から土手に上がってきた生徒たちに、先生は目の見える者は家に帰ってよい、市の中心は燃えているから南の宇品《うじな》か、新大橋《しんおおはし》を渡《わた》って西の己斐《こい》か舟入《ふないり》、江波《えば》の方にⓑ逃げるように指示されました。

③市の外に向けて逃げていく子供たちと反対に、子供たちを気遣《きづか》うお母さんやお父さんが、猛火《もうか》の市内へ入ってきました。

この頃《ころ》になって、人々はようやく、たった一つの爆弾《ばくだん》で、全市が壊滅《かいめつ》したことに気づいたのです。

〈制作・広島テレビ放送　構成・松山《まつやま》善三《ぜんぞう》「碑《いしぶみ》」による〉

1　――線ⓐ・ⓑの漢字の読み仮名《がな》を書きなさい。

2　①僕はもうだめだと思った　とありますが、こう思った下野君が頑張って家に帰ろうとしたのは、どのような思いがあったからですか。文章中から十字で抜《ぬ》き出しなさい。

3　②しっかり手を握って別れた　とありますが、このときの先生は、どのような気持ちでしたか。次から一つ選び、記号で答えなさい。

ア　生徒の面倒《めんどう》を見終わってほっとした気持ち。
イ　自分の生徒に助かってほしいという気持ち。
ウ　助けを呼んでくれることを期待する気持ち。
エ　一人ぼっちになることを不満に思う気持ち。

4　③市の外に向けて逃げていく子供たち　とありますが、これとは対照的な行動として、誰《だれ》がどうしましたか。

5　この文章では、六日の午後の様子が描《えが》かれています。このとき、人々はどのようなことに気づきましたか。

1	2	3	4	5
ⓐ				
ⓑ				

第7回 予想問題

私《わたし》のタンポポ研究

次の文章を読んで、問題に答えなさい。

解答 38ページ　15分　●6問中　問

実験結果をグラフとともに見ていきましょう。*

カントウタンポポの種子は温度ごとに発芽率が異なりました。二十二度以上では急に発芽率が低くなります。また、低い温度でも発芽率が低くなり、四度ではほとんど発芽しません。このことから、七度から十九度の限られた温度のときによく発芽することが分かります。

①セイヨウタンポポの種子は、カントウタンポポとは異なる発芽パターンを示しました。調べた温度では、どの温度でもほとんど同じような発芽率でした。つまり、温度に関係なく発芽する性質を備えているのです。

そして、②雑種タンポポの種子はというと、発芽率は温度により変化しました。高い温度では、二十五度以上になると急に発芽率が低くなります。低い温度でも、七度以下になると発芽率が低下します。このように、カントウタンポポと同様、高い温度では発芽しない性質を備えていたのです。

では、高温で発芽しなかったカントウタンポポや雑種タンポポの種子は生きているのでしょうか。それとも、暑さのためにⓐ枯れてしまったのでしょうか。

そこで、③発芽しなかった種子を最も発芽率の高かった十六度に置いてみました。すると、どちらの種類のタンポポも、種子の大部分がⓑ速やかに発芽したのです。

つまり、カントウタンポポや雑種タンポポの種子には、高温では発芽せずに種子のまま過ごし、適温になると速やかに発芽する性質があったのです。

〈保谷《ほや》 彰彦《あきひこ》「私《わたし》のタンポポ研究」による〉

*グラフは省略しています。

1 ——線ⓐ・ⓑの漢字の読み仮名《がな》を書きなさい。

2 ①セイヨウタンポポの種子 は、どんな性質を備えていますか。

3 ②雑種タンポポの種子 は、どんな性質を備えていますか。

4 ③発芽しなかった……置いてみました について答えなさい。

(1) この実験の目的はどんなことですか。次から一つ選び、記号で答えなさい。

ア 高温で発芽しなかった種子の適温が何度かを調べること。
イ 高温で発芽しなかった種子が生きているのか確認《かくにん》すること。
ウ 高温で発芽しなかった種子の種類をもう一度確認すること。
エ 高温で発芽しなかった種子が寒さに強いことを確かめること。

(2) この実験の結果、カントウタンポポや雑種タンポポにはどのような性質があると分かりましたか。「……性質。」につながるように、書きなさい。

1		2	3	4	
ⓐ	ⓑ			(1)	(2)
					性質。

第8回 予想問題

月夜の浜辺《はまべ》

次の詩を読んで、問題に答えなさい。

解答 38ページ　15分　●5問中　問

月夜の浜辺《はまべ》　中原中也《なかはらちゅうや》

月夜の晩に、①ボタンが一つ
波打際《なみうちぎは》《ギワ》に、落ちてゐ《イ》た。

それを拾つ《ヒロッ》て、役立てようと
僕《ぼく》は思つ《オモッ》たわけでもないが
②なぜだかそれを捨てるに忍《しの》びず
僕はそれを、袂《たもと》に入れた。

月夜の晩に、ボタンが一つ
波打際に、落ちてゐた。

それを拾つて、役立てようと
僕は思つたわけでもないが
　月に向《むか》つ《ムカッ》てそれは抛《はふ》《ホウ》れず
　浪《なみ》に向つてそれは抛れず
僕はそれを、袂に入れた。

月夜の晩に、拾つたボタンは
③指先に沁《し》み、心に沁みた。

月夜の晩に、拾つたボタンは
④どうしてそれが、捨てられようか？

1　①ボタンと形が似たものが詩の中に出てきます。それは何ですか。漢字一字で答えなさい。

2　②なぜだかそれを捨てるに忍びずとありますが、これを言い換《か》えて強調した部分を詩の中から二行で抜《ぬ》き出しなさい。

3　③指先に沁み、心に沁みたで用いられている表現技法を次から一つ選び、記号で答えなさい。

ア　対句《ついく》　**イ**　体言止め　**ウ**　直喩《ちょくゆ》　**エ**　倒置《とうち》

4　「僕」にとってボタンはどのような存在ですか。次から一つ選び、記号で答えなさい。

ア　珍《めずら》しいので記念にしておきたいもの。
イ　なくしたボタンの替《か》わりとなるもの。
ウ　孤独《こどく》を感じさせて共感できるもの。
エ　値打ちがあるので無駄《むだ》にできないもの。

5　④どうしてそれが、捨てられようか？には、「僕」のどんな気持ちが込《こ》められていますか。

1	2	3	4	5

第9回 予想問題

伊曽保物語《いそほものがたり》

次の文章を読んで、問題に答えなさい。

解答 38ページ　15分　●9問中　問

1　ある犬、肉《ししむら》をくはへて川を渡《わた》る。真ん中ほどにて、その影《かげ》水に映りて大きに見えければ、「我《わ》がくはふるところの肉より大きなる。」と心得て、これを捨ててかれを取らむとす。かるがゆゑに、①二つながらこれを失ふ。

そのごとく、重欲心《ぢゆうよくしん》の輩《ともがら》は、他の財《たから》を羨《うらや》み、事に触《ふ》れて貪《むさぶ》るほどに、たちまち天罰《てんばつ》をⓐ被《かうむ》る。我が持つところの財をも失ふことありけり。

2　ある川のほとりに、蟻《あり》遊ぶことありけり。にはかに水かさ増《ま》さりきて、かの蟻を誘《さそ》ひ流る。浮《う》きぬ沈《しづ》みぬするところに、鳩《はと》ⓑこずゑよりこれを見て、②「あはれなるありさまかな。」と、こずゑをちと食ひ切つて川の中に③落としければ、蟻これに乗つて渚《なぎさ》に上がりぬ。かかりけるところに、ある人、竿《さを》の先に鳥もちを付けて、かの鳩をささむとす。蟻心に思ふやう、「ただ今の恩を送らむものを。」と思ひ、④かの人の足にしつかと食ひつきければ、おびえあがつて、竿をかしこに投げ捨ててけり。そのものの色や知る。しかるに、鳩これを悟《さと》りて、ⓒいづくともなく飛び去りぬ。

そのごとく、人の恩を受けたらむ者は、いかさまにもその報《むく》ひをせばやと思ふ志《こころざし》を持つべし。

〈伊曽保物語《いそほものがたり》〉による

1　〰線ⓐ〜ⓒを現代仮名遣《かなづか》いに直し、全て平仮名で書きなさい。

2　①二つながら　とありますが、「二つ」とは何と何ですか。現代語で書きなさい。

3　②あはれなるありさま　の意味を次から一つ選び、記号で答えなさい。

ア　りっぱな様子　　イ　かわいらしい様子

ウ　おもしろい様子　　エ　かわいそうな様子

4　③落としければ　の主語を、漢字一字で書きなさい。

5　④かの人の足にしつかと食ひつきければ　とありますが、蟻がこのようにした理由を簡潔に書きなさい。

6　1と2の物語の教訓はどのような内容ですか。次から一つずつ選び、記号で答えなさい。

ア　宝は大切に扱《あつか》うべきだ。　　イ　あまり欲張るものではない。

ウ　受けた恩は返すべきだ。　　エ　案外動物は義理堅《ぎりがた》いものだ。

1	2	3	4	5	6
ⓐ					1
ⓑ					2
ⓒ					

第10回 予想問題 竹取物語《たけとりものがたり》

次の文章を読んで、問題に答えなさい。

解答 39ページ

15分 ●9問中 問

今は昔、竹取《たけとり》の翁《おきな》といふ者ありけり。野山にまじりて竹を取りつつ、よろづのことにⓐ使ひけり。名をば、さぬきのみやつことなむⓑいひける。

その竹の中に、もと光る竹なむ一筋《ひとすぢ》ありける。①あやしがりて、寄りて見るに、②筒《つつ》の中光りたり。それを見れば、三寸《さんずん》ばかりなる人、③いとうつくしうてゐたり。

〈「竹取物語《たけとりものがたり》」による〉

●　●　●

そのときに、かぐや姫《ひめ》、「しばし待て。」と言ふ。「衣着《きぬ》せつる人は、④心異《こと》になるなりといふ。もの一言、言ひおくべきことありけり。」と言ひて、文《ふみ》書く。天人《てんにん》、「遅《おそ》し。」と⑤心もとながりたまふ。かぐや姫、「⑥もの知らぬこと、なのたまひそ。」とて、いみじく静かに、朝廷《おほやけ》に御文《おほんふみ》⑦奉《たてまつ》りたまふ。あわてぬさまなり。

〈「竹取物語《たけとりものがたり》」による〉

1 〰〰線ⓐ・ⓑを現代仮名遣《かなづか》いに直し、全て平仮名で書きなさい。

2 ①あやしがりて　③いとうつくしうてゐたり　を、それぞれ現代語に直しなさい。

3 ②筒の中　とありますが、竹取の翁はこの中に何を見つけましたか。古文中から八字で抜き出しなさい。

4 ④心異になるなり　とありますが、天《あま》の羽衣《はごろも》を着ると、心はどうなってしまうのですか。次から一つ選び、記号で答えなさい。

ア 落ち着きがなくなる。　イ 人の心を失ってしまう。

ウ 忘れっぽくなる。　エ 前向きな気持ちになる。

5 ⑤心もとながりたまふ　⑦奉りたまふ　の主語を、それぞれ古文中から、⑤は二字、⑦は四字で抜き出しなさい。

6 ⑥もの知らぬこと　とは、どのようなことを指していますか。次から一つ選び、記号で答えなさい。

ア 待つように言ったのに、聞こえないふりをしていること。

イ 身分の高い帝《みかど》の前なのに、いらいらした態度をとること。

ウ 月に帰るのはいつでもいいのに、時間を気にしていること。

エ 別れを惜《お》しむ人間の気持ちを理解せずに、せきたてること。

1		2		3	4	5		6
ⓐ	ⓑ	①	③			⑤	⑦	

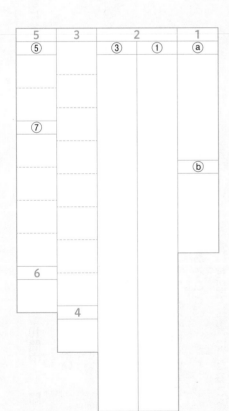

第11回 予想問題

矛盾《むじゅん》「韓非子《かんぴし》」より

次の文章を読んで、問題に答えなさい。

解答 39ページ　15分　10問中　問

楚人《そひと》に盾ⓐと矛ⓑとを鬻《ひさ》ぐ者有り。①之《これ》を誉《ほ》めて曰《い》はく、吾《わ》が盾の堅《かた》きこと、②能《よ》く陥《とほ》すもの莫《な》きなりと。又《また》、其《そ》の矛を誉めて曰はく、「吾が矛の利《と》きこと、物に於《お》いて陥さざる無きなり。」と。或《ある》ひと曰はく、③「子《し》の矛を以《も》つて、子の盾を陥さば、何如《いかん》。」と。④其の人応《こた》ふること能《あた》はざるなり。

〈「矛盾《むじゅん》『韓非子《かんぴし》』より」による〉

1 ══線ⓐ・ⓑの漢字の読み仮名《がな》を書きなさい。

2 ①之を誉めて曰はく　とありますが、言った言葉を抜《ぬ》き出し、初めと終わりの五字を書きなさい。

3 ②能く陥すもの莫きなり　とありますが、これと対照的な言葉を、文章中から十三字で抜き出しなさい。

4 ③子の矛を以つて、子の盾を陥さば、何如。の意味を書きなさい。

5 ④其の人　と違《ちが》う人物を表している言葉を次から一つ選び、記号で答えなさい。

ア 盾と矛とを鬻ぐ者　イ 吾　ウ 子　エ 或ひと

6 現在、「矛盾」は、「物事のつじつまが合わない」という意味の故事成語として使われています。この文章でつじつまが合っていないのはどんなことですか。次の□に当てはまる言葉を後から一つずつ選び、記号で答えなさい。

どんなものでも突《つ》き通せないほど Ⅰ ということと、どんなものでも突き通せるほど Ⅱ ということは、同時に Ⅲ ということ。

ア 賢《かしこ》い　イ 鋭《するど》い　ウ 成り立たない　エ 堅い
オ 鈍《にぶ》い　カ あり得る　キ よくある　ク 薄《うす》い

7 故事成語には、「矛盾」のほかに、次のようなものがあります。故事成語とその意味の組み合わせとして、適切でないものを次から一つ選び、記号で答えなさい。

ア 推敲《すいこう》―詩や文章をよりよくしようとして表現を練り直すこと。
イ 五十歩百歩―とても大きな違いがあること。
ウ 背水の陣《じん》―もう先はないという強い覚悟《かくご》で物事に当たること。
エ 蛇足《だそく》―余計であること。

1	2	3	4	5	7
ⓐ ⓑ	～			6 Ⅰ Ⅱ Ⅲ	

第12回 予想問題 少年の日の思い出

次の文章を読んで、問題に答えなさい。

解答 39ページ　15分　● 5問中 問

チョウを右手に隠《かく》して、僕《ぼく》は階段を下りた。そのときだ。下の方から誰《だれ》か僕の方に上がってくるのが聞こえた。その瞬間《しゅんかん》に①僕の良心は目覚めた。僕は突然《とつぜん》、自分は盗《ぬす》みをした、下劣《げれつ》なやつだということを悟《さと》った。同時に見つかりはしないか、という恐《おそ》ろしい不安に襲《おそ》われて、②僕は本能的に、獲物《えもの》を隠していた手を、上着のポケットに突《つ》っ込《こ》んだ。ゆっくりと僕は歩き続けたが、大それた恥《は》ずべきことをしたという、冷たい気持ちに震《ふる》えていた。上がってきたお手伝いさんと、びくびくしながら擦《す》れ違《ちが》ってから、僕は胸をどきどきさせ、額に汗《あせ》をかき、落ち着きを失い、③自分自身におびえながら、家の入り口に立ち止まった。

すぐに僕は、このチョウを持っていることはできない、持っていてはならない、元に返して、できるなら何事もなかったようにしておかねばならない、と悟った。そこで、人に出くわして見つかりはしないか、ということを極度に恐れながらも、④急いで引き返し、階段を駆《か》け上がり、一分ののちにはまたエーミールの部屋の中に立っていた。僕はポケットから手を出し、チョウを机の上に置いた。それをよく見ないうちに、僕はもうどんな不幸が起こったかということを知った。そして⑤泣かんばかりだった。クジャクヤママユは潰《つぶ》れてしまったのだ。前羽が一つと触角《しょっかく》が一本なくなっていた。ちぎれた羽を用心深くポケットから引き出そうとすると、羽はばらばらになっていて、繕《つくろ》うことなんか、もう思いもよらなかった。

〈ヘルマン・ヘッセ　高橋《たかはし》 健二《けんじ》・訳「少年の日の思い出」による〉

---

1 ①僕の良心は目覚めた　とありますが、これによって「僕」は自分のことをどのように感じましたか。文章中から抜《ぬ》き出しなさい。

2 ②本能的に、獲物を隠していた手を、上着のポケットに突っ込んだ　のは、なぜですか。

3 ③自分自身におびえながら　とありますが、これは、「僕」のどのような気持ちを表していますか。次から一つ選び、記号で答えなさい。

ア チョウをエーミールに返そうと思わない自分に驚《おどろ》く気持ち。
イ 女中に盗みを告白してしまいそうな自分に不安になる気持ち。
ウ 欲望に負けて盗みをしてしまった自分に驚き、恐れる気持ち。
エ 見つからずに盗むことができてしまったことに驚く気持ち。

4 ④急いで引き返し……またエーミールの部屋の中に立っていた　とありますが、「僕」がこうしたのは、何をするためですか。

5 ⑤泣かんばかりだった　とありますが、それはなぜですか。文章中の言葉を使って書きなさい。

1	2	3	4	5

第13回 予想問題

風を受けて走れ

次の文章を読んで、問題に答えなさい。

解答 40ページ　15分　5問中　問

臼井《うすい》の思いは、活動の輪が広がっても変わらなかった。ただ、歩けるようになれば走りたくなり、走れるようになれば、もっと速く走ってみたくなるのが人間というものだ。試合でⓐ競いたいと思い、頂点を目指したくもなる。臼井のもとからは、次々とパラリンピック選手が誕生し、臼井自身もサポートのため現地に赴《おもむ》くようになった。

ただ、①初心を忘れまいとは常々思っていた。パラリンピックに出るような選手が現れても、不安を感じながらも走る気力を奮い起こした初心者を、何よりだいじにしたいというのが臼井の信念だった。

練習会の参加者はますます増え、フィールドいっぱいに広がるほどになった。それでも、臼井はひょうひょうとした態度を変えなかった。大声を張り上げもせず、ことさら目立とうともせず、だが一切《いっさい》手を抜《ぬ》かずに、縁《えん》の下の力持ちに徹《てっ》していた。

「できれば②風みたいに、いるのかいないのか、分からないような存在に。」と彼《かれ》は考えていた。ふと気づくと、選手たちの背中をそっと押《お》している風である。

ⓑ脚を失って、一度は諦《あきら》めた走りを再び取り戻《もど》した人たちも、風のことを口々に語る。

「頰《ほお》を吹《ふ》き過ぎていく風が、何より気持ちよかった。」

「風を感じたのがいちばんうれしかった。」

再び走れるようになった証明。それが「風」なのだ。ただ吹いてくる風ではない。自分で作った風、自分で巻き起こした風である。すると、その瞬間《しゅんかん》、自分の周りがぱあっと輝《かがや》くのだ。

〈佐藤《さとう》 次郎《じろう》「風を受けて走れ」による〉

---

1 ――線ⓐ・ⓑの漢字の読み仮名《がな》を書きなさい。

2 ――①初心 とは、ここではどのような気持ちですか。

3 ――②風 について答えなさい。

(1) 臼井は、風のような存在になりたいと言っていますが、それはどのような存在ですか。次から一つ選び、記号で答えなさい。

ア　つかみどころがないが、力強く選手たちを導く存在。

イ　動き続けているが、いつでも選手たちを見守る存在。

ウ　ありふれているが、選手たちの役に立っている存在。

エ　目立たないが、さりげなく選手たちを励《はげ》ます存在。

(2) 「脚を失って、一度は諦めた走りを再び取り戻した人たち」にとって、風とはどのようなものですか。文章中から十三字で抜き出しなさい。

1		2	3	
ⓐ	ⓑ		(1)	(2)

第14回 予想問題 ニュースの見方を考えよう

次の文章を読んで、問題に答えなさい。

解答 40ページ　15分　●5問中　問

1 編集の例を、更《さら》にいくつか見てみましょう。

2 二〇一八年六月にロシアで行われたサッカーのワールドカップ。毎日のように大きなニュースになりました。とりわけ日本代表チームの試合となると、①このニュースばかりでした。

3 では、この間、世界は平和だったのでしょうか。残念ながら、そうではなかったのです。シリアでもアフガニスタンでも、パレスチナでも、紛争《ふんそう》で大勢の人が命を落としていました。なのに、そのニュースは、ほとんど出てこなかったり、出ても小さな扱《あつか》いだったりしました。

4 視聴者《しちょう》の関心が高い話題はニュースで長い時間取り上げられるけれど、「視聴者はたいして関心を持たない。」とニュース制作者が判断したニュースは、取り上げられなかったり、小さなニュースにしかならなかったりするのです。

5 つまり、取り上げるニュースは制作者が決めているのです。

6 ニュースの制作者が、ある世論調査の結果を取り上げようと決めたとします。そして、昨年の調査では「賛成」が五十九パーセントだったのが、今年は五十一パーセントだったとしましょう。このとき、「半数以上が賛成」と伝えることもできますし、「賛成、八ポイント減」と伝えることもできます。②視聴者が受ける印象は異なりますが、どちらも事実なのです。制作者がどちらを重要視するかによって、伝え方が異なってくるのです。

7 つまり、ある出来事のどのような面に着目してニュースにするかも制作者が決めているのです。

〈池上《いけがみ》 彰《あきら》「ニュースの見方を考えよう」による〉

1 ①このニュースばかりでした とありますが、なぜですか。

2 4段落で述べられていることから、どんなことがいえますか。

3 ②視聴者が受ける印象 とありますが、Ⅰ「半数以上が賛成」、Ⅱ「賛成、八ポイント減」と伝えたとき、視聴者はそれぞれどのような印象を受けますか。次から一つずつ選び、記号で答えなさい。

ア 賛成の人が減った印象を受ける。
イ 賛成の人が増えた印象を受ける。
ウ 賛成の人が多い印象を受ける。
エ 賛成の人が少ない印象を受ける。

4 6段落で述べられている内容は、制作者が何を決めていることを示していますか。

1	2	3	4
		Ⅰ	
		Ⅱ	

第15回 予想問題

トロッコ

次の文章を読んで、問題に答えなさい。

解答 40ページ　15分　●7問中　問

　そのうちに線路のⓐ勾配は、だんだん楽になり始めた。①「もう押《お》さなくともいい。」——良平《りょうへい》は今にも言われるかと内心気がかりでならなかった。が、若い二人の土工は、前よりも腰《こし》を起こしたぎり、黙々《もくもく》と車を押し続けていた。良平はとうとうこらえきれずに、おずおずこんなことを尋《たず》ねてみた。

「いつまでも押していていい？」

「いいとも。」

　二人は同時に返事をした。良平は「優《やさ》しい人たちだ。」と思った。

　五、六町《ちょう》余り押し続けたら、線路はもう一度急勾配になった。②そこには両側のみかん畑に、黄色い実がいくつも日を受けている。

「登り道のほうがいい、いつまでも押させてくれるから。」——良平はそんなことを考えながら、全身でトロッコを押すようにした。

　みかん畑の間を登り詰めると、急に線路は下りになった。しまのシャツを着ている男は、良平に「やい、乗れ。」と言った。良平はすぐに飛び乗った。トロッコは三人が乗り移ると同時に、みかん畑の匂《にお》いをあおりながら、ひた滑《すべ》りに線路を走りだした。「押すよりも乗るほうがずっといい。」——良平は羽織に風をはらませながら、あたりまえのことを考えた。「行きに押すところが多ければ、帰りにまた乗るところが多い。」——そうも考えたりした。

　竹やぶのある所へ来ると、トロッコは静かに走るのをやめた。三人はまた前のように、重いトロッコを押し始めた。竹やぶはいつか雑木林になった。ⓑ爪先上がりのところどころには、赤さびの線路も見えないほど、落ち葉のたまっている場所もあった。その道をやっと登りきったら、③今度は高い崖《がけ》の向こうに、広々と薄《うす》ら寒い海が開けた。と同時に良平の頭には、あまり遠く来すぎたことが、急にはっきりと感じられた。

（芥川《あくたがわ》 龍之介《りゅうのすけ》「トロッコ」による）

1　——線ⓐ・ⓑの漢字の読み仮名《がな》を書きなさい。

2　①「もう押さなくともいい。」……気がかりでならなかった。とありますが、良平はなぜ、「もう押さなくともいい。」と言われると思ったのですか。

3　②そこには……いくつも日を受けている。③今度は……薄ら寒い海が開けたとありますが、このときの良平の心情を次から一つずつ選び、それぞれ記号で答えなさい。

ア　満足　イ　退屈《たいくつ》　ウ　興奮　エ　不安　オ　恐怖《きょうふ》

4　トロッコに対する良平の気持ちはどのように変化していきましたか。□に当てはまる言葉を、文章中から抜《ぬ》き出しなさい。

トロッコをいつまでも［Ⅰ］いたい。→ 押すよりも［Ⅱ］ほうがずっといい。→ 帰りに乗るのも楽しみだ。

1	2	3	4
ⓐ		②	Ⅰ
ⓑ		③	Ⅱ

教科書ワーク 国語 特別ふろく①

無料アプリ

どこでもワーク

こちらにアクセスして，ご利用ください。
https://portal.bunri.jp/app.html

スキマ時間で国語の知識問題に取り組めるよ！

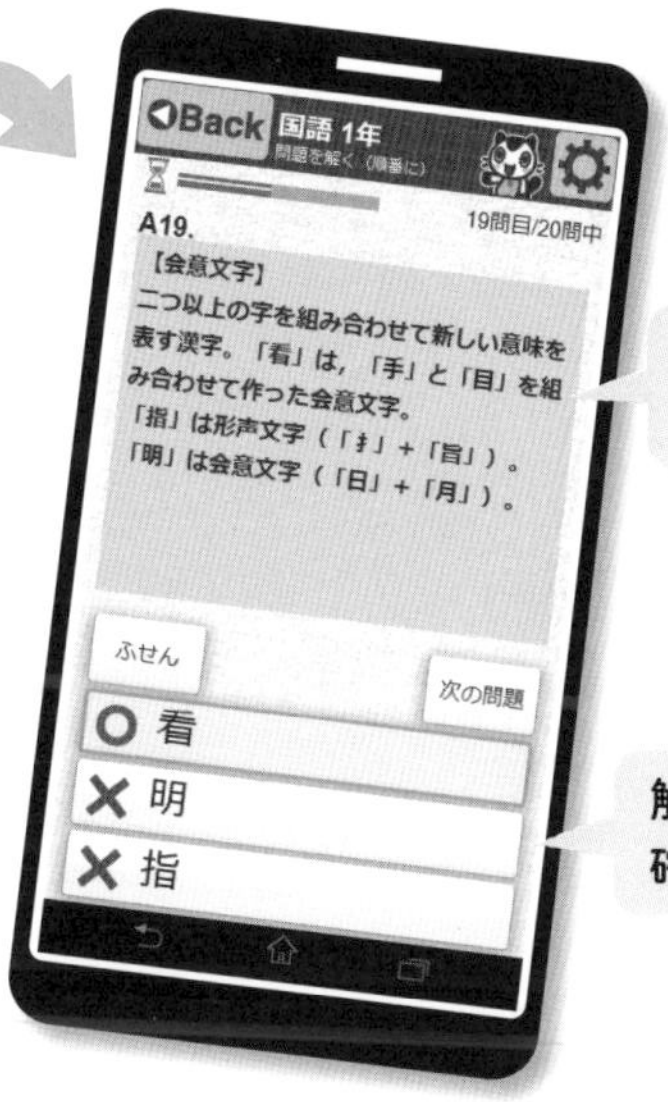

丁寧な解説つき！

解答がすぐに確認できる！

間違えた問題は何度もやり直せるよ！

無料ダウンロード

ホームページテスト

無料でダウンロードできます。表紙カバーに掲載のアクセスコードを入力してご利用ください。
https://www.bunri.co.jp/infosrv/top.html

問題▶

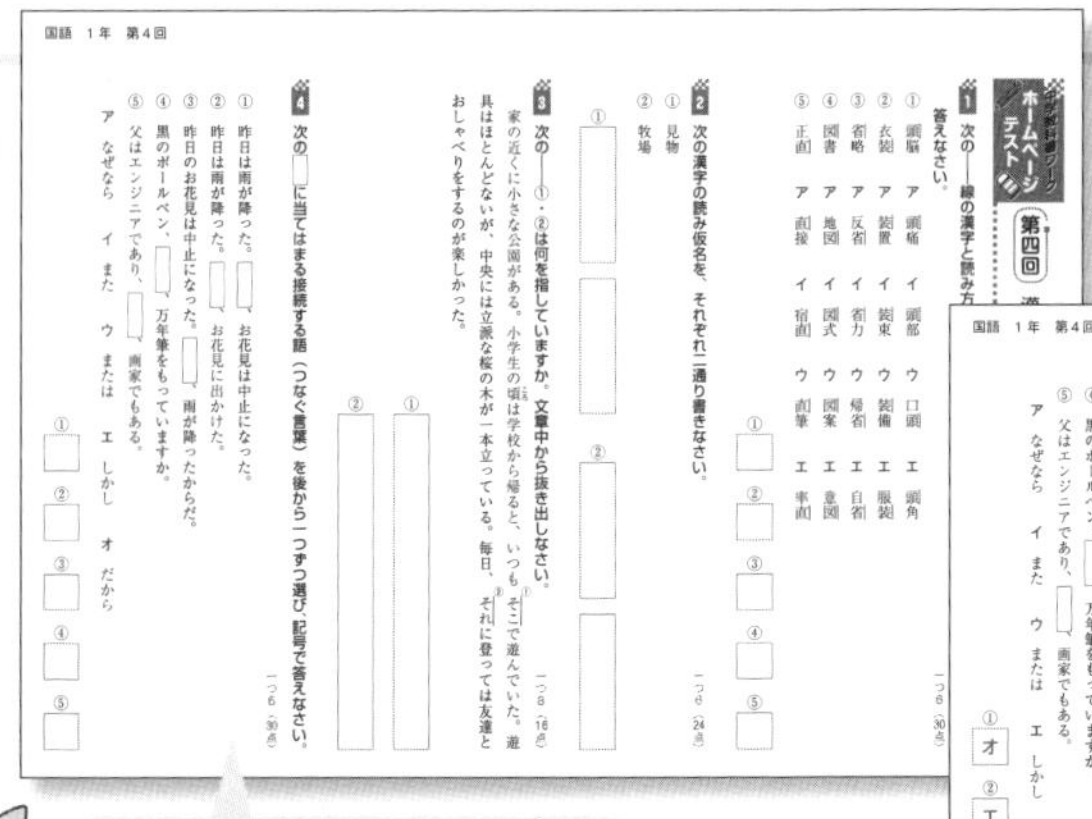

▼解答

解答が同じ紙面にあるから採点しやすい

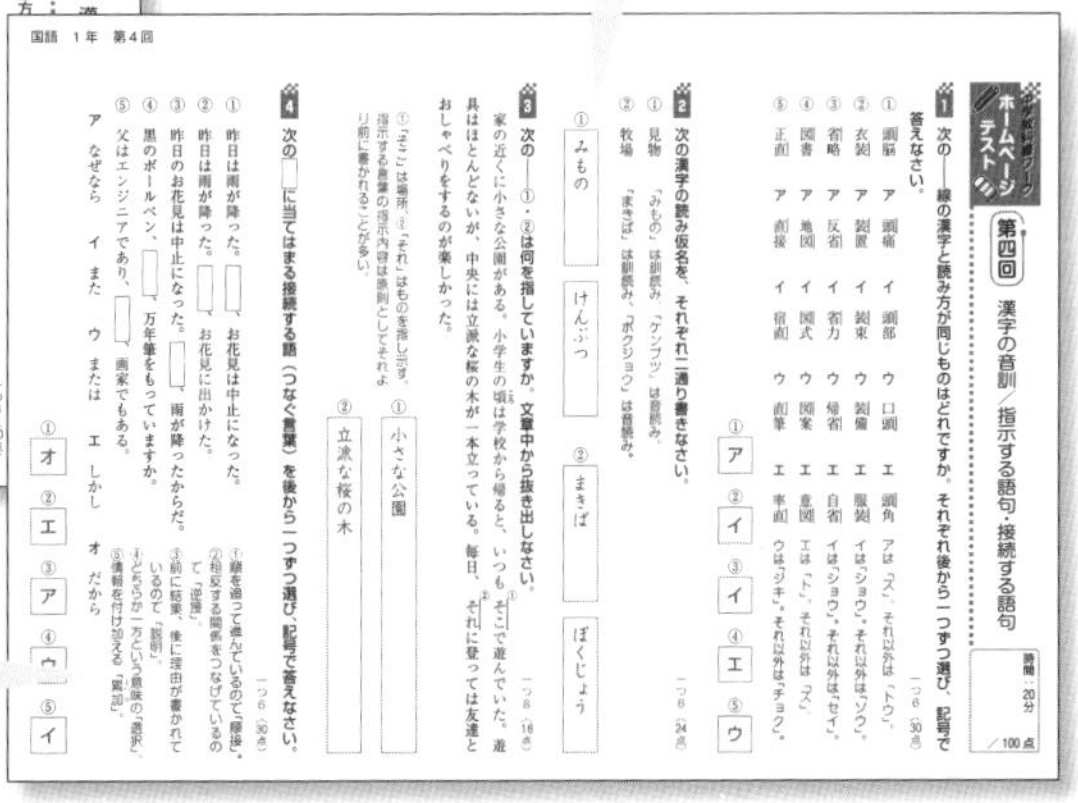

文法や古典など学習内容ごとにまとまっていて取り組みやすい！

解説も充実！

注意 ●アプリは無料ですが，別途各通信会社からの通信料がかかります。
● iPhone の方は Apple ID，Android の方は Google アカウントが必要です。対応 OS や対応機種については，各ストアでご確認ください。
●お客様のネット環境および携帯端末により，アプリをご利用いただけない場合，当社は責任を負いかねます。ご理解，ご了承いただきますよう，お願いいたします。

中学教科書ワーク 解答と解説

風の五線譜《ごせんふ》

2〜3ページ ステージ1

教科書の要点

❶ イ・イ
❷ 五線譜・音符
❸ ①形　②音　③曲

おさえよう 〔順に〕ア・イ

★基本問題

1 ①小さな　②まるい　③黄色い
2 擬人法
3 ウ

★解説

1 対句《ついく》は、似た構成で、意味も対応する語句を並べて、読み手の興味をひきつける表現技法である。第二連〜第四連は、「〇〇〇葉っぱ」という構成になっている。また、大きさ、形、色について対応する語句が対になって連ができており、さまざまな個性を持った葉っぱの様子が表されている。第五連の「みんな／ちがった音を出している」と、第六連の「みんなで／きれいな曲を奏《かな》でている」も対句である。

3 **重要** 作者は、葉っぱたちの個性と、全体の調和のすばらしさを表現している。

この「解答と解説」は、**取りはずして**使えます。

国語1年 東京書籍版

話し方はどうかな／日本語探検1 音声の働きや仕組み

4〜5ページ ステージ1

漢字と言葉

1 ❶おおあせ　❷おそ　❸じっきょう　❹ちゅうけい　❺まんるい　❻は・かえ　❼と　❽こ　❾もうれつ　⑩かんそう　⑪と・あつか　⑫たんたん
2 ❶原稿　❷交互　❸普通　❹挟　❺皆　❻抜
3 ❶イ　❷ア　❸ウ
4 ❶四　❷三　❸三

教科書の要点 話し方はどうかな

❶ 速さ・表情
❷ ①中継放送（別解 実況）　②気象
❸ ①実況　②基準　③強弱　④土台　⑤工夫

おさえよう 〔順に〕ア・イ

6〜7ページ ステージ2

❶
1 ア
2 速すぎる・遅すぎる〔順不同〕
3 ウ
4 例えば、あ

❷
1 一分間に三百字
2 起承転結・緩急・強弱〔順不同〕
3 例 話の内容に合った表情をつけること。

❶ 解説

2 原因について述べられている部分に、「声量の不足、つまり声が小さすぎるということがあるかもしれませんが」と書かれている。この「あるかもしれませんが」という表現に着目すると、筆者はこのことを苦い体験の主な原因とは考えていないと分かる。その直後に述べられている、話し方が速すぎるか遅《おそ》すぎるかという点のほうが聞き取りやすさに関係すると考えているのだ。文中の内容のつながり方に注意して筆者の主張を読み取ろう。

3 直前の「話は、速さによって聞き取りにくくも、聞き取りやすくもなります。」という部分に注目すると、ウが正解だと分かる。その前に「声量の不足……があるかもしれませんが」とあるが、筆者がより強調しているのは、話し方が速すぎるか遅すぎるかという、話の速さと聞き取りやすさについてであることを捉《とら》えよう。

4 指示語が指し示す部分は、直前にあることが多い。指示語の内容を探すときは、すぐ前の部分から探していこう。

❷

2 **重要** 「話の表情」とは、話にある起承転結、緩急《かんきゅう》、強弱をたとえた表現である。「重要な部分の話はゆっくり、そうでないところは速くなるのが普通《ふつう》です。」という記述は、「話の表情」のうちの「緩急」について、詳《くわ》しく説明している。

3 **記述対策**

- **考え方**…筆者は、「一分間に三百字の速さ」であっても淡々《たんたん》と話すのでは「無表情」であると述べている。これは、一分間に三百字は、最も聞き取りやすい速さだが、これだけでは、「聞きやすい、理解しやすい」ものにはならないことを示している。ほかに「話の内容に合った表情」をつけることが必要だと述べていることを捉えよう。
- **書き方**…「どのようなこと」と問われているので、「……こと。」で終わるように書く。

詩の心——発見の喜び

8～9ページ ステージ1

❶ **漢字と言葉**
❶すなお ❷そぼく ❸ぎこう ❹ゆうぜん ❺かく
❻しんせん ❼おどろ ❽なみだ ❾つ ❿けっかく
⓫さんじっさい（さんじゅっさい） ⓬ひゆ

❷ ❶新鮮 ❷死骸 ❸真剣 ❹隠 ❺涙 ❻驚

❸ ❶イ ❷ウ ❸ア

教科書の要点

❶ イ・イ

❷ 蟻・蝶・直喩

❸ ①旅 ②命 ③驚く ④連想 ⑤発見

おさえよう 〔順に〕イ・ア

10～11ページ ステージ2

❶ 1 (1) イ
(2) ウ
2 例雲がゆっくりと動いている様子。
3 雲・おうい雲よ
4 ア

❷ 1 イ
2 鳴いてる
3 例読者に「泣く」という意味も連想させたいから。
4 ウ
5 エ
6 自身の短命を予感した作者の痛ましい実感

❶ 解説

1 (1) 「おうい雲よ」は、雲に呼びかけている表現である。
(2) 雲を見ているおおらかな気持ち表すために、ゆっくりと朗

読するとよい。

2 記述対策
・考え方…「ゆうゆうと」は漢字で表すと「悠々《ゆうゆう》と」となる。ゆっくりと落ち着いた様子を表す言葉である。
・書き方…「何」の「どんな様子」を表しているかが問われているので、「何」＝「雲」、「どんな様子」＝「ゆっくりと動く様子」は必ず入れて書く。「悠然とした様子」などでもよい。文末は「……様子。」とする。

3 ゆっくりと動いていく雲を眺《なが》めていて、思わず「おうい雲よ」と呼びかけたくなるのは、誰《だれ》もが感じることである。

4 空を漂《ただよ》う雲の様子は、詩の読者に気ままな旅への願望を思い起こさせる。こうした点がこの詩の魅力《みりょく》なのである。イは、「美しく雄大《ゆうだい》な自然の姿」という点が読み取れないので誤りである。ウは、雲は「弱いもの」「小さいもの」に当たらないので誤りである。エは、「自然豊かな地方の生活」は詩の内容に当てはまらないので誤りである。

❷

1 「鳴いてる」という表現があるので、イの「聴覚《ちょうかく》」を用いて物事を捉《とら》えていると分かる。詩の中では虫の姿は直接的に描《えが》かれていないので、アの「視覚」を主に用いているとはいえない。

2 詩の一行目と三行目の終わりに「鳴いてる」という表現が繰《く》り返《かえ》されているのに注目する。こうした反復の表現は、詩にリズムを与《あた》える効果がある。

3 記述対策
・考え方…一行目と三行目は「鳴いてる」と漢字が使われているが、二行目の「ないておかなければ」だけ平仮名《ひらがな》で表されている。「鳴く」以外の「泣く」などの意味も読者に想像させたいから、このような表記にしたのだと考えられる。
・書き方…「なぜだと考えられますか」と問われているので、文末は「……から。」などとする。

4 重要 「涙《なみだ》をさそわれる」と表現したときの作者の気持ちを考えるには、作者がどんな境遇《きょうぐう》にあったのかを考えるとよい。この詩の作者は、結核《けっかく》という病気にかかっており、自分は長く生きられないと感じていた。だから、冬が来れば死んでしまう虫が懸命《けんめい》に鳴いている声に感情移入し、より悲痛に感じたのである。したがって、ウが正解。

6 「この詩には、……も籠《こ》もっています。」という言葉を手がかりに、詩に込《こ》められた作者の気持ちを捉える。「痛ましい」は、見ていられないほどかわいそうで、心が痛むという意味である。

文法の窓1 文法とは・言葉の単位

12～13ページ ステージ1

教科書の要点

❶ ①単位 ②段落・文節
❷ ①談話 ②一字 ③働き
❸ イ
❹ ウ
❺ ①東京は／日本の／首都で／ある。
②花壇に／きれいな／花が／咲いて／いる。

基本問題

1 3
2 3
3 朝露とは、朝、草木に付く水滴のことである。これは、風のない晴れた夜に発生する。すぐに消えてしまうため、はかないもののたとえとしても使われる。
4 ①私は、／毎日／一時間ほど／勉強する。
②その／靴は、／まだ／とても／新しい。
5 ①夏休み／に／友達／と／海水浴／に／行く。
②私／は／毎朝、／家／の／前／を／掃除する。
③向こう／に／見える／山／は、／富士山／です。
④今／なら、／まだ／間に合い／そうだ。
⑤私／は、／通学路／で／話しかけ／られ／た。

6
⑥食べ物／を／たくさん／買お／う。
①犬が／えさを／食べ始める。
②空に／白い／雲が／浮かんで／いる。
③姿勢を／正した／ほうが／食べやすい。
④明日、／台風が／来るようだが／こわく／ない。
⑤鳴き声を／聞けば、／鳥の／種類が／分かる。
⑥山頂に／着いてから、／弁当を／食べた。

漢字道場1　活字と書き文字・画数・筆順

14〜15ページ　ステージ1

漢字

1 ❶ふでづか　❷ちが　❸げんかん　❹しばふ　❺げか　❻ぼうせんぶ　❼おとめ　❽こっきしん　❾きゅうどう　❿うじがみ　⓫きじょう　⓬らんおう　⓭かわせいひん　⓮じびか　⓯さんかくす　⓰にゅうか　⓱ぶんぴつ
2 ❶分泌　❷傍線部　❸玄関　❹克己心　❺違　❻筆遣

教科書の要点

1 ①明朝体　②見出し　③教科書体
2 ①画数　②筆順（別解 書き順）
3 ①イ　②エ　③オ　④ア　⑤ウ

基本問題

1 ①ウ　②エ　③イ
2 ①イ　②エ　③ア
3 ①七　②七　③五　④四　⑤六　⑥八　⑦六　⑧七　⑨四　⑩九
4 ①エ　②ア　③イ　④エ
5 ①イ　②ア　③ア　④イ
6 ①一　②五　③十　④一　⑤三　⑥五

解説

2 ①ゴシック体は、縦横の線の太さがほぼ同じという特徴《とくちょう》がある。②教科書体は、「はらい」や「とめ」などの形が手書きの文字に近いという特徴がある。③明朝体《みんちょう》は、縦線は太く、横線は細いという特徴を持つ書体である。
3 ②こざとへん、③しんにょう（しんにゅう）、⑥えんにょうは全て画数が三画の部首。
4 ①エ「乙」は一画、そのほかは三画の漢字である。②ア「求」は七画、そのほかは六画の漢字である。③イ「糸」は六画、そのほかは五画の漢字である。④エ「都」は十一画、そのほかは十画の漢字である。

飛べ　かもめ

16〜17ページ　ステージ1

漢字と言葉

1 ❶どんこうれっしゃ　❷ひとかげ　❸は・つ　❹たよ　❺いくじ　❻しだい　❼ふ・む　❽ゆくえ　❾なま　❿ひとみ　⓫と・もど　⓬にじ
2 ❶僕　❷握　❸曇　❹頃　❺甘　❻砂浜
3 ❶ウ　❷イ　❸ア

教科書の要点

1 ①冬　②鈍行列車　③かもめ
2 〔右から順に〕2・5・1・4・3
3 ①おもしろくない　②赤面　③意志　④負けるな　⑤光　⑥虹

おさえよう　〔順に〕ア・イ

18〜19ページ　ステージ2

1 1 方向・速度

2 例1 かもめが外で自分の力で羽ばたいているのに対し、自分は暖かい列車の中にのんびり座っていることに気づいたから。
例2 かもめは懸命に自分の力で羽ばたいているのに、自分は列車の中にのんびり座っていることが恥ずかしかったから。
3 自分の意志と力
4 イ
5 意気地なし

❷
1 エ
2 例1 かもめの姿に感動する気持ち。
例2 かもめの頑張りをほめたい気持ち。
3 イ
4 頑張ろう・晴れやか

❶解説

1 「錯覚《さっかく》」とは、感覚が事実ではないことを間違《まちが》って受け取ることをいう。紙切れか何かが窓に貼《は》り付いているのではないかという錯覚が起こったのは、かもめが列車と同じ方向に、同じ速度で羽ばたいていて、見える位置が全く変わらなかったからである。

2 記述対策
- **考え方**…少年は暖かい列車の中にのんびり座《すわ》っていた。一方、かもめは寒い外で懸命《けんめい》に自分の力で羽ばたいていた。この対照的な事実に気づいて、少年は自分が恥《は》ずかしくなって、赤面したということを押《お》さえる。
- **書き方**…「なぜですか」と問われているので、文末は「……から。」などにする。

4 懸命に羽ばたくかもめの姿に感動した少年が、夢中になって鳥を見ているときの気持ちを捉《とら》える。傍線《ぼうせん》部の後に「頑張《がんば》れ」とあるので、かもめを思わず応援《おうえん》する気持ちになっているのである。

5 少年は、寒い外で必死に羽ばたくかもめを見て、いやなこと(課外活動に夢中になりすぎて成績が落ちたと母親に言われたこと)に向き合わず、家を出てきてしまった自分を「意気地《いくじ》なし」と感じたのだ。

❷
1 ものを見た後、しばらく目にその像が残る現象を残像という。ここでは、かもめが少年に強い印象を与《あた》えたことを「残像」という言葉で表現している。

2 記述対策
- **考え方**…直後にある「あいつは、よくやった。」という言葉から、少年はかもめをほめたたえていることが分かる。これを手がかりに考える。
- **書き方**…文末が「……気持ち。」となるように解答する。「感動する気持ち」「心を打たれる気持ち」「頑張《がんば》りをほめたい気持ち」などが書いてあれば正解である。

3 **重要** 少年はかもめの姿に感動し、自分も、自分の力で精いっぱい生きようという気持ちになった。その気持ちが、列車を降りて自分の足で走って帰ろうという考えにつながったのである。

4 直前にある一文に着目する。「瞳《ひとみ》に光を取り戻《もど》して」や「勢いよく立ち上がった」などの様子や行動には、かもめの姿に勇気づけられ、やる気を取り戻した少年の心情が表されている。虹《にじ》は、少年の心が晴れやかになったことを表しているといえる。

さんちき

20〜21ページ ステージ1

漢字と言葉

1 ❶しば ❷ほ ❸ぶっそう ❹ひび ❺あわ ❻だま ❼たお ❽なまつば ❾するど ❿にく ⓫うで ⓬から
2 ❶肝心 ❷腰 ❸押 ❹伸 ❺削 ❻叫
3 ❶ウ ❷ア ❸イ

教科書の要点

1 ①江戸 ②京都
2 ①三吉 ②親方
3 ①エ ②イ

❹ ①できあがり ②必死 ③無念 ④車 ⑤百年 ⑥さんちき

おさえよう 〔順に〕イ・ア

22〜23ページ ステージ2

❶
1 エ
2 イ
3 口うるさい
4 大きな車
5 任せてくれた

❷
1 (1) ア
(2) 一本の矢
2 ウ
3 例自分の名前を彫る

❶解説

1 ため息は、失望や心配、感心したときなどに思わず出るものである。直後に「ほんまに、ええできあがりや。」とあるように、ここでは、三吉《さんきち》は自分の作った矢のできばえに満足して、何度もため息をついているのである。

3 親方が作業の中で「細かい注意」をするのは、車大工《くるまだいく》の仕事が精密さを必要とするものだからである。しかし、三吉は親方のそうした「細かい注意」の意味を理解しておらず、「口うるさい」と感じているのである。

5 「初めて必死でやった」、そして、いつもは半分しか聞いていなかったのに「親方の細かい注意も真面目に聞いた。」という三吉の行動の変化は、初めて仕事を任されたことのうれしさが動機になっていると考えられる。

❷

1 (1) 傍線部《ぼうせん》には、「そこら中走り回って叫《さけ》びたかった。」という三吉の心の中の叫びが表されている。自分も加わって作り上げたということへのうれしさが素直《すなお》に表現されている。

2 重要 矢が実際に白く輝《かがや》いていたのではない。鉾《ほこ》の車作りという大仕事に自分が加わり一本の矢を仕上げたことを誇《ほこ》らしく思う気持ちが三吉にあったため、矢が白く輝いて見えたのである。

3 車大工は、自分が気に入った車が作れたとき、そっと自分の名前を彫《ほ》っておく。三吉はそれをまねて自分も作った矢に自分の名前を彫ろうとした。もちろん、気に入った矢ができたからである。しかし、昼間に彫ると親方に怒鳴《どな》られると思ったので、夜の間に彫ろうとして起き出してきたのである。

24〜25ページ ステージ3

✪
1 ウ
2 侍たちは、何
3 ①町人の暮らし ②祇園祭り
4 ア 5 エ
6 例1腕のいい車大工になろうと強く決意する気持ち。
例2絶対に立派な車大工になってみせるという気持ち。
7 三吉・車大工

✪解説

2 重要 親方は、侍《さむらい》と車大工《くるまだいく》は対照的な生き方をしていると考えている。どちらも刃物《はもの》を使う立場だが、侍は刀で殺し合いをして何も残さないが、車大工はのみを使って車を残すのである。自分よりも長生きする車を作れることに、親方は車大工の仕事の誇《ほこ》らしさを感じているのである。

4 「きっと腕《うで》のええ車大工やったんやろなあ」という言葉は、親方が三吉《さんきち》の作った矢のできばえを、百年後の人の言葉にたくしてほめたものである。三吉なら百年先にも残っていく車を作る車大工になれるという期待が込《こ》められている。

5 この場面では、三吉に、自分は百年先にも残っていく物を作っているのだという車大工としての自覚が芽生える。三吉の気持ちの変化を表す会話や行動に注意して読むとよい。親方から「腕のええ車大工」と言われた三吉は照れくさいもののうれしかった。

そして、立派な車大工になりたいという希望が湧《わ》いてきたのだ。

6 記述対策

・考え方…「思い切り」や「ひと吹《ふ》きで」という表現に着目し、そこから三吉の気持ちの強さを読み取る。

・書き方…「腕のいい車大工になる」「立派な車大工になる」など、三吉が決意した内容が分かるように書く。

7 「さんちき」は、三吉が車に彫《ほ》った名前で、順番を間違《まちが》えていることから、今のそそっかしく未熟な三吉の状態を表している。

方で「さんちき」は、親方が三吉にした話の中に出てきたように、百年先にも名前が残る立派な車大工を象徴《しょうちょう》する言葉でもある。

話を聞いて質問しよう

26～27ページ ステージ1

教科書の要点

1 ①キーワード（別解だいじな言葉）・見出し ②記号・一文字目

2 ①聞き取れなかった・知りたいこと ②共通点

3 (1) 自然 (2) イ

基本問題

1 ウ

2 (1) ①例楽しいか ②例どんな料理
(2) 「ファイヤースターター」とは、どんな道具ですか。

3 イ

解説

1 「見たことのない植物や虫と出会えたり」とあるので、ウが当てはまる。

2 (1) ①早紀《さき》さんのいちばん最初の質問に注目する。①の前に「どんなところが」とあることを手がかりにして、当てはまる言葉を考える。②インタビューでは、「どんな」などの言葉を使って詳《くわ》しく知るための質問をするとよい。

(2) 重要 早紀さんが、優太《ゆうた》君の言った「ファイヤースターター」という道具に興味を持ち、更《さら》に詳しく知ろうとして質問していることを読み取る。インタビューでは、自分が聞きたいことだけを質問するのではなく、相手の答えの分からないところ、詳しく知りたいことも質問して話を聞くようにする。こうすると、インタビューを受ける人は、自分の話に興味を持ってもらっていると感じて、話しやすくなるのである。

3 早紀さんは「なるほど。」や「わあ、それは便利ですね。」など、相手の話の内容に反応しながら話を聞いている。また、用意したさまざまな質問を優太君の話の流れに沿うタイミングで質問している。したがって、イが正解である。

日本語探検2 接続する語句・指示する語句

28～29ページ ステージ1

漢字

1 ❶ねぼう ❷いっぱんてき ❸ことがら ❹ぶさた

2 ❶根拠 ❷一般的 ❸寝坊 ❹事柄

教科書の要点

1 ①関係 ②こそあど

2 ①だから ②だけど ③つまり ④例えば ⑤それから ⑥さて

3 ①それ ②あそこ ③こちら ④ああ ⑤どの

基本問題

1 ①だから ②つまり ③したがって

2 ①エ ②ウ ③イ

3 ①だけど ②例えば ③なぜなら

4 ①これ ②どっち ③あそこ

5 ①魚 ②大阪市 ③箱根

6 ①この ②どこ ③その ④どちら（別解どっち） ⑤あの

3 解説
文と文の関係を考え、当てはまる接続する語句を見つけよう。①二文目は予測に反する内容が述べられている。②一文目の「湖」の例として、二文目に「山中湖《やまなかこ》」が挙げられている。③二文目では一文目の原因・根拠《こんきょ》が示されている。

オオカミを見る目

30〜31ページ ステージ1

漢字と言葉

1 ❶かしこ ❷しょうちょう ❸とら ❹おそ ❺おそ ❻ぼくちく ❼きばん ❽いなさく ❾ぼくめつ ❿かんせんしょう ⓫ふきゅう ⓬おくびょう

2 ❶栽培 ❷被害 ❸三匹 ❹爽 ❺祈 ❻崩

3 ❶イ ❷ア ❸ウ

教科書の要点

1 (1) オオカミ (2) ①悪 ②神

2 ①エ ②ア ③ウ

3 ①日本 ②昔 ③牧畜 ④キリスト教 ⑤米（別解稲作） ⑥神 ⑦狂犬病 ⑧影響

おさえよう 〔順に〕ア・イ

32〜33ページ ステージ2

✪
1 ア **2** 生活の糧
3 ヒツジ・殺す
4 エ
5 例オオカミは、人々が育てた稲を食べるイノシシやシカを殺してくれるから。
6 オオカミ・神
7 3・5 〔順不同〕
8 ウ
9 ①ヒツジ ②キリスト教 ③悪魔（別解魔物） ④米 ⑤神

✪解説

1 1段落では、問題を提示している。「……考えてみましょう。」と呼びかける言い方で、読み手を引き込《こ》む工夫《くふう》がされていることも押《お》さえる。

3 ヨーロッパの農業の在り方を読み取ろう。そして、ヒツジが生活の糧《かて》であり、オオカミはヒツジを殺す動物であるという事実関係を読み取ろう。

5 記述対策
・**考え方**…日本の農業の在り方を考えよう。日本では稲作《いなさく》が中心だった。その稲《いね》を食べるのがイノシシやシカであり、そのイノシシやシカを食べるのがオオカミである。こうした関係から、オオカミは味方と考えたのである。
・**書き方**…「なぜですか」と問われているので、文末が「……から。」「……ので。」などで終わるように書く。

7 重要 「このように」や「つまり」といった語句は、前の内容をまとめるときに使われる言葉である。

8 1段落は問題の提示、2・3段落はヨーロッパにおけるオオカミのイメージについて、4・5段落は日本におけるオオカミのイメージについて述べられている。接続する語句に注意し、段落どうしの関係を読み取るとよい。

34〜35ページ ステージ3

✪
1 (1) 狂犬病の流行 (2) 忌まわしい動物
2 悪者・教科書
3 イ
4 自然のバランス・激増

5 例農業の在り方が違っていたから。

6 ウ

7 人の考えや行いは、置かれた社会の状況によって異なりもするし、また変化もしうるのだということ

解説

1 (1) ――線①の後にある「それは」の「それ」は、――線①の内容を指し示している。したがって、「それは」の後に述べられていることに着目するとよい。

3 オオカミの「天敵となる動物」については述べられていないので、イは当てはまらない。

5 記述対策

・**考え方**…直前の「ために」を手がかりに、日本とヨーロッパの農業の在り方の違《ちが》いが理由であることを読み取る。

・**書き方**…オオカミに対する見方が正反対になった理由となるように「……から。」などの形でまとめる。

7 **重要** 最後の段落では、「人の考えや行い」が社会の状況《じょうきょう》によって異なりもし、また変化もすることが述べられている。これは、「オオカミのイメージ」より更《さら》に広い視点で捉《とら》えた意見であり、筆者が文章を通して最も言いたいことである。

調べて分かったことを伝えよう 「食文化」のレポート

36～37ページ ステージ1

基本問題

1 ⓐウ ⓑア

2 事実・考えたこと

3 例1時間の順。
例2古い時代から新しい時代の順。

4 (「) 醤油をうすめてウナギにかけ、少し火にあぶるか熱湯でぬぐってから切ったもの (」)

5 イ

6 エ・オ

解説

1 レポートは基本的に、テーマ→調査方法→調査結果→考察→参考資料という構成で書くとよい。

3 見出しやキーワードに注目して、どのような順になっているか読み取る。調査結果の(1)では、かば焼き以前のウナギの食べ方について、(2)では、かば焼きの始まった時期について述べられていて、(3)は、ウナギの現在の状況《じょうきょう》について述べられており、**時間の順**に載《の》せてあることが分かる。

4 参考資料から引用する際は、「」(かぎ括弧《かっこ》)を付けて、自分の意見ではないことをはっきりと示す必要がある。また、(「ウナギと日本人」、164ページ)と出典を示しているところからも引用した部分だと分かる。

5 **重要** 表やグラフを用いると、レポートの内容を分かりやすく伝えることができる。シラスウナギの国内採捕《さいほ》量が減少していることは、**時間に応じた変化の推移を表すのに適している折れ線グラフ**で表すと分かりやすい。このほか、棒グラフは、量の比較《ひかく》をするのに適している。円グラフや帯グラフは、割合の比較がしやすいという特徴《とくちょう》がある。

6 レポートでは、いつからウナギがかば焼きで食べられるようになったのかが述べられている。作り方について詳《くわ》しく説明しているわけではないので、**エ**が内容に合わない。また、自分の考えは調査結果の中ではなく、考察で述べているので**オ**は適切でない。調査結果は三つに分けられているので、**ア**は合っている。考察の中で「最初に予想したよりもずっと昔からある食べ方だと分かった」とあるので、**イ**も合っている。考察では、ウナギの食べ方を食の伝統という文化的な視点から述べているので、**ウ**も合っている。

文法の窓2 文の成分・連文節／漢字道場2 音読み・訓読み

38〜39ページ ステージ1

漢字

1 ❶もも ❷か・そな ❸びんせん ❹そっこう ❺ぞうげ ❻ゆうしゅう ❼けっさく ❽ぬぐ

2 ❶基礎 ❷幻覚 ❸泡 ❹汚

教科書の要点 文法の窓2

1 文節・役割

2 ①主語 ②述語 ③修飾語 ④接続語 ⑤独立語

3 ①文の成分 ②述部 ③修飾部〔②・③は順不同〕

4 ①主・述 ②修飾・被修飾 ③接続 ④並立 ⑤補助

基本問題 文法の窓2

★ ①ア・ウ・イ ②オ・イ・ア ③エ・ウ・イ

教科書の要点 漢字道場2

1 ①イ ②ア

基本問題 漢字道場2

1 ①温風 ②山頂 ③探求 ④負傷

2 ①ウ ②イ ③エ ④エ

解説

基本問題 文法の窓2

★ ②普通《ふつう》、主語の後に述語が来るが、述語が先に来る場合もある。「カレーライスは（主語）おいしいなあ（述語）」が倒置《とうち》になっているのである。③接続語には、「しかし」「だから」など、一単語でできているものと、「寒い／ので」など、二単語以上でできているものがある。

基本問題 漢字道場2

2 ①ウの傍線部《ぼうせん》は「ビン」と読み、それ以外は「ベン」と読む。②イは「キョウ」と読み、それ以外は「コウ」と読む。③エは「コ」と読み、それ以外は「キョ」と読む。④エは「ホツ」と読み、それ以外は「ハツ」と読む。

40〜41ページ ステージ2

1 ①時間は・過ぎた ②私だけ・知らなかった ③実が・つく ④誰も・しなかった ⑤私だって・くやしい ⑥完成するらしい・映画は

2 ①ウ ②イ ③エ ④ア ⑤エ ⑥エ ⑦エ

3 ①とりかかった・イ ②長い・イ ③思い出が・ア

4 ①すると ②暑いので ③疲れたが

5 ①いいえ ②さあ ③富士山

6 ①ウ ②オ ③イ ④エ ⑤ア

7 ①イ ②コ ③カ ④ウ

8 〔順に〕①主部・述部 ②接続部・主語・修飾語・述部 ③独立部・主語・述部

9 ①イ ②ア ③オ ④ウ ⑤イ ⑥エ ⑦ア ⑧オ

10 ①ウ ②エ ③イ ④オ ⑤ア

解説

1 ②「私《わたし》だけ」、⑤「私だって」が主語。主語になるのは、「……は」や「……が」だけではないことに注意する。「……だけ」「……だって」のほかに、「……も」「……こそ」などの形もある。

2 ア〜エのそれぞれにつなげてみて、意味がつながる文節を探す。③「ボールを」→「近くの」、「ボールを」→「選手に」では意味がつながらない。「ボールを」→「パスした」だと意味がつながるので、「パスした」を修飾《しゅうしょく》している。

3 ②「最も」は、「長い」という「どんなだ」に当たる語を修飾《しゅうしょく》する連用修飾語である。

8 文の成分を見分けるときは、まず、主語（主部）と述語（述部）はどこかを押《お》さえる。それから、それ以外のまとまりのある意味を表す文節や連文節を見つけ、役割を考えるとよい。

10 アは接続の関係、イは主・述の関係、ウは修飾・被修飾《ひ》の関係、エは並立《へいりつ》の関係、オは補助の関係である。

碑《いしぶみ》

42〜43ページ　ステージ1

漢字と言葉

1 ❶ばくだん　❷ていさつ　❸らいめい　❹つちけむり　❺う　❻せんべい　❼わた　❽とちゅう　❾たず　❿ふうしょ　⓫さかのぼ　⓬こうがい

2 ❶攻撃　❷瞬間　❸巨大　❹枕　❺眠　❻掘

3 ❶ウ　❷イ　❸ア

教科書の要点

1 (1) 二十・原子爆弾
(2) ①本川土手　②新大橋
(3) ①三百二十一　②四
(4) エ

2 ①原子爆弾　②砂　③頑張った　④後から　⑤全滅　⑥名前

おさえよう　〔順に〕ア・イ

44〜45ページ　ステージ2

1 偵察飛行

2 イ

3 例1原子爆弾による熱がすさまじかったということ。
例2原子爆弾は高い熱を発するものだったということ。

4 ①爆風　②飛び込め　③友人

5 エ

解説

1 空にB29が現れたのを見たとき、みんなは「偵察《ていさつ》飛行」だと思った。なぜなら、警報が出ておらず、たった三機で現れたからだった。また、たった一発で二十数万人の人の命を奪《うば》う原子爆弾《ばくだん》が完成していることも知らなかったのだ。この部分から、人々は原子爆弾の存在を知らず、無防備な状態だったことが分かる。

2 「大地を震《ふる》わせるような」「山上から巨大《きょだい》な岩でも崩《くず》れかかってきたように」など、猛威《もうい》をふるう自然災害にたとえて、原子爆弾の威力《いりょく》の大きさが語られている。

3 記述対策
・考え方…人が黒く焼ける、あるいは、砂が燃えるという状態から、原子爆弾が発した「熱」のすさまじさを読み取る。
・書き方…原子爆弾の熱について記述してあれば正解である。「……こと。」の形でまとめよう。

5 重要　原子爆弾の爆発で生じた強い熱線によって、人々はひどいやけどを負った。「煎餅《せんべい》を焼いたように」というたとえで表現されていることからも分かるが、人々の身体がみんな一様に焦《こ》げているという状態は、人間らしい姿からかけ離《はな》れたものになっている。原子爆弾は人間の尊厳を奪い取るものなのである。

46〜47ページ　ステージ3

1 行方不明

2 例見つけたい

3 酒井春之（君）・山下明治（君）・桜美一郎（君）〔順不同〕

4 はっきり・苦しそう

5 例1死んでいったと伝えてください。
例2死んだと言ってください。

6 夜を徹して・例聞けば

7 エ

8 (1) イ
(2) 意味の深い言葉

9 例1原子爆弾で全滅した広島二中の生徒たちのことを語り継ぎ、平和な世界にしてほしいという思い。
例2原子爆弾のむごさや全滅した広島二中の生徒たちのことを忘れず、平和な世界を築いてほしいという思い。

解説

1 「行方《ゆくえ》不明」という言葉は、遺体を見つけることができなかっ

たという状態を言い換《か》えた表現である。

5　酒井春之《さかいはるゆき》君のお母さんは、酒井君が生き抜《ぬ》いてくれるという希望を持って、少しでも休ませて体力を回復させようと「今夜は静かに寝《ね》ようね」と言ったのである。しかし、実際には亡《な》くなってしまったので、寝かせようとせずに話を聞いてやればよかった、と後悔《こうかい》しているのである。

6　戦時中は、兵士が亡くなると「国のためにりっぱに死んだ」と言われた。酒井君は自分も兵士のようにりっぱに死んだとおじいさんに伝えてもらおうと思ったのである。

8　**重要** 山下《やました》君の「後からでいいよ。」という言葉の「後から」は、「すぐ後」という意味ではなく、「ずっと先でいい」という意味だということを読み取ろう。この言葉には、山下君の、お母さんには長く生きてほしい、ずっと元気でいてほしいという願いが込《こ》められている。家族を思いやる気持ちが表れている言葉である。

9　**記述対策**
- **考え方**…「碑《ひ》」は、原子爆弾《ばくだん》で広島二中の生徒が全滅《ぜんめつ》したことを後世に語り継《つ》ぐために建てられたことを押《お》さえる。
- **書き方**…広島二中の生徒たちに起きたことを忘れず、平和を願うという思いが書かれていれば正解である。

私《わたし》のタンポポ研究

48〜49ページ　ステージ1

漢字と言葉

1　①くちく　②い・か　③つぶ　④か　⑤すみ　⑥ひかく　⑦だれ　⑧こうい　⑨かき　⑩あたい　⑪はし　⑫えつらん

2　①行為　②閲覧　③比較　④避　⑤謎（謎）　⑥詳

3　①ウ　②イ　③ア

教科書の要点

1　雑種タンポポ

2　(1) ウ　(2) イ　(3) ア

3　①セイヨウタンポポ　②タイミング　③関係なく　④枯れ　⑤高く　⑥生き残りやすい

おさえよう　〔順に〕ア・イ

50〜51ページ　ステージ2

1　種子・雑種タンポポ

2　芽生え・タイミング

3　イ

4　エ

5　例高温では発芽せず、適温になるとすぐに発芽する性質。

6　例暑さの中で発芽するセイヨウタンポポは枯れやすく、涼しくなってから発芽する雑種タンポポは生き残りやすい。

解説

1　指示語の内容は、その前に述べられていることを指していることが多い。

2　直後の「というのも」という表現に注目する。「というのも」は「そうなった理由は」という意味で、「というのも」の後が――線②の理由に当たる。筆者は、雑種タンポポが多く生き残った理由を考えるために、最も草花が生き残るのが難しい芽生えの時期の状態がどうなっているのかに注目して実験を行ったのである。

3　□に入る言葉を考える際は、□の前後の関係を捉《とら》えることが大切である。□の前は、実験を行う理由が書かれており、□の後は、実際に実験が行われる様子が書かれている。最初に行う実験であることが分かるので、イの「まずは」が入る。アの「つまり」は、前に述べたことの説明や補足を表す接続語、ウ「では」やエ「さて」は話題を変えることを表す接続語である。

4　**重要** 第六段落にカントウタンポポの種子の実験結果、第七段落にセイヨウタンポポの種子の実験結果、第八段落に雑種タンポポの種子の実験結果が述べられている。カントウタンポポの種子は高温と低温ではあまり発芽せず、限られ

た温度のときによく発芽する。しかし、セイヨウタンポポは温度に関係なく発芽する。したがって、エの内容が当てはまらない。

5 記述対策
・考え方…「つまり」以降に述べられている内容に着目して書く。
・書き方…「どのような性質」と問われているので、文末は「……性質。」とする。

6 実験結果をもとに筆者が考えを述べている最後の段落に注目し、芽生えの生き残りやすさについて述べられた部分を答える。

52〜53ページ ステージ3

★

1 ①エ ②イ ③カ ④オ

2 例1 高温でも発芽するセイヨウタンポポは、芽生えが高温に強くないと子孫を残せないから。
例2 高温で生き残れるかどうかで、セイヨウタンポポが都市部で子孫を残せるかが決まるから。

3 例 雑種タンポポのほうが、セイヨウタンポポよりも生き残る割合が高かった。

4 例 枯れずに成長するチャンスが高まるということ。

5 Ⅰ…・例 夏の暑さを避けて発芽する性質。
（別解 涼しくなってから発芽する性質。）
・例 芽生えが高温にさらされても生き残る性質。
（別解 芽生えが暑さに強い性質。） 〔順不同〕
Ⅱ…・例 暑くても発芽する性質。
・例 芽生えが暑さに弱い性質。 〔順不同〕

6 ⓐア ⓑイ ⓒア ⓓイ

7 イ

★ 解説

1 「セイヨウタンポポと雑種タンポポの芽生えの生き残りやすさ」について筆者が考えた内容は2・3段落に述べられている。セイヨウタンポポと雑種タンポポの発芽温度の違《ちが》いから、筆者はセイヨウタンポポについては夏でも発芽するだろう＝枯《か》れやすいのではないかと予想している。

2 重要 筆者はセイヨウタンポポと雑種タンポポの生き残りやすさについて考察している。セイヨウタンポポは夏でも発芽することから、高温での芽生えの生き残りやすさを調べれば、セイヨウタンポポが都心部で子孫を残せるかどうかが分かると考えたのである。

4 「……でしょう。」「……といえそうです。」という文末の表現に注目すると、筆者が推測を述べている部分が分かる。

5 記述対策
・考え方…事実として述べられている部分に注目して、性質をまとめる。
・書き方…「どのような性質」と問われているので、「……性質。」という文末にする。

7 1〜3段落は、セイヨウタンポポと雑種タンポポの芽生えの生き残りやすさについての筆者の推測が述べられている。4〜6段落には、実験の内容が述べられている。7〜9段落には、実験の結果を受けての考察が述べられている。

根拠《こんきょ》を明確にして書こう／中心を明確にして話そう

54〜55ページ ステージ1

❶ 教科書の要点 根拠を明確にして書こう
①意見 ②根拠 ③結論

★ 基本問題 根拠を明確にして書こう

1 ①イ ②ウ ③ア

2 ゴールした・表情

★ 基本問題 中心を明確にして話そう

1 (1) 国語辞典
(2) 相違点

2 エ

3 ウ

4 ①例聞き手（別解聞く人）　②例比較

解説

基本問題　根拠を明確にして書こう

1 ①Aは走っている場面の写真ではないので、当てはまらない。「頑張《がんば》って走った人に焦点《しょうてん》が当てられている」のは、Bの写真である。②新聞記事の見出しは「一年三組『台風の目』で一位！」である。Aのトロフィーを受け取る場面も、Bのテープを切って一位でゴールする場面も、見出しの内容に合っているといえるので、答えはウである。③Aにはトロフィーを受け取る生徒以外にも、トロフィーを渡《わた》す先生や、それを見ているほかのクラスの人たちを含《ふく》めて、全体が写っている。

2 意見文では、なぜそう考えるのかという根拠《こんきょ》を明確に示すことが大切である。事実を述べ、その根拠を明確に示すと説得力を持たせることができる。ここでは、一文目で「Bのほうがよい」という意見を述べ、根拠として「ゴールした」シーンが写っているという事実を挙げ、その事実によって「Aの写真に比べて『表情』がよく見えるので、読者の目をひきつける効果がある」と意見をまとめている。

基本問題　中心を明確にして話そう

2 接続語の問題では、文章のまとまりを捉《とら》え、その段落の役割を考えるとよい。一段落目では、「あふれる」と「こぼれる」という言葉を話題として取り上げることが述べられている。それを受け、空欄《くうらん》から始まる二・三段落目は、言葉の意味が述べられている。最初に言葉の意味を調べ、その後、それをもとに考えを述べるという流れなので、空欄は最初であることを示す「まず」が入ると分かる。

3 スピーチの話し方の工夫《くふう》として、話の区切りや強調したい言葉の前で間を取るという方法がある。文中の最も強調したいところは、「外に出ること」という部分だと考えられるので、その前のウで間を取るとよい。

4 ①聞き手への問いかけを入れると、相手の興味をひくことができる。

日本語探検3　方言と共通語／漢字道場3　漢字の部首

56～57ページ　ステージ1

漢字

1 ❶ふく　❷した　❸あんたい　❹めす・いぬ　❺ていこう　❻ゆうだい　❼いど　❽えきびょう

2 ❶開催　❷襟

基本問題　日本語探検3

1 ①方言　②共通語

2 ①イ　②ア　③イ　④イ　⑤ア　⑥イ

教科書の要点　漢字道場3

1 ①部首　②意味

2 ①りっしんべん　②あくび　③雄　④苗　⑤したごころ　⑥通　⑦建　⑧やまいだれ　⑨しかばね　⑩開　⑪術　⑫愛

基本問題　漢字道場3

1 ①イ　②ア　③ウ　④エ

2 ①月　②水　③衣　④肉

3 ①カ　②オ　③イ　④ア　⑤エ　⑥ウ

4 ①部首…阝・部首名…こざとへん　②部首…厂・部首名…がんだれ

解説

基本問題　漢字道場3

1 エ住居に関係ある部首には、「宀（うかんむり）」のほかに、「广（まだれ）」もある。

月夜の浜辺《はまべ》

58～59ページ ステージ1

教科書の要点

❶ ア

❷ ⑴ イ
⑵ 例決して捨てられないという気持ち。

❸ ①ボタン ②捨てる ③心

おさえよう 〔順に〕ア・ア

★基本問題

1 イ　2 （拾って）袂に入れた。

3 ウ

4 指先・心〔順不同〕

5 イ・エ〔順不同〕

★解説

2 「『僕《ぼく》』は、……どうしましたか」と問われているので、「僕」の行動について書かれているところに注目する。

3 似た構成で意味も対応する語句を並べ、読み手の興味をひきつける表現技法を対句《ついく》という。

4 第五連に「指先に沁《し》み、心に沁みた」と素直《すなお》に「僕」の心情が表現されている。「僕」がボタンを捨てられなかった理由は、ここに表れている。

5 重要 イこの詩には、反復の表現技法が多く使われている。第一連と第三連は連全体が反復の表現である。また、第二連と第四連では「それを拾つて、役立てようと／僕は思つたわけでもないが」と「僕はそれを、袂《たもと》に入れた。」が繰《く》り返されており、第五連と第六連では、「月夜の晩に、拾つたボタンは」という表現が繰り返されている。エこの詩は、音数を数えてみると分かるが、主に七音か七音に近い音数で構成されている。音読してみると、心地《ここち》よいしらべが生まれることが分かるはずである。

移り行《ゆ》く浦島太郎《うらしまたろう》の物語／伊曽保物語《いそほものがたり》

60～61ページ ステージ1

漢字

1 ❶うらしまたろう ❷かめ ❸つる ❹せんにん ❺か・か ❻したじ ❼ほんやく ❽しず

2 ❶舞台 ❷長寿 ❸輝 ❹浮

教科書の要点

❶ ①十六 ②イソップ物語

❷ ①え ②い ③こう ④ず

❸ ①ん ②え ③ず ④わ ⑤っ ⑥お

❹ ①ウ ②イ ③ア ④イ ⑤ア

❺ ウ

❻ は

❼ ①大きい ②天罰 ③枝の先 ④足

おさえよう 〔順に〕ア・イ

62～63ページ ステージ2

❶ 1 ウ

2 ⑴ 明治・書き換えたもの
⑵ 約束を破って玉手箱を開けてしまったから

3 時代・変化

❷ 1 ⓐくわえて ⓑとらん ⓒかるがゆえに

2 エ

3 ある犬・肉

4 例私がくわえている肉より大きい。

5 ④我がくはふるところの肉
⑤例1水に映った犬がくわえている肉。
例2（川の）水に映った肉。

6 二つながらこれを失ふ

7 重欲心の輩
8 そのごとく
9 ウ

❶解説

1 「風土記《ふどき》」に出てくる浦島太郎《うらしまたろう》の物語と今の物語との違《ちが》いは、第一段落に述べられている。ウは、第一段落に述べられていないので、当てはまらない。

3 最後の一文に、浦島太郎の物語がどんな作品なのかがまとめとして述べられている。古典の作品は、ずっと変わらないもの、手で触《ふ》れてはいけないものと思いがちだが、実はいろいろな変化を経て現代に読み継《つ》がれているものなのである。

❷

2 古文では主語を表す「が」「は」が省略されていることが多い。現代語訳にするときには、「が」「は」を補う。

3 「ある犬」が、肉《ししむら》をくわえた状態で川を渡《わた》っていることを押《お》さえよう。その姿（影《かげ》）が、水に映ったのを見たのである。

5 ⑤「かれ」は、現代語の「あれ」の意味で、遠くにあるものを指示する言葉である。

6 **自分の財産をも失う**というのが「天罰《てんばつ》」の内容である。「ある犬」に当てはめると、「天罰」は、より大きい肉を欲《ほ》しがったばかりに、自分の肉までも失ってしまったことである。

8 **重要** この文章では、一段落目では、欲張って肉を失った犬の物語が語られており、二段落目では、欲張る人間は自分の財産を失うこともある、という人への教訓の内容が述べられている。動物に託《たく》して語ることで、教訓を分かりやすく伝えようとしていることを押さえよう。

9 第二段落の教訓の部分に書かれていることが、この文章の主題である。

64〜65ページ ステージ3

☆

1 ⓐにわかに ⓑくいきって ⓒおもうよう ⓓおくらん
2 Aさらって流れる Bどこへということもなく
3 が・が
4 例蟻が（川で）浮いたり沈んだりしている様子。
5 こずゑ
6 ㋐ウ ㋑イ ㋒ウ ㋓ア
7 例1鳩が枝の先を落として蟻を助けてくれたこと。
例2鳩が川でおぼれかけた蟻を助けてくれたこと。
8 例ある人が、蟻に足をかみつかれたから。
9 エ
10 かかりける 11 イ

☆解説

4 「あはれなるありさまかな。」とは、現代語にすると「かわいそうな様子であることだなあ。」という意味である。この部分の直前に「鳩《はと》が枝の先からこれを見て」とある。「これ」に当たる部分が鳩がかわいそうだと思ったものである。「これ」は、更《さら》に前に書かれている蟻《あり》が浮《う》いたり沈《しず》んだりしている様子を指している。

5 古文でも、指示語は繰《く》り返して書くことを避《さ》けるために使われる。指示語の指示する内容が問われている問題では、指示語より前の部分に着目する。

6 ㋒「そのものの色や知る」は「その出来事の（起こった）事情が分かっただろうか。（いや、分かるまい。）」という意味である。以前に鳩が蟻を助けたから、蟻が鳩を助けたという事情が分からなかったのは、鳩を捕《と》らえようとしていた「ある人」である。

7 記述対策
- **考え方**…「ただ今の恩」の詳《くわ》しい内容は、それより前の部分で描《えが》かれている。蟻が恩に感じた内容を段落の前半部分から読み取るとよい。
- **書き方**…問題に「何が」「何をしてくれたこと」とあるので、「鳩が」と「蟻を助けてくれたこと」を必ず入れて書く。

8 「ある人」は、蟻が鳩に恩を受けたという事情を知らない。だから、蟻がしっかりと自分の足にかみついている理由が分からず、怖《こわ》くなって竿《さお》を投げ捨ててしまったのだ。簡潔に書かれているが、蟻の必死さが伝わってくる表現である。

10 第一段落は、蟻が鳩に助けられた場面と鳩が蟻に助けられた場面に分けることができる。

11 重要 第一段落は動物の物語になっており、第二段落で教訓が述べられている。この構成は「犬と肉《ししむら》のこと」と同じである。教訓の部分では、鳩に恩返しをした蟻の気持ちを見習うべきだと説いている。

竹取物語《たけとりものがたり》

66～67ページ ステージ1

漢字

1 ❶ひめ ❷おろ ❸つつ ❹かれ ❺おとず ❻あきら ❼しょうてん ❽ぬ

2 ❶拒否 ❷理屈 ❸添 ❹与

教科書の要点

❶ ①平安 ②物語

❷ ①う ②ず ③ん ④しゅう ⑤い

❸ ①ア ②エ ③ウ ④イ ⑤ア ⑥エ

❹ ①が ②を ③を

❺ ①竹 ②三 ③結婚 ④帝 ⑤天の羽衣 ⑥天

おさえよう ［順に］イ・ア

68～69ページ ステージ2

★ **1** ⓐよろず ⓑいいける ⓒうつくしゅうて ⓓいたり ⓔいうよう

2 A不思議に思って Bいらっしゃる Cかわいらしいこと Dたいへん

3 ア

4 (1) 野山にまじ (2) さぬきのみやつこ

5 (竹取の) 翁 別解 さぬきのみやつこ

6 エ **7** イ

8 例1 自分の子におなりになるはずのかたのようだということ。
例2 私の子供になるはずの人のようだということ。

9 (1) 翁・三寸ばかりなる人 (2) 手にうち入れて

10 例 籠に入れて育てた。

★解説

2 重要 A「あやしがりて」やC「うつくしきこと」は、現代でも使われる言葉だが、現代語とは意味が違《ちが》うので注意する。また、D「いと」は、現代語にはない言葉で、「たいへん」「非常に」という意味である。

3 「今は昔」は、物語の初めに使われる決まり文句で、現代の昔話が「むかしむかし、あるところに……」などで始まるのと同じ役割をしている。

4 (1) 竹取《たけとり》の翁《おきな》は、野や山に入って竹を取って暮らしていた。「よろづのことに使ひけり」は、竹をさまざまな物を作るのに使ったということを意味しており、翁が竹を取って籠《かご》やざるなどの道具を作る仕事をしていたと分かる。

5 古文では、主語が省略されることが多いので、注意しよう。その文より前の部分に着目し、文脈から誰《だれ》の動作なのか読み取ろう。

8 記述対策
・**考え方**…「知りぬ」の内容は直後の一文にあることを読み取る。なお、「子」は「籠《こ》」と意味がかかっていることにも注意しよう。翁にとって、竹は普段《ふだん》、「籠《こ》（かご）」となるものだった。だから、竹の中にいた小さな人も「子」に

なるかただろうと思ったのだ。

・**書き方**…「子になりたまふべき人なめり。」の現代語に当たる部分を、「……こと。」で終わるようにまとめる。

70〜71ページ ステージ3

❶
1 ⓐいう ⓑたてまつりたまう（別解 たてまつりたもう）
2 帝
3 イ
4 あわてぬさまなり
5 ウ

❷
1 ⓐいとおし ⓑものおもい
2 Aさっと Bふびんだ
3 天人
4 エ
5 例1 翁たちを気の毒だ、ふびんだと思っていた気持ちがなくなった。
例2 翁たちを思いやる気持ちがなくなった。
6 例 物思いがなくなったから。
7 の・を

解説

❶
3 「朝廷《おほやけ》に御文奉《おほんふみたてまつ》りたまふ（帝《みかど》にお手紙をさしあげなさる）」とあるので、かぐや姫《ひめ》が手紙を書いた相手は、帝である。アは、手紙を書いた相手が間違《まちが》っている。ウ・エは、心が変わってしまうのは、天《あま》の羽衣《はごろも》を着たときなので、「羽衣を脱《ぬ》いで」という部分も違っている。

4 現代語訳から、いらいらした態度と対照的な様子を表す言葉を探し、それに対応する古文の言葉を見つけるとよい。「いみじく静かに」も意味としては合っているが、指定された字数と合わないため答えとはならない。

5 **重要** かぐや姫は、帝の悲しみを少しでも慰《なぐさ》めようと思い、心を込《こ》めて手紙を書こうとしている。この手紙の重要性を分からせようとして「もの知らぬこと、なのたまひそ。」と言ったのである。

❷
5 **記述対策**
・**考え方**…「天の羽衣を着させられると」とあるので、「天の羽衣うち着せ奉りつれば」の後の部分に注目する。
・**書き方**…「翁たちを、気の毒だ、ふびんだと思っていた気持ちもなくなってしまった」の部分を使って書く。「翁たちに対して人間らしい気持ちがなくなった」などの解答でも正解である。問題文に「翁たち」という言葉を使って、と指示があるので、「翁たち」を必ず入れる。

6 現代語訳の「物思いがなくなってしまったので」と理由を示している部分に注目する。

矛盾《むじゅん》「韓非子《かんぴし》」より

72〜73ページ ステージ1

漢字

❶ ❶むじゅん ❷かんぴし ❸き・はな ❹じん ❺かた ❻つ・とお ❼やまと ❽すぐ

❷ ❶陣 ❷矛盾 ❸突 ❹離

教科書の要点

❶ ①故事成語 ②矛盾
❷ ①訓読文 ②書き下し文 ③レ点 ④一・二点 ⑤平仮名
❸ ①鋭い ②突き通せる
❹ ①推敲 ②五十歩百歩 ③背水の陣 ④蛇足

おさえよう 〔順に〕ア・イ

74〜75ページ ステージ2

❶
1 (1) 盾 (2)（楚の国の人に）盾と矛とを売る者
2 イ
3 ウ

4 例どんなものでも突き通すということ。
5 読み方…し　意味…あなた
6 イ
7 例1盾と矛の説明のつじつまが合わないことを指摘されてしまったから。
例2自分の盾と矛の話が、どちらも正しいということはありえないと分かったから。
8 エ・オ〔順不同〕

❷ ①僧は推す月下の門　②歳月人を待たず
③百聞は一見に如かず。

❸ 1 ①イ　②ウ　③エ　④オ　⑤ア
2 ①杜撰　②杞憂　③四面楚歌

❶解説

1 盾《たて》と矛《ほこ》とを売る者が、「之《これ》」を自慢《じまん》して言った言葉が「吾《わ》が盾の堅《かた》きこと……」である。したがって、「之」は「盾」を指している。

2 書き下《くだ》し文から、「誉　其　矛　曰」は、「3 1 2 4」の順で読むことが分かる。「誉」の字は三番目に読むので、返り点が付くのだと分かる。更《さら》に「矛」の後に「誉」を読むことから、二字以上の字に返って読む一・二点が付くと分かる。したがって、正解はイである。

3 「利」という漢字には、「よく切れる、鋭《するど》い」という意味がある。「鋭《え》利《り》」という熟語は、同じ意味の漢字を重ねた熟語である。

5 漢文における「子《し》」には、「子供」「男」などの意味があるが、「君・あなた」と男性を呼ぶときの敬称《けいしょう》としても使われる。

6 重要 「何如」で「いかん」と読み、「どうなるか。どうであるか。どんなであるか。」という意味である。「如何」と上下を入れ替《か》えても、同じ読み方をする。

7 記述対策
・考え方…ある人が言った、「あなたの矛で、あなたの盾を突《つ》いたら、どうであるか。」という質問の答えは、「盾が防ぐ」か「矛が突き通す」かのどちらかになり、そうすると、矛と盾の宣伝の言葉のどちらかが嘘《うそ》になる。このように、売っている人が、ありえない説明をしていたことを押《お》さえよう。
・書き方…矛と盾の説明がつじつまが合わないこと、あるいは両立しないことが書いてあれば正解。

❷ ②「不」は、「ず」と読み、助動詞なので書き下し文では平仮名《ひらがな》に直す。

❸ 1 ④「塞翁《さいおう》が馬」は、次のような故事から生まれた言葉である。昔、老人の馬が逃《に》げてしまったが、すぐにその馬がりっぱな馬を連れて帰ってきた。老人の息子《むすこ》がその馬に乗り、落ちてけがをしたが、そのおかげで戦争に行かず、死なずにすんだ。幸福に見えても不幸を招くことがあり、不幸に見えても幸福を招くこともあるという話である。現在では、人生の幸不幸は予測ができないという意味で使われる故事成語である。

2 ①「杜撰《ずさん》」は、物事のやり方が適当で、手抜《てぬ》きが多いことをいう。②「杞憂《きゆう》」は、余計な心配や取り越《こ》し苦労をするという意味である。③「四面楚歌《そか》」は、四方を敵に囲まれて孤立《こりつ》した状態をいう。

案内や報告の文章を書こう／日本語探検4　語の意味と文脈・多義語

76～77ページ　ステージ1

漢字
❶ ❶かいしゃく　❷さっそく　❸つか
❷ ❶解釈　❷疲

基本問題　案内や報告の文章を書こう

★ 1 生徒・保護者
2 例1車でのご来場はおひかえください

例2 車でのご来場はごえんりょください

❶ 教科書の要点 日本語探検4

①文脈 ②多義語

基本問題 日本語探検4

1 ①ア ②エ ③ウ ④イ

2 ①エ ②イ ③ア ④ウ

3 ①ウ ②ウ ③イ

4 ①乗る ②高い ③手

解説

☆ 基本問題 案内や報告の文章を書こう

1 案内状では、読む人が必要とする情報だけを載《の》せることが大切である。

2 メモにある「保護者の車での来場はだめ」という部分を、保護者向けの言葉に直す。

3 基本問題 日本語探検4

①ぶらさげるという意味の選択肢《せんたくし》はウである。②まっすぐに縦にするという意味である。③「口に合う」という場合の「口」は、食べ物の好み、味覚という意味である。

文法の窓3 単語の分類

78～79ページ ステージ1

❶ 教科書の要点

1 ①自立語 ②付属語

2 活用

3 ①名詞 ②述語

4 ①動詞 ②形容詞 ③形容動詞 ④名詞 ⑤連体詞 ⑥副詞 ⑦接続詞 ⑧感動詞 ⑨助動詞 ⑩助詞

基本問題

1 ①公園で同じ学校の生徒に会った。

②九時までに宿題を終わらせたい。

2 ①明日から雨が降るらしい。

②重要な議題は、話し合うことができた。

3 ①イ ②ケ ③ア ④ウ ⑤カ ⑥コ ⑦オ ⑧エ ⑨ク ⑩キ

4 ①あの鳥には、大きいくちばしがある。

②この数学のテストは、とても簡単だ。

5 イ

6 ①晴れていたので、ふとんを干した。

②熊のような犬に追いかけられる。

7 ①ア ②カ ③イ ④ケ ⑤キ ⑥エ ⑦オ ⑧ク ⑨ウ ⑩コ

解説

1 ①「会った」は「会う」＋「た」である。②「まで」と「に」は別の単語になる点に注意しよう。

2 ①「らしい」は助動詞であり、「らしかっ（た）」「らしけれ（ば）」と活用する。②「できた」は「できる」＋「た」である。

3 ⑧「静かです」は形容動詞の「静かだ」を丁寧《ていねい》な言い方にしたものである。

4 ①「大きい」は形容詞、「ある」は動詞である。②「簡単だ」は形容動詞である。

5 アは形容詞、ウは助動詞である。

6 ①「晴れていた」の「い」は、補助動詞の「いる」である。

少年の日の思い出

80～81ページ ステージ1

1 漢字と言葉

❶す ❷びしょう ❸の ❹かんだか ❺ゆうぎ ❻きんちょう ❼えもの ❽ねた ❾ゆうわく ❿つくろ

⓫たんねん ⓬つぐな

2 ❶優雅 ❷不愉快 ❸罰 ❹自慢 ❺募 ❻眺

3 ❶ウ ❷ア ❸イ

教科書の要点

❶ (1) 私 (2) 僕

❷ (1) チョウ (2) ①模範少年 ②専門家

❸ ①汚して ②憎んで ③喜び ④宝 ⑤盗み ⑥苦しめた ⑦軽蔑 ⑧償い

おさえよう [順に] イ・ア

82～83ページ ステージ2

1 宝を探す人

2 微妙な喜び ～ った気持ち

3 イ

4 幼稚な設備

5 (1) エ (2) 模範少年 (3) そのため、

6 例1 少年にこっぴどい批評を受けたため、自分の獲物に対する喜びがかなり傷つけられたから。

例2 再び少年から厳しい批評を受けて、自分の獲物に対する喜びを傷つけられるのが嫌だったから。

解説

1 問題文に「何にたとえられていますか」とあるので、文章中から比喩《ひゆ》を使った表現を探すとよい。「僕《ぼく》」が待ち伏《ぶ》せをしている様子は「まるで宝を探す人のように」と直喩を使って表現されている。

3 **重要** 「僕」がチョウ集めをしている場面では、「輝《かがや》いている色の斑点《はんてん》の一つ一つ、透《す》き通った羽の脈の一つ一つ……」というように、「僕」がチョウを細部まで見つめ、その美しさを繊細《せんさい》に感じ取っていることが分かる。また、「捕《と》らえる喜びに息も詰《つ》まりそうになり」などの表現から、「僕」がチョウ集めに夢中になっていることが読み取れる。

5 (1) 「非の打ちどころがない」とは、非難するところがない、つまり、完全であるという意味である。それを「僕」が「悪徳」だと考えていることに注意する。欠点がないことは、人間らしさがなく、親しみが感じられないのである。

(3) 問題文に「どのような感情を持っていましたか」とあるので、感情を表す表現を手がかりにして探すとよい。「妬《ねた》み」「嘆賞《たんしょう》」「憎《にく》んでいた」などは、感情を表す表現である。ここから、「僕」が、少年に対して、尊敬する気持ちと憎む気持ちという相反する感情を持っていたことを読み取ろう。

6 **記述対策**

・**考え方**…「僕」が少年に獲物《えもの》を見せなくなった理由は、直前の文に述べられている。「こっぴどい批評家」は、少年を指していることを押《お》さえる。

・**書き方**…「こっぴどい批評家」が少年であることが分かるように書く。記述の問題は、文章中の言葉を使って答えることが多いが、内容が分かりにくい場合は、言葉を補って解答を書こう。

84～85ページ ステージ3 (1)

1 例クジャクヤママユの有名な斑点を見たいということ。

2 四つの大きな不思議な斑点

3 ウ

4 盗みをした、下劣なやつだ・恐ろしい不安

5 ア

6 例クジャクヤママユが潰れてしまったこと。

7 イ

解説

1 記述対策

・**考え方**…――線①が含《ふく》まれる文の直前に、クジャクヤママユの有名な斑点《はんてん》が細長い紙切れの下になっていることが示されている。ここから、「紙切れを取りのけたい」とは、「有名な斑点を見たい」という意味だということが分かる。

・**書き方**…「……をしたいということ。」という形で書く。

2 「四つの大きな不思議な斑点が……僕《ぼく》を見つめた」という部分は、**主語**が「**斑点**」になっている。そのため、斑点が意思を持って、「僕」に**訴**《うった》**え**かけているかのような印象を与《あた》える。「僕」はその斑点の美しさにすっかり魅了《みりょう》され、結果、「この宝を手に入れたいという逆らいがたい欲望」が生まれたのだ。

3 「僕」がクジャクヤママユをどう捉《とら》えているかを考えるとよい。**ア**は、「高価なチョウ」というところが誤りである。「僕」は高価だという点に魅力を感じているのではない。**イ**「僕」は強い欲望から衝動《しょうどう》的にチョウを盗《ぬす》んでいる。「チョウを盗む作戦」を立ててはいない。**エ**「僕」が盗んだ理由は、「エーミールを困らせること」ではない。「僕」が盗みを犯《おか》したとき、「僕」はチョウのことしか頭になかったと考えられる。したがって、正解は**ウ**である。「僕」を盗みへと突《つ》き動かしたのは、美しいものを手に入れたいという強い欲望だった。そして、それが満たされたので満足したのだ。

5 「びくびくしながら」「額に汗《あせ》をかき」「落ち着きを失い」「自分自身におびえながら」などの表現から、「僕」が人に盗みが見つかることを恐《おそ》れ、不安におののいて緊張《きんちょう》している様子が分かる。人物の心情をつかむときは、人物の様子、行動、表情などに着目し、それらがどんな心情を表しているのかを考えよう。

7 **重要** 潰《つぶ》れてしまったチョウを見て、美しいチョウが潰れ、「美しいものが失われたこと」に対して「僕」が苦しく思っているという点を押《お》さえよう。この点から、「僕」がチョウに対する強い憧《あこが》れや執着《しゅうちゃく》心を持ち、その気持ちに身を任せて行動していることが読み取れる。

86～87ページ ステージ3 (2)

1 例1 チョウを台なしにするつもりはなかったということ。
例2 チョウを潰すつもりはなかったということ。

2 軽蔑

3 例1 盗みをしたりチョウを潰したりしても平気な人間。
例2 欲しい物があれば人の物を気軽に盗み、チョウを平気で台なしにする人間。

4 償い

5 ウ

6 一度起きたことは、もう償いのできないものだということ

7 エ

8 イ・オ〔順不同〕

解説

1 記述対策

・**考え方**…「僕《ぼく》」がエーミールに分かってほしかったのは、チョウを潰《つぶ》したのは、わざとではないということである。その点が伝わるような内容を考えるとよい。

・**書き方**…「……こと。」で終わる形で書く。引用文中にはないが、チョウを盗《ぬす》んだ場面で、「僕」はチョウをすぐに返そうとしている。これを踏《ふ》まえて、「盗んだチョウはすぐに返そうとした」ということを加えて書いても正解である。

3 記述対策

・**考え方**…エーミールの「そんなやつ」という言い方には、軽蔑《けいべつ》が込《こ》められている。エーミールが「僕」のどんな行動に対して軽蔑の気持ちを持ったのかを考えるとよい。

・**書き方**…「僕」の盗みをした行為《こうい》と、チョウを潰した行為について書いてあれば正解である。

5 エーミールが言った「君がチョウをどんなに取り扱《あつか》っているか、ということを見ることができたさ」という言葉を聞いて、「僕」はかっとなっている。エーミールは、「僕」がチョウを取り扱うときの態度を非難しているのであり、それはチョウの収集に熱中していた「僕」にとっては、収集家として失格だと言われたのと

同じであったことを読み取ろう。

7 あれこれ聞かず、キスだけして寝《ね》るように促《うなが》した母の行動からは、息子《むすこ》をいたわる気持ちが読み取れる。

8 **重要** 「一度起きたことは、もう償《つぐな》いのできないものだ」ということを悟《さと》った「僕」は、エーミールに償いができない代わりに、自分のチョウの収集を壊《こわ》すことによって、自らを罰《ばっ》しようとしたのである。また、心から大切にしていたチョウを一つ一つ指で粉々に押《お》し潰すという行為には、盗みを犯《おか》すという行為まで招いたチョウへの強い熱情を断《た》ち切り、それと決別しなければならない、という意味も込められていると考えられる。

文法の窓4 名詞／漢字道場4 他教科で学ぶ漢字

88～89ページ ステージ1

漢字

1 ❶ふろ ❷ちゅうしゃ ❸そうじ ❹やよい ❺せきつい ❻ほにゅうるい ❼けんびきょう ❽そせい

2 ❶楷書 ❷収穫 ❸含 ❹手袋

教科書の要点 文法の窓4

1 ない・主語

2 ①一般的 ②固有名詞 ③数詞 ④代名詞 ⑤修飾語

3 ①イ ②エ ③ウ ④ア

基本問題 文法の窓4

1 ①駅の 売店で 雑誌を 買う。
②五十メートルほど 西に 学校が あります。
③ファーブルは、昆虫の 行動を 研究した。
④僕の 趣味は、本を 読む ことだ。
⑤彼が、一人で フランスに 行く わけが ない。

2 〔順に〕①ア・オ ②イ・オ・ウ ③エ・ア・ウ ④エ・イ

3 ①どれを選びますか。・イ ②彼女が描いた絵。・ア ③隣は誰の席ですか。・ア ④あそこまで歩こう。・イ

4 ①決まり ②近く（別解近さ） ③暮らし ④確かさ

5 ①エ ②イ ③ウ

6 ①流れ ②冷たさ ③湧き水

解説

基本問題 文法の窓4

2 ②「何本」「いくつ」「何個」などのように数字は含《ふく》んでいないが、不確実な数を表す言葉も、数詞である。

5 ①エ「一郎」は固有名詞で、ほかは数詞である。②イ「日本人」は普通《ふつう》名詞で、ほかは固有名詞である。③ウ「兄」は普通名詞で、ほかは代名詞である。

風を受けて走れ

90～91ページ ステージ1

漢字と言葉

1 ❶あし ❷ぎし ❸ひつじゅひん ❹ひざ ❺うす ❻ちょうせんしゃ ❼ため ❽そうしつかん ❾ふ・だ ❿ばんそう ⓫きそ ⓬はば

2 ❶丈夫 ❷連絡 ❸廊下 ❹湾曲 ❺悩 ❻抱

3 ❶イ ❷ア ❸ウ

教科書の要点

1 ①イ ②エ ③ア

2 〔右から順に〕4・2・3・1

3 ①重さ ②走れる可能性 ③実感 ④反発力 ⑤パラリンピック ⑥初心者 ⑦広げていく

おさえよう 〔順に〕イ・ア

92〜93ページ ステージ2

❶
1 (1) 重さ・耐久性
(2) 「膝継手」とよばれる部品の性能
2 例「膝折れ」による転倒で、大けがにつながることがあるから。

❷
1 例義足で「走る」のは不可能だということ。
2 ・例1ハワイの義肢製作所で、アメリカの最先端の足部を見せてもらったこと。
（例2軽くて丈夫なカーボンが使われているアメリカの最先端の足部を見たこと。）
・例（千葉県の医師がアメリカから持ち帰った）ビデオで、太腿義足の若い女性が走っている姿を見たこと。［順不同］
3 プラスチック・カーボンファイバー
4 例軽くて丈夫だから。　5 ウ

解説

❶
1 (1) 一つ目に挙げられている理由は、「理由の一つは、……」から始まる段落に書かれている。「しかも」という言葉の後にも、続けて理由が述べられている点に注意する。
(2) 二つ目の理由は、「それに、……」から始まる段落以降に述べられているが、内容を端的《たんてき》に示しているのは、「『膝継手《ひざつぎて》』とよばれる部品の性能も問題だった」という部分である。

2
記述対策
・**考え方**…直後の「そのため」が指している、——線②の前の部分をまとめるとよい。
・**書き方**…問題文で「なぜ」と問われているので、文末は「……から。」などにする。

❷
1 ——線①の直前の「その」は、すぐ前の内容を指している。
2 「一つは」と「もう一つは」以降に述べられていることに注目する。「どんなことですか」と問われているので、文末は、「……こと。」にする。
4 素材のカーボンが「軽くて丈夫《じょうぶ》」だから走ることができるという点を捉《とら》える。
5 **重要** 義足で本当の意味で「走る」のは不可能と思われていたが、臼井《うすい》は二つのことをきっかけとして、それに対し疑問を抱《いだ》いた。そして、「軽くて壊《こわ》れにくい部品さえあれば、誰《だれ》にでも走れる可能性があるのではないか。」と思い、日本でも義足の部品を取り入れ、走れる人を育てようという夢を育み始めたのだ。

94〜95ページ ステージ3

✪
1 例ものおじせず、積極的にチャレンジする性格。
2 廊下・ふだん使っている義足
3 走っているという実感
4 イ
5 あたりまえ・（深い）喪失感
6 例やる気さえあれば、義足の人でも走るという動作をもう一度取り戻せるということ。
7 例1（大腿）義足の人は、磨けば輝きだす宝石のように可能性をたくさん秘めているということ（を表すため）。
例2原石が手を加えると宝石になるように、（大腿）義足の人も道具があれば走れるようになるということ（を表すため）。
8 ア

解説

✪
1 柳下孝子《やぎしたたかこ》に関する記述のうち、「ものおじせず」と「積極的」という性格に関わる言葉に注目する。
4 臼井《うすい》は、柳下の走る姿を見て、喜びをかみしめている。柳下の姿から臼井が考えた内容は、——線④以降に述べられている。
5 歩くことや走ることという同じ行為《こうい》が、脚《あし》をなくした人とそうでない多くの人にとっては全く違《ちが》う捉《と》え方をされているということを押《お》さえる。

6 記述対策

・**考え方**…確信した内容は、――線⑤の直前に述べられている。「やり続けなきゃいけない」は、決意した内容なので、確信した内容と間違《まちが》えないようにする。

・**書き方**…「どのようなことを」と問われているので、文末は「……こと。」にする。

7 重要 「きらきら光る原石」は、走ろうとする大腿《だいたい》義足の人をたとえた言葉。一般《いっぱん》に「原石」は宝石になる可能性のある石のことで、磨《みが》く前の石の状態を指した言葉だ。義足を使って走れるようになることを「宝石のように輝《かがや》く出来事」であるとしていることから、**走ろうとする大腿義足の人が、走るという動作を取り戻す可能性を秘めた存在であることを表すために「原石」と表現したことを理解しよう。**

8 「原石は埋《う》まったままで世に出ることはない。」という言葉を手がかりに考える。

ニュースの見方を考えよう

96～97ページ ステージ1

漢字と言葉

1 ❶しぶ ❷しちょうしゃ ❸ふんそう ❹ぼうとう

2 ❶誇張 ❷先輩

3 ❶ウ ❷ア ❸イ

教科書の要点

1 記者

2 (1) 客観的 (2) 編集

3 ウ

4 ①判断 ②編集 ③制作者 ④印象 ⑤加工 ⑥演出 ⑦判断

おさえよう 〔順に〕ア・イ

98～99ページ ステージ2

1 例どこに取材に行くかということ。

2 ウ

3 例インタビューに出てくるのは、「銀座の街を歩いているサラリーマン」という限られた人たちばかりだったということ。

4 番組制作者 **5** イ

6 例1「視聴者はたいして関心を持たない。」とニュース制作者が判断したから。
例2視聴者の関心が高くないニュースだと制作者が判断したから。

7 (ロシアで行われた)サッカーのワールドカップ。

8 エ

解説

2 理由に当たる部分は傍線《ぼうせん》部の前後にあることが多い。――線②のすぐ前に「全くインタビューになりませんでした」とあり、これが直接の困った原因である。更《さら》に、インタビューにならなかったのは渋谷《しぶや》の街を歩いている若い人がニュースについて知らなかったり、自分の意見を持っていなかったりしたことが原因なので、それを含《ふく》めて述べているウが適切である。

5 ――線⑤の含まれる段落では、まず、ニュースは「客観的なもの」と考えている人が多く、そうした努力が制作側にもあることが述べられているが、「でも」以降に、「客観的なもの」とはいえない理由が述べられている。この部分が、「ニュースは編集されている」といえる根拠《こんきょ》になる。

6 記述対策

・**考え方**…「視聴《しちょう》者の関心が高い話題」は、サッカーのワールドカップの話題で、「視聴者はたいして関心を持たない。」とニュース制作者が判断したニュースは、世界の紛争《ふんそう》地域のニュースであることを捉《とら》える。

・**書き方**…「なぜですか」と理由を問われているので、文末は「……から。」などとする。

8 重要 直前の段落の「視聴者の関心が高い話題」「視聴者はたいして関心を持たない」に着目する。ニュースを取り上げる基準になるのは、「視聴者の関心の高さ」であることが分かる。

100～101ページ ステージ3

1 ・例民放では、視聴率が高いとスポンサーからの広告料がたくさん入ってくるから。
・例どのテレビ局も、なるべく多くの人に見てもらおうと考えるから。〔順不同〕
2 エ
3 例ニュースの視聴率が高くなってきて、「ニュースでもお金になる。」と考えるようになった。
4 ウ
5 例高い視聴率が取れるニュース番組を作るため。
6 例1テレビのキャスターやコメンテーターの発言は、個人の意見なので、常に正しいとは限らないから。
例2テレビのキャスターやコメンテーターが、正しい知識に基づいて発言しているか分からないから。
7 意図やねらい・編集　**8** ア

解説

1 ――線①の後の部分では、「Aだし、Bだから、視《し》聴《ちょう》率を意識します」という形で意見が述べられている。この文章の構造が分かれば、AとBの部分が、視聴率を気にする二つの理由が述べられている部分だと分かる。

2 一般《いっぱん》に企業の「社会的責任」とは、企業が利益を追求するだけでなく、社会によい影響《えいきょう》を与《あた》えるように考え活動することをいう。テレビ局の場合は、公共の電波を使う立場にあるので、視聴率が見込《みこ》める娯楽《ごらく》の番組ばかり制作するのではなく、社会的責任として、人々が社会生活を営むのに必要な情報の提供を行わなければならないのである。

4 □の前の段落では、高い視聴率が取れるニュース番組を作れ、という流れになってきたことが説明されている。そして、□の後では、その結果、ニュースの内容に表れた変化について述べられている。事柄《ことがら》が順当に進んだことを表す接続語が入るので、ウの「そこで」が入る。

6 記述対策
・**考え方**…テレビのキャスターやコメンテーターの発言は、ニュースについての「個人の考え」や「個人の見方」を述べたものだ。これらは、「事実」ではなく、「主観的」なものだということを押《お》さえよう。
・**書き方**…個人の意見なので、正しいかどうか分からないということが書いてあれば正解である。

7 重要 ――線⑥が含《ふく》まれる段落は、この文章のまとめに当たる部分である。筆者は、これまで述べてきた「ニュースの編集の例」に対して、受け手としてどんな姿勢でニュースを見てほしいかを述べている。

8 アは、「ときには送り手になってみることも必要である」というところが間違《まちが》いである。筆者は、ニュースの受け手でいるだけでなく、ニュースを自分なりに判断していくことがだいじだと述べている。

話し合いで理解を深めよう／心に残る出来事を表現しよう

102～103ページ ステージ1

基本問題 話し合いで理解を深めよう
1 ①行事　②チームプレー　**2** A　**3** イ

基本問題 心に残る出来事を表現しよう
1 歓迎できなかった・楽しみ
2 巣の再利用
3 ウ　**4** エ

解説

基本問題　話し合いで理解を深めよう

★ **1** ①里香《りか》さんの「行事に関する意見が多いね。」という言葉に着目する。

3 優太《ゆうた》さんの「勉強やスポーツが得意な人が、苦手な人をリードして、教え合ったり支え合ったりする」という言葉や、春奈《はるな》さんの「誰《だれ》かが失敗をしても責めないで、フォローしようとする」という言葉から考える。クラスの人のことを思いやり、助け合おうとするという共通点が見出《みいだ》せる。

基本問題　心に残る出来事を表現しよう

★ **1** 最初はツバメの巣ができることを歓迎《かんげい》できなかったが、子ツバメたちの元気いっぱいな姿を見て、観察するのが楽しみになったというふうに気持ちが変化したことを押《お》さえよう。

3 第一段落では、ツバメの巣にまつわる言説を紹介し話題を提示している。その後、自分の家の玄関先《げんかんさき》にツバメの巣ができたという体験を述べ、最後の段落で最初の段落で提示した言説に関する自分の考えを述べている。

4 擬音語《ぎおんご》は、「ピイピイ」という子ツバメの鳴き声を表すのに用いられているが、人物の様子を表現するためには用いられていない。したがって、エが当てはまらない。

文法の窓5　連体詞・副詞・接続詞・感動詞

104〜105ページ　ステージ1

漢字

1 ❶か　❷せんたく

2 ❶洗濯　❷刈

教科書の要点

❶ ①な　②た（だ）　③る

❷ ①状態　②程度　③呼応（別解 陳述・叙述）

❸ ①逆接　②累加・並立　③説明・補足　④対比・選択　⑤転換

❹ 応答

基本問題

1 ①あらゆる　②たいした　③大きな　④あの

2 ①ウ　②ア　③イ

3 ①エ　②ウ　③ア　④イ

4 ①ウ　②イ　③エ　④カ　⑤ア　⑥オ

5 ①エ　②イ　③ア　④ウ

6 ①おうい・イ　②えっ・ア　③はい・ウ

解説

2 ①「まるで」は、ほかのものにたとえるときに使う言葉である。後に「ようだ」「みたいだ」などの言い方がくる。

漢字道場5　漢字の成り立ち

106〜107ページ　ステージ1

漢字

1 ❶えんじょう　❷しゅうじん　❸げんがく　❹ようばい　❺がくふ　❻まさつ　❼せいめい　❽ぎせい　❾ふぞく　❿か　⓫そぜい　⓬そげき　⓭せんたく　⓮しょうやく　⓯いっきん　⓰きょしょう

2 ❶選択　❷符号　❸巨匠　❹摩擦　❺犠牲　❻阻止　❼租税　❽猿

教科書の要点

❶ ①象形　②指事　③会意　④形声　⑤転注　⑥仮借

基本問題

1 ①エ　②イ　③ア　④ウ　⑤ア　⑥イ　⑦エ　⑧ウ　⑨ア

2 ①雨　②貝　③耳

3 ①石・少 ②口・鳥 ③女・子 ④木・木 〔各順不同〕

4 ①意味…阝・音…君
②意味…言・音…普
③意味…木・音…反
④意味…辶・音…周

5 ①コ ②ショウ ③セイ ④コウ

6 ①イ ②ウ ③ア

解説

1 ③「門」は、門の形をかたどって作られた漢字である。⑧「信」は、「イ（人）」と「言（はっきり言う）」を合わせて作られた漢字である。

わたしの中にも　108〜109ページ　ステージ1

教科書の要点

1 イ・イ

2 ①つばな ②背伸び ③ことば

3 ①伸びる ②伸びよう ③羽化 ④気配

おさえよう 〔順に〕イ・ア

★**基本問題**

1 (1) イ
(2) せいいっぱい伸びようとするもの

2 例1 たくさんの人に春のよろこびを伝えることばやひとりのひとに思いを告げるただひとつのことば
例2 たくさんの人やひとりの人に自分の気持ちや思いを伝えることば

3 ウ・エ〔順不同〕

★**解説**

1 (1) 「丘《おか》のポプラには較《くら》ぶべくもないけれど」という表現に注目する。丘のポプラは、大きな目立つ存在である。それに較べて、「つくし」や「つばな」は目立たない小さい存在として描《えが》かれている。

2 「ことばのひらく気配がある」とは、「たくさんの人に／春のよろこびを伝えることば」や「ひとりのひとに／思いを告げるただひとつのことば」が生まれそうだということである。

3 重要 「わたし」は、「つくし　つばな」がせいいっぱい成長しようとしている姿や、「もんしろ蝶《ちょう》　もんき蝶」がういういしく自分の羽を広げた姿を見て、自分にも成長したり、外の世界に向けて自分を表現したりする可能性があるということを発見する。「光がみち　天上の風が吹《ふ》いている」や「春のよろこび」などの言葉から、期待や希望に胸をふくらませ、よろこびに満ちた気持ちが伝わってくる。

トロッコ　110〜111ページ　ステージ1

漢字と言葉

1 ❶しょじゅん ❷どろ ❸うちょうてん ❹やろう ❺しきさい ❻ほ ❼がけ ❽ちの・ご ❾がし ❿ぞうり ⓫たび ⓬しゅふで（別解 しゅひつ）

2 ❶邪魔 ❷記憶 ❸頑丈 ❹運搬 ❺蹴 ❻掛

3 ❶ウ ❷ア ❸イ

教科書の要点

1 ①八 ②トロッコ ③親しみ

2 (1) 黄色い実
(2) 薄ら寒い

3 ①押すこと ②有頂天 ③乗る ④帰って ⑤命 ⑥心細さ ⑦理由

おさえよう 〔順に〕イ・ア

112〜113ページ　ステージ2

1 〔順に〕ウ・ア・エ・イ
2 あまり遠く来すぎたこと
3 例早く家に帰ること。
4 例土工たちといっしょに帰る・例暗い中、遠い距離を一人で歩いて帰らねばならない
5 エ
6 Aその道をや
B茶店の前に
7 イ

解説

2 前の段落の最後の一文に着目する。良平《りょうへい》は遠い所へ来てしまったと気づいたのに、トロッコは更《さら》に遠くへ進んでいくので、前に乗ったときのように、おもしろいと感じられなくなったのである。

3 記述対策
・**考え方**…海が見えた時点で、遠くへ来たことへの不安を覚え、良平の心からおもしろい気持ちはなくなっている。「もう帰ってくれればいい。」「帰ることばかり気にしていた」などの表現に注意して良平の考えを読み取ろう。
・**書き方**…「どのようなことですか」と問われているので、文末が「……こと。」で終わるように書く。

4 第一段落に、「行きに押《お》すところが多ければ、帰りにまた乗るところが多い。」とあり、良平はトロッコに乗って帰れると思い込《こ》んでいた。しかし、土工たちの言葉によって、暗くなるのに、遠い距離《きょり》を、「今からたった一人、歩いて帰らなければならない」ということが「一時に分かった」のである。期待していたことが裏切られて、良平は驚《おどろ》き、呆然《ぼうぜん》となったのである。

5 絶望の気持ちから泣きそうになった良平だが、泣いていても何も解決しないと思い、早く帰り始めなければならないと思ったのである。

6 重要 この小説では、良平の目から見た情景を描写《びょうしゃ》しているため、その見え方に着目すると、良平の心情を読み取る手がかりになる。遠く来すぎたと気づく場面では、「薄《うす》ら寒い海が開けた」と表現してあり、良平の不安な気持ちが表れている。また、日が暮れかかり夕闇《ゆうやみ》が迫《せま》ることを感じさせる場面では、「花の咲《さ》いた梅に、西日の光が消えかかっている」と表現してあり、枝に小さな花をつける梅に西日の光が消えかかっている情景は、いかにも頼《たよ》りなく、不安が増している心情が表れている。

7 文章中の「 」に書かれている良平の気持ちを手がかりに考える。「押すよりも乗るほうがずっといい。」（喜び）→「もう帰ってくれればいい。」（不安）→「もう日が暮れる。」（あせり）と変わっている。最後は、暗くなるのに遠い道を一人で帰らなければならないことが分かり、絶望し泣きそうになっている。

114〜115ページ　ステージ3

1 〔懐の〕菓子包み・板草履・羽織〔順不同〕
2 無我夢中
3 例日が沈んでしまうこと。
4 1イ　2エ　3ア　4ウ
5 イ
6 ウ
7 (1) 心細さ
(2) 例1塵労に疲れ、不安で心細い状況だから。
例2生活に疲れ、将来について心細さを感じる状況だから。

解説

1 良平《りょうへい》は、走るのに邪魔《じゃま》になるものを次々に捨てている。自分が身に着けていたものも構わず捨てている様子から、必死になって走っていることが分かる。

2 海に目をやる余裕《よゆう》もないほど、無我《むが》夢中に走っているのである。行きと帰りの風景の見え方の違《ちが》いにも注意しよう。

3 記述対策
・考え方…直前に「夕焼けのした日金山《ひがねやま》の空も、もうほてりが消えかかっていた」とあることに着目し、良平が日が完全に暮れることを恐《おそ》れていることを捉《とら》えよう。
・書き方…「真っ暗になって走れなくなること」「暗くなって家に帰ることができなくなること」などでも正解である。

5 見慣れた風景が見えてきて、ここまで来れば家に帰ることができるという安心感から泣きたくなったのである。

6 重要 直後に書かれていることを手がかりにして考えよう。良平は遠い道を一人で帰ってこなければならなかった不安を伝えたかったが、簡単な言葉では言い表せないような思いであり、今までの緊張《きんちょう》から解放された八歳《さい》の良平には伝えようがなかったのである。

7 (1) 問題文に「どのような気持ちですか」とあるので、良平の気持ちが表現してあるところに着目する。

(2) 記述対策
・考え方…トロッコの出来事では、良平は土工たちといっしょに帰るのだという期待が大きく裏切られ、心細い状《じょう》況《きょう》に陥《おちい》った。大人になった良平も、同じように塵労に疲《つか》れ期待が裏切られるかもしれないという心細い状況にあると考えられる。
・書き方…塵労や生活に疲れたことと、これから先のことに対して「不安」「心細い」など、子供の良平が家まで戻《もど》るときと同じ心境が書いてあれば正解である。

そこに僕《ぼく》はいた

116〜117ページ ステージ1

教科書の要点

1 ①僕 ②あーちゃん
2 〔右から順に〕2・5・3・1・4
3 ①嫌 ②重く ③見え ④うれしかった ⑤好き ⑥感触

おさえよう 〔順に〕ア・ア

基本問題

1 あーちゃんの足
2 エ
3 Ⅰア Ⅱウ

解説

1 直前にある「僕《ぼく》」が恥《は》ずかしく思った内容に着目する。「僕」は、子供たちの先頭に立って山を登っていた。だから、あーちゃんの足のことを考えずに山を登ったのは、自分の責任だと感じて謝《あやま》ったのだ。

2 この場面では、「僕」とあーちゃんの関係がぎくしゃくしている様子が描《えが》かれている。「僕」は、あーちゃんの足を気遣《きづか》って手を差し出すが、あーちゃんはそれを同情からの行為《こうい》だと受け取って反発しているのである。会話や行動から、人物どうしの関係を読み取ろう。

3 重要 「僕」は、山に登れないあーちゃんのところへ手を貸しに行っている。この行動から、責任感が強い人物だということが読み取れる。また、「僕」が差し出した手に頼《たよ》ろうとしない「あーちゃん」の態度から、自立心が強い性格が読み取れる。

118〜119ページ ステージ2

1 例あーちゃんの義足の金具の音が気にならなくなった（という変化）。
2 ハンディ・例差し出した
3 例どうして義足になったのかということ。
4 ウ
5 例1子猫を助けようとした行動に、優しさを感じたから。例2心を開いて話をしてくれたのがうれしかったから。
6 〔順に〕ウ・ア・エ・イ

解説

1 重要 直後に書かれている、「僕《ぼく》」に起こった変化に着目する。作品の中で、「僕」の義足の音に対する感じ方は、「僕」のあーちゃんに対する気持ちに伴《ともな》って変化している。引用文にはないが、最初の頃《ころ》は、義足の立てる音は嫌《いや》だったとしている。また、打ち解けた関係になる最後のまとまりでは、P.S.(追伸《ついしん》)という形で、義足をたたかせてもらったときのことが描写《びょうしゃ》されているが、このときは、義足はコンコンと明るい音を立てている。このように、義足の音は作品全体の伏線《ふくせん》となって、「僕」の心情の変化を表している。

2 直前にある、「僕」の心情を手がかりに考える。あーちゃんは、義足というハンディがありながら、強い自立心を持った少年である。だから、「僕」が同情から手を差し出したのなら反発を覚えるはずである。しかし、「僕」は彼《かれ》のハンディを意識せず、友達の一人を助けようとして自然に手を差し出したのである。あーちゃんは、こうした「僕」の気持ちを感じ取って、素直《すなお》に手を借りて、お礼を言ったのだ。

4 義足になった理由を話す場面では、あーちゃんは常に笑って話している。これは、「僕」に対して構えず心を許した状態であるからであり、また、事故から時間がたって、自分なりに足を失ったことを受け止められるようになっているからだと考えられる。

5 記述対策

- **考え方**…「僕」の気持ちの変化は、あーちゃんが義足になった理由を話したことがきっかけで起こっている。話の内容やあーちゃんの態度に着目して考えよう。
- **書き方**…あーちゃんの話の内容に注目した「子猫《こねこ》を助けることに優《やさ》しさを感じた」という内容か、あーちゃんの態度に注目した「心を開いて過去を話してくれた」という内容かのいずれかが書いてあればよい。

「常識」は変化する

120〜121ページ ステージ1

教科書の要点

❶ 珍しい・よくある
❷ ①ウ ②ア ③イ
❸ ①変化 ②出来事 ③価値観 ④基準 ⑤考え

おさえよう 〔順に〕ア・ア

基本問題

1 ウ 2 例変質しにくいという性質。
3 例なかなか分解しないという性質。
4 研究によっ

解説

1 「……を知っていますか。」などのような問いかけは、読者の興味をひき、これから説明することへの注意を促《うなが》す効果がある。

2・3 「それまでは、優《すぐ》れた性質だと考えられていたことが一転して、とても都合の悪い性質になってしまいました。」という内容は、同じ段落にある「変質しにくいということは、時間がたっても、薬品などを使っても、なかなか分解しないということです。」という内容をまとめて述べたものである。したがって、「優れた性質」は「変質しにくい性質」のことであり、「都合の悪い性質」は、「なかなか分解しないという性質」のことであると分かる。

4 重要 結論は、文章の最後の段落に述べられていることが多い。第四段落の最後の文に着目しよう。

122〜123ページ ステージ2

1 (1) 昔…例栄養価やカロリーが低くあまり役に立たない食品。
今…例低カロリーで食物繊維を多く含む、体によい食品。

(2) イ

2 (1) 工業化による悪い影響

(2) 例1 物質的、経済的な豊かさを求めるよりも、地球環境を守ることに関心が注がれるようになった。

例2 物質的、経済的な豊かさを求めるよりも、自然を守ることが大切だという考え方に変わった。

3 ふだんから

4 ・例 私たち一人一人にとって生きやすい社会を作ること。

・例 自分自身が納得できる生き方をすること。〔順不同〕

5 エ

解説

1 (1)「かつてこんにゃくは……」の部分に昔のこんにゃくの常識が述べられており、「しかし今では……」に今のこんにゃくの常識が述べられている。

(2) **重要** 時代によって、栄養についての価値観が変わったことを読み取ろう。食べ物が豊富になるという社会の変化や、健康に対する関心の高まりによって、栄養価やカロリーが低いことに価値が見出《みいだ》されるようになったのである。

2 (2) **記述対策**

- **考え方**…4段落から、人々が何を大切に思っているかがどのように変化したか読み取り、まとめる。
- **書き方**…かつての「物質的、経済的な豊かさを求め」ることから、今の「自然を守る」あるいは「地球環境《かんきょう》を守る」ことへと価値観が変化したことが書いてあれば正解である。

3 7段落が問いかけの答えになっている。それをまとめたのが、8段落の最初の一文である。

5 この文章では、筆者は例を挙げながら自分の主張を述べている。1・2段落にはこんにゃくの例が挙げられており、3・4段落には環境問題の例が挙げられている。そして、5段落には、まとめとしての主張、6～9段落には、筆者の提言が述べられている。

さまざまな古典作品

124～125ページ ステージ1

教科書の要点

❶ ①紀貫之 ②歌物語 ③紫式部 ④随筆

❷ ①イ ②ウ ③ア

❸ ①懐かしく ②日記 ③東国 ④帝 ⑤体 ⑥住まい

おさえよう 〔順に〕ア・イ

基本問題

1 女

2 無用なもの・住むのにふさわしい国

3 いとやむご

4 イ

解説

1 「土佐日記《とさにっき》」の作者は紀貫之《きのつらゆき》（男性）である。「男もするという日記というものを、女もしてみようと思って、するのである。」と、女性を装《よそお》って日記を書いている点を押《お》さえよう。

4 **重要** 「行《ゆ》く河の流れ」と「よどみに浮《う》かぶうたかた」が、「世の中にある人と住みか」と同じ様子であると表現されていることを捉《とら》えよう。どれも、常に同じでなく、移り変わっていくものだとしている。こうした捉え方を「無常観」という。

プラスワーク 聞き取り問題① スピーチ

126ページ

〔解答の漢字や片仮名《かたかな》の部分は、平仮名で書いてもかまわない。〕

(1) 池や田んぼ
(2) 例ヤゴを踏《ふ》みつぶしてしまうから
(3) 二千四百匹《ひき》（二四〇〇匹）〔算用数字でも可〕
(4) （餌《えさ》の）アカムシ（別解餌）・飼い方の説明書 〔順不同〕
(5) ウ

解説

(2) 交代で入るのは、大勢が一度に入ってヤゴを踏《ふ》みつぶすことを避《さ》けるためである。

(3) 坂上《さかがみ》さんのチームでは七百匹《ぴき》ほど捕《つか》まえたが、全体では二千四百匹のヤゴが見つかったと話している。

(4) 坂上さんは、「最後に、」以降で子供たちにヤゴを配るときのことを詳《くわ》しく説明している。

(5) **重要** 坂上さんはスピーチの中で、「ヤゴ救出大作戦」の手順を「まず、……」「次に、……」「最後に、……」と話していたので、**ウ**が正解。**ア**は「イベントについての質問に最初に答えることで」が、**イ**は「生物部に入った理由を話すことで」が、**エ**は「当日の天気や参加人数を具体的に示すことで」が、それぞれ誤り。

放送文

それでは、聞き取り問題を始めます。

これから、中学生の坂上《さかがみ》さんが国語の時間に行ったスピーチと、それについての問題を五問、放送します。放送は一回だけ行います。聞きながら、メモを取ってもかまいません。それでは、始めます。

皆《みな》さんは、ヤゴという生き物を知っていますか？ ヤゴとは、トンボの幼虫のことです。トンボはもともと、池や田んぼに卵を産む生き物です。ただ、最近はそういった環境《かんきょう》が減っているため、人が泳いでいない時期のプールに産み付けることが増えているのだそうです。私たちの学校のプールにも、ヤゴがたくさんすみついているので、みんなが使う夏の前に掃除《そうじ》をしなくてはなりません。

私の所属する生物部では、毎年六月の初めに「ヤゴ救出大作戦」というイベントを行います。それは、近くの小学校からたくさんの子供たちに参加してもらい、プールからヤゴを救い出すというイベントです。

今日は先週の土曜日に行われた、「ヤゴ救出大作戦」の手順について説明します。

まず、参加者を四つのチームに分け、チームごとに交代でプールに入ります。なぜ、交代で入るのかというと、大勢の人が一度にプールに入ると、ヤゴを踏《ふ》みつぶしてしまうからです。プールの水はひざがつかるぐらいの深さですが、滑《すべ》りやすいので気をつけながらヤゴを捕《つか》まえます。

次に、捕まえたヤゴを平たいお皿に入れて数を数えます。数え終わったら、チームごとに用意された大きな水槽《すいそう》に入れます。その日は私たちのチームだけで、七百匹《ぴき》ほど捕まえることができました。全体では、なんと二千四百匹のヤゴが見つかりました。

最後に、子供たちにそれぞれ十匹ずつヤゴを配ります。ヤゴを配るときいっしょに渡《わた》すものは、水草と餌《えさ》のアカムシ、それと、飼い方の説明書です。残ったヤゴは、生物部が交代で世話をします。

今回参加した子供たちに、小さな命を守ることの大切さが少しでも伝わっていたらうれしいです。

問題文

以上で、スピーチは終わりです。それでは、問題です。

(1) 坂上《さかがみ》さんは、トンボは、もともとどのような場所に卵を産む生き物だと話していましたか。

(2) 参加者が交代でプールに入るのは、なぜですか。解答欄《らん》に当てはま

る言葉を書きなさい。

解答文 大勢の人が一度にプールに入ると、［　　］。

(3) 坂上さんは、全体で何匹《びき》のヤゴが見つかったと話していましたか。

(4) 子供たちにヤゴを配るとき、水草のほかに何を渡《わた》しますか。二つ書きなさい。

(5) 坂上さんのスピーチには、どのような工夫《くふう》がありましたか。当てはまるものを次の**ア・イ・ウ・エ**から一つ選び、記号で答えなさい。

ア イベントについての質問に最初に答えることで、聞き手が理解しやすくしている。

イ 自分が生物部に入った理由を話すことで、聞き手の興味を引きつけている。

ウ イベントの内容を順序よく話すことで、聞き手に伝わりやすくしている。

エ 当日の天気や参加人数を具体的に示すことで、イベントの内容を想像しやすくしている。

これで、聞き取り問題を終わります。

メモを取るコツ

- 全てを丁寧《ていねい》に書こうと思わず、キーワードだけを書こう。
- 漢字で書かなくてもOK！　全部平仮名《ひらがな》でもいいよ。
- 乱暴に書いて後で読み返してもわからない……とならないように気をつけよう。自分で見てわかる程度の字で書こう。
- 複数の人が話している場合は、誰《だれ》の話なのかも書いておこう。
- 問題文は一回しか読まれないことが多い。何が問われているかに注目して、最後までしっかり聞こう。

127ページ

プラスワーク　聞き取り問題②　会話

〔解答の漢字や片仮名《かたかな》の部分は、平仮名で書いてもかまわない。〕

(1) 例 まちの駅に案内する

(2) 例 お店の情報を発信するため。

(3) (商店街の)郵便局の隣《となり》。

(4) 例 まちの駅を紹介《しょうかい》するポスターを作ること

(5) ウ

解説

(1) 森《もり》さんの話を聞いて、平田《ひらた》さんは「『まちの駅』に案内するっていう方法があるよ」とアドバイスしている。

(2) 平田さんは「まちの駅」を「商店街の人たちが……発信したりするための場所」だと説明している。

(4) 森さんは、まちの駅について学校のみんなに知ってもらうために、総合学習の授業でポスターを作ることを先生に提案しようとしている。

(5) 森さんは、「『まちの駅』を紹介するポスターを作ることを、先生に提案してみるのはどうかな」と言っているので、**ウ**が正解。**ア**は「自分の不思議な体験を」が、**イ**は「インターネットで得た情報をもとに」が、**エ**は「自分からも新しい提案をしている」が、それぞれ誤り。

放送文

それでは、聞き取り問題を始めます。

これから、中学生の森《もり》さんと平田《ひらた》さんの会話と、それについての問題を五問、放送します。放送は一回だけ行います。聞きながら、メモを取ってもかまいません。それでは、始めます。

森さん　平田さん、ちょっといいかな。この間の休みの日に、困った

ことがあったんだ。

平田さん　何があったの、森さん。

森さん　商店街で道をきかれてね。その人はインターネットで話題になっているドーナツ屋さんを探していたんだけど、私が知らなくて……。だから交番まで案内したんだけど、交番の人もどこにあるか知らなかったんだ。

平田さん　そうだったんだ……。森さんも知らないお店だったんだね。もし、今度道をきかれてわからなかったら、「まちの駅」に案内するっていう方法があるよ。

森さん　「まちの駅」って、何？　どんなところなの？

平田さん　「まちの駅」はね、商店街の人たちが、この町を訪《おとず》れた人に町を案内したり、お店の情報を発信したりするための場所なんだ。最近できたばかりなんだよ。

森さん　へえ、そうなんだ。どこにあるの？

平田さん　場所は、商店街の郵便局の隣《となり》だよ。

森さん　平田さん、よく知っているね！　どうしてそんなに詳《くわ》しいの？

平田さん　実は、僕もこの間利用したばかりでさ……。連休中にいとこが遊びに来て、商店街を案内していて見つけたんだ。中にはボランティアの人がいて、おすすめのお店や、「まちの駅」で行われるイベントを紹介《しょうかい》してくれたよ。

森さん　私ももっと早く知っていればなあ……。今度、道をきかれることがあったら案内してみるね。

平田さん　ぜひ、そうしてよ。ボランティアの人も、「まちの駅」をもっと知ってもらいたいって言っていたよ。学校のみんなにも教えたいよね。

森さん　それなら、総合学習の授業で「まちの駅」を紹介するポスターを作ることを、先生に提案してみるのはどうかな。ポスターを目立つところに貼《は》れば、みんな見てくれるよね。

平田さん　いいアイデアだね！　明日、さっそく先生に提案してみよう。

問題文

以上で、会話は終わりです。それでは、問題です。

(1) 平田《ひらた》さんは森《もり》さんの話を聞いて、道をきかれて分からなかったときに、どのような方法があると話しましたか。解答欄《らん》に当てはまる言葉を書きなさい。

解答文 □方法がある。

(2) 「まちの駅」が作られた目的は、訪《おとず》れた人に町を案内するためのほかにもう一つありました。それは何のためですか。

(3) 平田さんは、「まちの駅」は商店街のどこにあると言っていましたか。

(4) 森さんは、「まちの駅」を学校のみんなに知ってもらうために、どのようなことを考えましたか。解答欄に当てはまる言葉を書きなさい。

解答文 総合学習の授業で□を先生に提案してみる。

(5) この会話の内容に当てはまるものを、次の**ア・イ・ウ・エ**から一つ選び、記号で答えなさい。

ア　森さんは、自分の不思議な体験を平田さんに聞いてもらおうとしている。

イ　平田さんは、インターネットで得た情報をもとに、「まちの駅」のことを説明している。

ウ　森さんは、平田さんの話を受けて、自分たちにできることを提案している。

エ　平田さんは、森さんの提案に対して、自分からも新しい提案をしている。

これで、聞き取り問題を終わります。

定期テスト対策 得点アップ! 予想問題

1 話し方はどうかな 130ページ

1 ⓐもうれつ ⓑ乾燥 ⓒあつか
2 Ⅰ一分 Ⅱ三百
3 イ
4 聞き手によ

解説

2 直前に「これを一分間で読むのです。」とあるので、それより前の気象情報のアナウンスの内容を一分間で読む速さだと分かる。そして、その後を読み進めていくと、一分間に三百字で読む速さについて説明していると読み取れる。

3 「話の表情」とは、具体的には、話の起承転結、緩急《かんきゅう》、強弱のこと。相手に伝わるように内容に合わせて緩急をつけたり強弱をつけたりと話し方を変化させることを意味している。

2 詩の心——発見の喜び 131ページ

1 ちょう
2 (1) 白く立っている蝶の羽 (2) ウ
3 蟻が、蝶の死骸を引っ張って地面を移動している
4 海
5 連想や比喩の楽しさ

解説

1 「てふ」という読み仮名《がな》がふってあるが、これは昔の仮名遣《づか》いのルールにもとづいたものである。実際に声に出して読むときには、「ちょう」と読む。

2 (1) 詩の作者が、蝶《ちょう》の羽の形や色からヨットを連想したことを捉《とら》える。「蝶の羽」だけでは設問で示されている字数に合わないので、十字で表されている部分を探し、抜《ぬ》き出す。

3 「小さな光景」とは、小さな昆虫《こんちゅう》たちが作り出す光景のことを示している。

4 詩の作者は最初は蟻《あり》や蝶の羽といった土の上の光景を描《えが》いているが、最後の二行では「ヨット」という比喩《ひゆ》を用いることで海の上の光景に変わっており、詩に広がりが生まれている。

5 「……を教えてくれます」という表現に注目し、筆者の主張を捉える。

3 飛べ かもめ 132ページ

1 ⓐひとかげ ⓑころ
2 例すっきりとしない暗い気持ち。
3 ア
4 課外活動の
5 エ

解説

2 「冬の初め」からは、列車の外が寒いこと、「どんよりと曇《くも》った昼過ぎ」からは、空や景色が暗いことがイメージできる。ここから、「すっきりしない」「暗い」「沈《しず》んだ」「憂鬱《ゆううつ》な」といった気持ちが読み取れる。このように情景は、人物の気持ちと結び付いていることが多いので、心情を読み取る手がかりにしよう。

5 少年は、家に帰りたくないと思っているが、列車に乗っても行くあてもない。これからどうしたらよいか分からない途方《とほう》に暮れた気持ちだったので、海や景色が目に入ってこないのである。

4 さんちき　133ページ

1 ⓐでし　ⓑさむらい
2 車大工は木を削りながら自分の命を削ってる
3 Ⅰはやし方　Ⅱ[例]支えている
4 イ

解説

2 「命を削《けず》ってる」という表現から、車大工《くるまだいく》が一分《いちぶ》たりとも間違《まちが》えないようにのみを動かすことは、命が短くなるほど神経を使う大変な仕事だということが伝わってくる。
3 「四十人」は、「鉾《ほこ》の上に乗る四十人のはやし方」を指している。「命が懸《か》かってる」とは、車が四十人の重みを支えており、車が壊《こわ》れると四十人の命が危険にさらされるということを示している。親方は、完成した後の車の果たす役割に責任を持って、のみをふるっているのである。
4 この文章から、親方は、自分が作り上げる車には、多くの人の命が懸かっているという責任と誇《ほこ》りを持って仕事に取り組んでいることが読み取れる。

5 オオカミを見る目　134ページ

1 [例]忌まわしい動物（と見られるようになった）。
2 ウ
3 [例]オオカミのイメージをますます悪化させた。
4 [例]ジステンパーの流行・[例]生息地の減少・[例]シカの激減　〔順不同〕
5 [4]

解説

1 [1]段落では、日本人のオオカミに対する見方を変化させた出来事として狂犬病《きょうけんびょう》の流行を挙げ、狂犬病にかかったオオカミによって日本人が被害《ひがい》を受けたことが説明されている。そして、最後の一文の「こうしたことから」でそれまでの説明を受け、その後にオオカミに対する日本人の見方がどのように変化したかが述べられている。
2 空欄《くうらん》の前後の内容の関係に注目する。前では、江戸《えど》時代におけるオオカミの悪いイメージについて述べられている。また、後では、明治時代におけるオオカミの悪いイメージについて述べられている。似た内容を付け加えているという関係になるので、ウの「そして」が当てはまる。
4 「不利な条件」は、「更《さら》に」という言葉に続いて述べられている。
5 [1]～[3]段落では、日本において、オオカミのイメージが悪化していった過程が述べられている。一方、[4]段落では、オオカミの絶滅《ぜつめつ》で自然のバランスが崩《くず》れたことから、オオカミの絶滅を反省する声があるという内容が述べられている。これは、オオカミの存在や価値を見直す見方がある、ということなので、[4]段落は前で述べた内容とは反対の見方を示しているといえる。段落冒頭《ぼうとう》の「ところが」も手がかりとなる。

6 碑《いしぶみ》　135ページ

1 ⓐはげ　ⓑに
2 父や母に会いたい一心
3 イ
4 [例]お母さんやお父さんが、猛火の市内へ入ってきた。
5 [例]たった一つの爆弾で、全市が壊滅したこと。

解説

2 下野義樹《しものよしき》君は、川から土手へはい上がったとき、町がめちゃめちゃになっていることを知った。それを見て「もうだめだ」と絶望したが、家族に会いたい一心で、生きることを諦《あきら》めなかったのだ。
3 先生は「もう私《わたし》はだめだ」と言っている。けががひどく、自分の死を予感した先生は、生徒にこの状況《じょうきょう》を生きのびて助かってほしいと思い、励《はげ》ますつもりで手を強く握《にぎ》ったのだ。

4 子供たちは家族に会いたくて市外へ向かったが、父母たちは子供が心配で危険な市内に入ってきたのである。お互《たが》いに家族を思う気持ちから、このような対照的な行動となったことを読み取ろう。

7 私《わたし》のタンポポ研究 136ページ

1 ⓐか ⓑすみ
2 例温度に関係なく発芽する性質。
3 例1高い温度では発芽しない性質。
例2発芽率は温度により変化する性質。
4 (1) イ
(2) 例高温では発芽しないが、適温になると速やかに発芽する

解説

2 「どんな性質」と問われているので、「性質」という語が使われているところを探すとよい。
3 雑種タンポポの種子の実験で分かったことは、――線②と同じ段落中に述べられている。「このように」以降ではより詳《くわ》しくまとめられている。
4 (1) ――線③の直前の段落に注目すると、この実験は、高温で発芽しなかったカントウタンポポと雑種タンポポが生きているかどうかを確認《かくにん》するために行われていることが分かる。
(2) 実験で分かったことは、「つまり」以降に述べられている。

8 月夜の浜辺《はまべ》 137ページ

1 月
2 月に向つてそれは抛れず
浪に向つてそれは抛れず
3 ア　4 ウ
5 例決して捨てられないという気持ち。

解説

1 ボタンも月も丸くてつややかなもので、形や様子が類似《るいじ》しているといえる。
2 第二連と第四連は、初めの二行と終わりの一行が同じ表現となっており、構成が似ている。「なぜだかそれを捨てるに忍《しの》びず」が対応しているのは「月に向《むか》つてそれは抛《はふ》れず／浪《なみ》に向つてそれは抛れず」の二行である。内容も同じことを言っているが、第四連のほうは三字分ほど字が下げてあり、より目立つように強調されている。
4 ボタンは、浜辺《はまべ》に落ちていた。元は誰《だれ》かの服に付いて役立っていたはずだが、今は誰からも注目されない存在である。「僕《ぼく》」は、その拾ったボタンに愛着を感じて捨てることができない。それは、自分が孤独《こどく》を感じていたため、ボタンの孤独に共感を覚えたからだと考えられる。
5 「どうしてそれが、捨てられようか?」は、反語の表現である。疑問の形をしているが、ここでは「いや、決して捨てられない」という強い否定の意味になる。この表現には、「僕」のボタンを「決して捨てられない」という強い気持ちが込《こ》められている。

9 伊曽保物語《いそほものがたり》 138ページ

1 ⓐこうむる ⓑこずえ ⓒいずく
2 例自分がくわえている肉と、水に映った肉。
3 エ
4 鳩
5 例助けてもらった恩を鳩に返そうと思ったから。
6 1イ 2ウ

解説

2 「二つながら」は「二つとも」「両方いずれも」という意味である。「これを失ふ」の「これ」は、肉《ししむら》のことを指している。犬はほかの肉を得ようとして口を開けたため、自分のくわえていた肉を失い、取ろうとしていた水に映った肉も得ることはできなかったのである。

3 「あはれなり」という言葉は、「しみじみと心を動かされる、かわいい、悲しい、すばらしい」などの意味があるが、ここでは「かわいそうだ」という意味である。

5 直前にある「ただ今の恩を送らむものを。」という蟻《あり》の気持ちに着目すると、鳩《はと》に恩を返そうと思って人の足にかみついたことが分かる。

6 [1]・[2]とも、前の段落に動物を主人公にした物語が、後の段落にその物語から得られる教訓が書かれている。

10 竹取物語《たけとりものがたり》 139ページ

1 ⓐつかいけり ⓑなん

2 ①不思議に思って ③たいへんかわいらしい様子で座っている

3 三寸ばかりなる人 4 イ

5 ⑤天人 ⑦かぐや姫

6 エ

解説

3 直後の「それ」が「筒《つつ》の中」を指しているので、筒の中に「三寸《さんずん》ばかりなる人」を見つけたのだと分かる。

6 「もの知らぬこと、なのたまひそ。」は、「ものをわきまえないことを、おっしゃらないでください。」という意味である。「ものをわきまえないこと」とは、かぐや姫《ひめ》は地上の人々との別れを惜《お》しんでいるのに天《てん》人《にん》が早く天《あま》の羽衣《はごろも》を着せようとせきたてていることを指している。かぐや姫が人間らしい気持ちを持っているのに対して、天人は、そうした感情を理解していないことが分かる。

11 矛盾《むじゅん》 「韓非子《かんぴし》」より 140ページ

1 ⓐたて ⓑほこ

2 吾が盾の堅 ～ の莫きなり

3 物に於いて陥さざる無きなり

4 例あなたの矛で、あなたの盾を突いたら、どうであるか。

5 エ

6 Ⅰエ Ⅱイ Ⅲウ 7 イ

解説

2 漢文の会話文は「曰《い》はく、……と。」の「……」の部分に入ることが多い。漢文に特有の言い回しなので、覚えておこう。

3 ――線②は、盾《たて》を自慢《じまん》して言った部分なので、矛《ほこ》を自慢して言った部分を抜《ぬ》き出す。

5 「其《そ》の人」とア・イ・ウはどれも盾と矛を売っている人を指しているが、エ「或《ある》ひと」は、盾と矛を売っている人に質問をしてきた人を指している。

7 イ五十歩百歩は、「少しの違《ちが》いはあるが、本質的には同じである」という意味の故事成語である。

12 少年の日の思い出 141ページ

1 盗みをした、下劣なやつ（だ）

2 例見つかりはしないかという不安に襲われたから。

3 ウ

4 例チョウを元に返すため。

5 例クジャクヤママユが潰れてしまったから。

解説

1 問題文に「自分のことをどのように感じましたか」とあるので、「自分のことを……と感じた」という言い方ができる表現を文章中から探す。

3 「大それた恥《は》ずべきことをしたという、冷たい気持ちに震《ふる》えていた」というところを手がかりにして考える。

4 「このチョウを持っていることはできない、持っていてはならない、元に返して、できるなら何事もなかったようにしておかねばならない」という気持ちから、「僕《ぼく》」はエーミールの部屋に戻《もど》ったのである。「チョウを戻して何事もなかったようにするため。」などでも正解である。

13 風を受けて走れ

142ページ

1 ⓐきそ ⓑあし

2 例不安を感じながらも走る気力を奮い起こした初心者をだいじにしたいという気持ち。

3 (1) エ (2) 再び走れるようになった証明

解説

2 「パラリンピックに出るような選手が現れても」の後に注目する。パラリンピックに出場するような、走りを極《きわ》めた選手ばかりをだいじにするのではなく、走ろうという気持ちになった初心者をだいじにしたいという気持ちが臼井《うすい》の初心なのである。

3 (1) 「いるのかいないのか、分からないような存在」や「ふと気づくと、選手たちの背中をそっと押《お》している風」という記述に着目して考える。

14 ニュースの見方を考えよう

143ページ

1 例視聴者の関心が高い話題だったから。

2 例取り上げるニュースは制作者が決めているということ。

3 Ⅰウ Ⅱア

4 例ある出来事のどのような面に着目してニュースにするかということ。

解説

2 この文章では、具体例の後に、そこから導き出せる結論が述べられている。4段落で述べられている例からいえることが、5段落にまとめられている。

3 「半数以上が賛成」は、賛成が全体に占《し》める割合に着目した表現で、半数を超《こ》えているので、賛成の人が多い印象を受ける。一方、「賛成、八ポイント減」は、賛成が以前に比べて減ったという時間の推移による変化に着目した表現で、賛成の意見が減った印象を受ける。

15 トロッコ

144ページ

1 ⓐこうばい ⓑつまさき

2 例勾配が楽になって、三人で押す必要はなくなると思ったから。

3 ②ア ③エ

4 Ⅰ押して Ⅱ乗る

解説

2 前後に書かれていることに着目する。勾配《こうばい》が楽になったので、力を込《こ》めて押《お》す必要がなくなり、若い二人の土工は前よりも腰《こし》を起こしてトロッコを押している。良平《りょうへい》は、手伝う必要がなくなると、「もう押さなくともいい。」と言われるのではないかと心配になったのである。

3 ②「黄色い実がいくつも日を受けている」という表現は、明るい印象を与《あた》え、良平の満足感が読み取れる。③「薄《うす》ら寒い海」は、暗い印象を与え、良平の不安を表している。

4 初めはトロッコを押すことに満足を覚えた良平だが、乗ってみると気持ちのよさに、「押すよりも乗るほうがずっといい」と思っている。控《ひか》えめだった良平の期待がだんだん膨《ふく》らむ様子が描《えが》かれている。

6 5 4
D C B A

教科書ワーク 国語 特別ふろく②

定期テスト対策に!

聞き取り問題

こちらにアクセスして，ご利用ください。
https://www.kyokashowork.jp/ja11.html

★自宅学習でも取り組みやすいよう，放送文を簡単に聞くことができます。

★学年ごとに最適な学習内容を厳選しました。

（1年:スピーチ・会話／2年:プレゼンテーション・ディスカッション／3年:話し合い・ディスカッション）

★聞き取り問題を解くうえで気をつけたいポイント解説も充実。

放送文を聞きながら書き込めるメモ欄

放送文の内容もすべて掲載で確かめやすい！

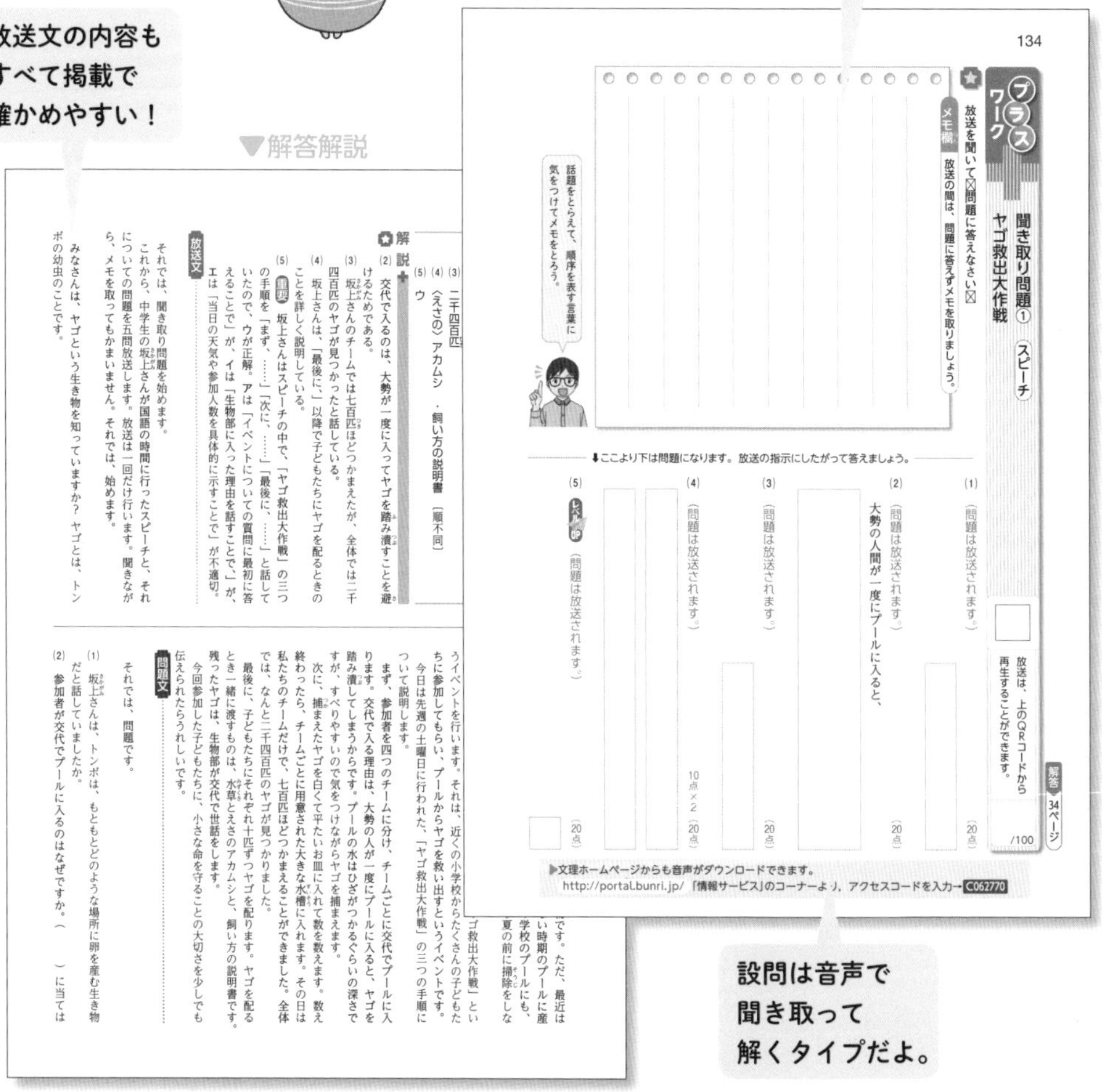

設問は音声で聞き取って解くタイプだよ。

中学教科書ワーク

定期テスト対策

スピードチェック

教科書のまるごと漢字と知識マスター

国語 1年

付属の赤シートを
使ってね！

東京書籍版

「スピードチェック」は取りはずして使用できます。

話し方はどうかな　教p.14～21

- ❶ 中学生のミナさん、こんにちは。
- ❷ 横から口をハサム。
- ❸ オオアセをかく。
- ❹ 歩く速さがオソイ。
- ❺ フツウの速さで話す。
- ❻ 漢字仮名交じり文を読む。
- ❼ ゲンコウヨウシに作文を書く。
- ❽ 野球のジッキョウ（ありのままの様子）を放送する。
- ❾ サッカーのチュウケイ放送。
- ❿ マンルイ（全てのベースに走者がいる状態）のチャンスになる。
- ⓫ 打球が右中間へヌケル。
- ⓬ ボールがハネカエル。
- ⓭ するどい打球をトル。
- ⓮ ホームベースに滑《すべ》りコム。
- ⓯ 一定の条件のモトで作業する。
- ⓰ モウレツ（勢いが激しい様子）に発達した低気圧。
- ⓱ 空気がカンソウする。

❶皆　❷挟む　❸大汗　❹遅い　❺普通　❻かな　❼原稿用紙　❽実況　❾中継　❿満塁　⓫抜ける　⓬跳ね返る　⓭捕る　⓮込む　⓯下　⓰猛烈　⓱乾燥

- ⓲ 火のトリアツカイに注意する。
- ⓳ 相手とコウゴに話す。
- ⓴ タンタン（あっさりしている様子）とした話し方。
- ㉑ 話し方をクフウする。
- ㉒ ＊バツグン（とびぬけていること）の運動神経の持ち主。
- ㉓ ＊野球部でホシュとして活躍《かつやく》する。
- ㉔ ＊よいお天気で洗濯物《せんたくもの》がカワク。

⓲取り扱い　⓳交互　⓴淡々〈淡淡〉　㉑工夫　㉒抜群　㉓捕手　㉔乾く

＊は、新出漢字の教科書本文外の読み方です。

詩の心――発見の喜び　教p.24～28

- ❶ スナオに忠告を聞く。
- ❷ 田舎《いなか》でソボク（かざり気がない様子）に暮らす。
- ❸ ギコウ（たくみなわざ）をこらした芸術作品。
- ❹ ユウゼン（落ち着いた様子）とした態度。
- ❺ 太陽が雲にカクレル。
- ❻ シンセン（あたらしく生き生きとした様子）な気持ちでのぞむ。
- ❼ 小説の結末にオドロク。
- ❽ 感動してナミダが出る。
- ❾ 助けがいるほど切羽ツマル（切羽ツマル＝どうにもならなくなる）。
- ❿ シンケン（本気な様子）な顔つき。

❶素直　❷素朴　❸技巧　❹悠然　❺隠れる　❻新鮮　❼驚く　❽涙　❾詰まる　❿真剣

□ 11 ケッカクが治る。（病気の一種）
□ 12 年齢《ねんれい》が三十サイぐらいの男性。
□ 13 プランクトンのシガイ。
□ 14 ヒユを使って表現する。（たとえ）
□ 15 ＊アザヤカな色の洋服を着る。

11 結核
12 歳
13 死骸
14 比喩（喩）
15 鮮やか

漢字道場1　活字と書き文字・画数・筆順

教 p.33〜34

□ 1 丁寧《ていねい》なフデヅカイ。
□ 2 味のチガイを確かめる。
□ 3 ゲンカンのドアを開ける。
□ 4 シバイを見に行く。
□ 5 青い芝生の庭。
□ 6 私の父はゲカの医師だ。（手術で治す医学分野）
□ 7 ボウセンブの意味を考える。
□ 8 甲《こう》オツつけがたい出来。
□ 9 健康そうな乙女の姿。
□ 10 コッキシンを養う。（自分の欲望に打ち勝つこころ）
□ 11 キュウドウの大会に出る。（ゆみで矢を射る武術）
□ 12 ウジガミをまつった神社。

1 筆遣い〈筆使い〉
2 違い
3 玄関
4 芝居
5 しばふ
6 外科
7 傍線部
8 乙
9 おとめ
10 克己心
11 弓道
12 氏神

□ 13 それはキジョウの空論だ。（キジョウの空論＝実際には役に立たない考え）
□ 14 ランオウでプリンを作る。
□ 15 バッグなどのカワセイヒン。
□ 16 ジビカを受診《じゅしん》する。
□ 17 河口に広がるサンカクス。（川が運んだ土や砂が積もってできた土地）
□ 18 新しい品物がニュウカする。
□ 19 胃液をブンピツする。（細胞が物質をつくって出すこと）
□ 20 ＊通訳を会議にハケンする。

13 机上
14 卵黄
15 革製品
16 耳鼻科
17 三角州
18 入荷
19 分泌
20 派遣

飛べ　かもめ

教 p.36〜40

□ 1 ドンコウレッシャに乗る。（各駅に停車する鉄道車両）
□ 2 どんよりと空がクモル。
□ 3 遠くにヒトカゲが見える。（ひとの姿）
□ 4 幼いコロの記憶《きおく》。
□ 5 シールが本にハリツク。
□ 6 空いた席に子供がスワル。
□ 7 友達をタヨリにする。
□ 8 しっかりと手をニギル。
□ 9 ボクはかもめを見た。

1 鈍行列車
2 曇る
3 人影
4 頃
5 貼り付く
6 座る
7 頼り
8 握る
9 僕

⑩ 他人に意気地（物事をやりぬく力）なしと思われる。
⑪ 車の速度がシダイ（だんだん）に落ちる。
⑫ 少年が後ろをフリムク。
⑬ 鳥の行方を目で追う。
⑭ 人の親切にアマエル。
⑮ 勉強をナマケル。
⑯ 広いスナハマを走る。
⑰ つぶらなヒトミの少女。
⑱ 再び希望をトリモドス。
⑲ 雨が上がってニジが出る。
⑳ ＊どこかでニブイ音がした。
㉑ ＊会場でアクシュをする。
㉒ ＊車体がわずかにシンドウ（ゆれうごくこと）する。

⑩ いくじ
⑪ 次第
⑫ 振り向く
⑬ ゆくえ
⑭ 甘える
⑮ 怠ける
⑯ 砂浜
⑰ 瞳
⑱ 取り戻す
⑲ 虹
⑳ 鈍い
㉑ 握手
㉒ 振動

さんちき

教p.42～53

❶ 緊張《きんちょう》で表情がヒキシマル。
❷ 朝顔のつるがどんどんノビル。
❸ 大工にデシイリする。
❹ テンジョウに照明を取り付ける。

❶ 引き締まる
❷ 伸びる
❸ 弟子入り
❹ 天井

❺ 綱《つな》で荷物をシバル。
❻ 大声でサケブ。
❼ 作品に自分の名前をホル。
❽ 日曜日はいつも早めにネル。
❾ 親方が大声でドナル。
❿ 包丁をよくトグ（と石でこすって、するどくする）。
⓫ テイ寧《ねい》に作業をする。
⓬ ブッソウな世の中。
⓭ 尊王攘夷《そんのうじょうい》を支持するサムライ。
⓮ 鼻の頭に汗がフキダス。
⓯ 室内に声がヒビク。
⓰ 突然《とつぜん》のことにアワテル。
⓱ カンジン（とても大切である様子）なことを忘れてしまう。
⓲ 言い返せずにダマル。
⓳ のみで木をケズル。
⓴ 物がタオレル音がした。
㉑ 真っ暗なヤミが広がる。
㉒ トナリの家の前を通る。

❺ 縛る
❻ 叫ぶ
❼ 彫る
❽ 寝る
❾ 怒鳴る
❿ 研ぐ
⓫ 丁
⓬ 物騒
⓭ 侍
⓮ 吹き出す
⓯ 響く
⓰ 慌てる
⓱ 肝心
⓲ 黙る
⓳ 削る
⓴ 倒れる
㉑ 闇
㉒ 隣

＊は、新出漢字の教科書本文外の読み方です。

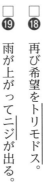

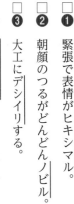

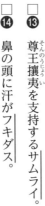

□㉓ 道のハシを歩く。
□㉔ ナマツバ《自然にわくつば》を飲み込む。
□㉕ スルドイ目つきの男。
□㉖ ニクシミでいっぱいの顔。
□㉗ 大名がハン《江戸（えど）時代の大名の領地》を治める。
□㉘ ウデを組んで考える。
□㉙ コシに手を当てる。
□㉚ ドアを手でオス。
□㉛ 焼き立てのパンがコウバシイ。
□㉜ カライ味を好む。
□㉝ 足取りがカロヤカだ。
□㉞ ＊友好条約をテイケツ《むすぶこと》する。
□㉟ ＊シンシツの電気を消す。
□㊱ ＊何となく胸がサワグ。
□㊲ ＊大きなハンキョウ《あることに対するさまざまな変化や動き》を呼ぶ。
□㊳ ＊本をモクドク《声を出さずによむこと》する。
□㊴ ＊誤ってテントウ《ひっくり返ること》する。
□㊵ ＊エイリ《するどくよく切れる様子》なはもの。

㉓ 端
㉔ 生唾
㉕ 鋭い
㉖ 憎しみ
㉗ 藩
㉘ 腕
㉙ 腰
㉚ 押す
㉛ 香ばしい
㉜ 辛い
㉝ 軽やか
㉞ 締結
㉟ 寝室
㊱ 騒ぐ
㊲ 反響
㊳ 黙読
㊴ 転倒
㊵ 鋭利

日本語探検2　接続する語句・指示する語句

教p.58〜60

□❶ ネボウしないよう気をつける。
□❷ 主張のコンキョ《よりどころとなる理由》を示す。
□❸ イッパンテキ《全体に当てはまる様子》な意見。
□❹ 重要なコトガラを強調する。
□❺ ごブサタ《長い間交際がない様子》しております。

❶ 寝坊
❷ 根拠
❸ 一般的
❹ 事柄
❺ 無沙汰

オオカミを見る目

教p.62〜69

□❶ 「サンビキの子ブタ」の物語。
□❷ 敵をマチブセする。
□❸ オオカミはカシコイ動物だ。
□❹ ハトは平和のショウチョウ《シンボル》だ。
□❺ 決まったイメージでトラエル。
□❻ 畑で麦をサイバイする。
□❼ オオカミがシカをオソウ。
□❽ 敵のシュウゲキ《予想していない時をねらっておそいかかること》を防ぐ。
□❾ 天使とアクマ。
□❿ オオカミをオソレル《こわがる》。
□⓫ 米をジク《中心》にした農業を営む。

❶ 三匹
❷ 待ち伏せ
❸ 賢い
❹ 象徴
❺ 捉える
❻ 栽培
❼ 襲う
❽ 襲撃
❾ 悪魔
❿ 恐れる
⓫ 軸

□⑫ボクチクが行われる地域。（牛や馬などを飼育する仕事）
□⑬工業をキバンとして発展する。（もとになるもの・土台）
□⑭イナサクで生計を立てる。
□⑮米作りのサカンな国。
□⑯豊作のイノリをささげる。
□⑰シカはソウショクジュウだ。（植物をたべる動物）
□⑱害虫をボクメツする。（完全にほろぼすこと）
□⑲エドジダイの生活。
□⑳カンセンショウを予防する。（人にうつる病気）
□㉑広くフキュウした童話。（広くゆきわたること）
□㉒サラニ歩き続ける。
□㉓クマによるヒガイが起こる。
□㉔自然のバランスをクズス。
□㉕妹は怖《こわ》がりでオクビョウだ。（びくびくする性質）
□㉖サワヤカな季節になる。
□㉗ブスイな話にうんざりする。（おもむきがわからないこと）
□㉘ゾクっぽい歌を口ずさむ。（ゾクっぽい＝ありふれていて品位に欠ける）
□㉙＊プロにヒッテキするほどの腕前。

⑫牧畜
⑬基盤
⑭稲作
⑮盛ん
⑯祈り
⑰草食獣
⑱撲滅
⑲江戸時代
⑳感染症
㉑普及
㉒更に
㉓被害
㉔崩す
㉕臆病
㉖爽やか
㉗無粋〈不粋〉
㉘俗
㉙匹敵

＊は、新出漢字の教科書本文外の読み方です。

□㉚＊銃《じゅう》で的をウツ。
□㉛＊健康をキガンする。（神仏にいのりねがうこと）
□㉜＊会議が深夜にオヨブ。（達する）
□㉝＊住所をヘンコウする。
□㉞＊多額の損害をコウムル。（身に受ける）

㉚撃つ
㉛祈願
㉜及ぶ
㉝変更
㉞被る

漢字道場2　音読み・訓読み　教p.78〜79

□①中国語の発音にモトヅク読み方。
□②白いモモを食べる。
□③努力が水のアワになる。
□④知力と体力をカネソナエル。（二つ以上のものをあわせ持つ）
□⑤ビンセンに手紙を書く。
□⑥バンブツは流転《るてん》する。
□⑦委員会がホッソクする。（新しくできて活動を始めること）
□⑧ゴウインなやり方に反対する。
□⑨ソッチョクに意見を言う。（ありのままで正直な様子）
□⑩フウリンが涼《すず》しげに鳴る。
□⑪道のソッコウに水が流れる。（わきにあるみぞ）
□⑫ゾウゲの貿易が禁止される。（ゾウの門歯）

①基づく
②桃
③泡
④兼ね備える
⑤便箋（箋）
⑥万物
⑦発足
⑧強引
⑨率直
⑩風鈴
⑪側溝
⑫象牙

□⑬ ゲンカクが見える。
□⑭ 寒さで体のシンまで冷える。
□⑮ 朗読のツドイに参加する。
□⑯ ユウシュウ賞を獲得《かくとく》する。
□⑰ 実力で彼《かれ》にマサル人はいない。
□⑱ 映画のケッサク《非常にすぐれた作品》が生まれる。
□⑲ キソを学ぶことが大切だ。
□⑳ 練習に時間をサク《時間に都合をつけてあることに使う》。
□㉑ 汗をタオルでヌグウ。
□㉒ ゾウキンをしぼる。
□㉓ 床《ゆか》のヨゴレをきれいにする。
□㉔ ＊炭酸水のキホウ。
□㉕ ＊キーホルダーにスズを付ける。
□㉖ ＊新記録がマボロシになる。

⑬ 幻覚
⑭ 芯
⑮ 集い
⑯ 優秀
⑰ 勝る
⑱ 傑作
⑲ 基礎
⑳ 割く
㉑ 拭う
㉒ 雑巾
㉓ 汚れ
㉔ 気泡
㉕ 鈴
㉖ 幻

碑《いしぶみ》 教 p.80～91

□❶ バクゲキキが空に現れる。
□❷ ゲンシバクダンが投下される。
□❸ 川の土手にあるヤナギの木。

❶ 爆撃機
❷ 原子爆弾
❸ 柳

□❹ 新しい橋にカケ替《か》える。
□❺ B29とそのリョウキ《仲間のひこうき》。
□❻ 敵のテイサツヒコウ《ひそかに動きをさぐってとぶこと》に気づく。
□❼ シュンカンの出来事。
□❽ 妹がぐっすりネムル。
□❾ 怒りで体がフルエル。
□❿ 遠くでライメイ《かみなりの音》がとどろく。
□⓫ キョダイな岩が道をふさぐ。
□⓬ けがをしてニゲオクレル。
□⓭ 強風でツチケムリが上がる。
□⓮ ドシャを取り除く。
□⓯ 腰まで雪にウマル。
□⓰ 土を手でホル。
□⓱ 職人がセンベイを焼く。
□⓲ 友達をハゲマス。
□⓳ 大きな橋をワタル。
□⓴ ワガコの名前を呼ぶ。
□㉑ 飲み水がホシイ。

❹ 架け
❺ 僚機
❻ 偵察飛行
❼ 瞬間
❽ 眠る
❾ 震える
❿ 雷鳴
⓫ 巨大
⓬ 逃げ遅れる
⓭ 土煙
⓮ 土砂
⓯ 埋まる
⓰ 掘る
⓱ 煎(煎)餅(餅)
⓲ 励ます
⓳ 渡る
⓴ 我が子
㉑ 欲しい

＊は、新出漢字の教科書本文外の読み方です。

□㉒ 家屋の焼けアトを見つめる。
□㉓ 道のトチュウで引き返す。
□㉔ 風雪で建物がイタム《そこなわれる》。
□㉕ 家族の安否をタズネル。
□㉖ 戦闘《せんとう》ボウ《ぼうし》を頭にかぶる。
□㉗ 私アテの手紙が来る。
□㉘ 厚いフウショ《ふうをした手紙》を受け取る。
□㉙ 小さなフネで川を下る。
□㉚ アユが川をサカノボル《流れに逆らってのぼる》。
□㉛ 敵からコウゲキを受ける。
□㉜ コウガイ《都市の周辺部》の住宅地に暮らす。
□㉝ マクラもとに時計を置く。
□㉞ 夜をテッシて話を聞く。
□㉟ ムガムチュウ《われを忘れた様子》で走る。
□㊱ 記念のヒ《文などを刻んだ石》を建てる。
□㊲ ＊ボールがハズム。
□㊳ ＊犯人がトウソウ《にげること》する。
□㊴ ＊化石をハックツする。

㉒ 跡
㉓ 途中
㉔ 傷む
㉕ 尋ねる
㉖ 帽
㉗ 宛て
㉘ 封書
㉙ 舟〈船〉
㉚ 遡（遡）る
㉛ 攻撃
㉜ 郊外
㉝ 枕
㉞ 徹し
㉟ 無我夢中
㊱ 碑
㊲ 弾む
㊳ 逃走
㊴ 発掘

□㊵ ＊出場選手をゲキレイ《大いにはげますこと》する。
□㊶ ＊敵の陣地《じんち》をセメル。

㊵ 激励
㊶ 攻める

私《わたし》のタンポポ研究

教 p.97〜105

□❶ 外来種が在来種をクチク《追いはらうこと》する。
□❷ 彼《かれ》はタンポポの生態にクワシイ。
□❸ 互いの立場がイレカワル。
□❹ 宇宙のナゾを解き明かす。
□❺ 種がナンツブ発芽したか調べる。
□❻ ひどい暑さで街路樹がカレル。
□❼ まいた種がスミヤカ《素早い様子》に発芽する。
□❽ 二つの結果をヒカクする。
□❾ 強い日差しをサケル。
□❿ ダレも解けないような難題。
□⓫ コウイ《おこない》を表す言葉を探す。
□⓬ 庭のカキが実る。
□⓭ 彼の功績は賞賛にアタイ《アタイする＝相当する》する。
□⓮ 食事でハシを上手に使う。
□⓯ 資料をエツラン《調べたり見たりすること》する。

---

❶ 駆逐
❷ 詳しい
❸ 入れ替わる
❹ 謎（謎）
❺ 何粒
❻ 枯れる
❼ 速やか
❽ 比較
❾ 避ける
❿ 誰
⓫ 行為
⓬ 柿
⓭ 値
⓮ 箸（箸）
⓯ 閲覧

□⑯＊ショウサイな説明を求める。（こまかい点までくわしいこと）	⑯詳細
□⑰＊砂のリュウシを観察する。（こまかいつぶ）	⑰粒子

日本語探検3　方言と共通語　教p.118～119

□①日本で会議をカイサイする。	①開催
□②妹がフクレっ面《つら》をする。	②膨れ
□③＊ボウダイな資料を調査する。（数や量が非常におおきい様子）	③膨大

漢字道場3　漢字の部首　教p.120～121

□①漢字のヘンや旁《つくり》を覚える。	①偏
□②王がカンムリをかぶる。	②冠
□③トマトのナエを植える。	③苗
□④離れて暮らす母をシタウ。	④慕う
□⑤辺りにヌマチが広がる。	⑤沼地
□⑥国家のアンタイを願う。（やすらかなこと）	⑥安泰
□⑦相手の攻撃にテイコウする。	⑦抵抗
□⑧ヒヨコのシユウを見分ける。（めすとおす）	⑧雌雄
□⑨カンヨウな態度をとる。（心が広く、相手を受け入れること）	⑨寛容
□⑩これまでのケイイを説明する。（いきさつ・筋道）	⑩経緯
□⑪エキビョウが流行する。（はやりやまい）	⑪疫病

□⑫リョウシがシカを仕留める。	⑫猟師
□⑬コートのエリを立てる。	⑬襟
□⑭シツジツゴウケンな気風。（かざり気がなく真面目で強いこと）	⑭質実剛健
□⑮＊食べ物の好みがカタヨル。	⑮偏る
□⑯＊優勝のエイカンを手にする。（勝利のほまれ）	⑯栄冠

移《ゆ》り行く浦島太郎《うらしまたろう》の物語　教p.126～129

□①ウラシマ太郎《たろう》の昔話。	①浦島
□②海底の竜《りゅう》グウジョウ。	②宮城
□③カメを育てる。	③亀
□④ムロマチジダイの文学。	④室町時代
□⑤折り紙でツルを折る。	⑤鶴
□⑥健康でチョウジュを保つ。	⑥長寿
□⑦夜空の星が美しくカガヤク。	⑦輝く
□⑧年老いたセンニンの物語。	⑧仙人
□⑨物語のブタイとなる地方。	⑨舞台
□⑩易しい言葉にカキカエル。	⑩書き換〈替〉える
□⑪昔話をシタジキにした映画。（手本や基礎）	⑪下敷き
□⑫貴重品に手をフレル。	⑫触れる

□⑬＊窓を開けて部屋のカンキをする。

⑬換気

伊曽保物語《いそほものがたり》

教p.130〜134

□①外国文学をホンヤクする。（別の言語に直すこと）
□②丸太が水にウク。
□③船が海にシズム。
□④恩にムクイル。（受けたことに応える）
□⑤＊チンモクを破る。（口をきかないこと）

①翻訳 ②浮く ③沈む ④報いる ⑤沈黙

竹取物語《たけとりものがたり》

教p.135〜143

□①かぐやヒメの物語。
□②友人のヤサシサに感謝する。
□③自分のオロカサに腹を立てる。
□④リクツでは割り切れない感情。
□⑤竹のツツでできた入れ物。
□⑥コガネの山を手に入れる。
□⑦カレらの真意を確かめる。
□⑧参加者に難題をアタエル。
□⑨友人の家をオトズレル。
□⑩要求をキョヒする。（受け入れずに断ること）

①姫 ②優しさ ③愚かさ ④理屈 ⑤筒 ⑥黄金 ⑦彼 ⑧与える ⑨訪れる ⑩拒否

＊は、新出漢字の教科書本文外の読み方です。

□⑪好かれることをアキラメル。
□⑫月世界へのショウテンの場面。
□⑬天《あま》のハゴロモをまとう。（うすくて軽い伝説上の着物）
□⑭衣服をヌグ。
□⑮フミをしたためる。（手紙）
□⑯贈《おく》り物にカードをソエル。
□⑰＊スイトウにお茶を入れる。
□⑱＊卒業証書をジュヨする。（さずけてあたえること）

⑪諦める ⑫昇天 ⑬羽衣 ⑭脱ぐ ⑮文 ⑯添える ⑰水筒 ⑱授与

矛盾《むじゅん》「韓非子《かんぴし》」より

教p.144〜147

□①彼の主張にはムジュンが多い。（つじつまが合わないこと）
□②「カンピシ」を読む。（中国の思想家の著書）
□③問題点を二つにキリハナス。（別々にする）
□④背水のジンで試合に臨《のぞ》む。
□⑤カシの木はカタイ。
□⑥布地に針をツキトオス。
□⑦大和言葉を調べる。（［日本］の古い言い方）
□⑧言語能力にスグレル。
□⑨＊飛行機がリリクする。

①矛盾 ②韓非子 ③切り離す ④陣 ⑤堅い ⑥突き通す ⑦やまと ⑧優れる ⑨離陸

日本語探検4 語の意味と文脈・多義語 教p.150～151

□❶	古文の意味をカイシャクする。	解釈
□❷	サッソク《すぐに》新種の植物を探す。	早速
□❸	運動をしてツカレル。	疲れる

少年の日の思い出 教p.154～168

□❶	自宅のショサイ《本を読んだりかき物をしたりする部屋》でくつろぐ。	書斎
□❷	湖のまわりを木がフチドル《端の部分をかざる》。	縁取る
□❸	暗闇でマッチをスル。	擦る
□❹	フトウメイなガラスの窓。	不透明
□❺	固く口をトザス。	閉ざす
□❻	夏山の緑がとてもコイ。	濃い
□❼	美しいチョウをナガメル。	眺める
□❽	この模様はとてもメズラシイ。	珍しい
□❾	それはミョウ《不思議な様子》な話だ。	妙
□❿	木箱のフタを閉じる。	蓋
□⓫	フユカイな気分になる。	不愉快
□⓬	兄は静かにビショウ《ほほえみ》した。	微笑
□⓭	本を机の上にノセル。	載せる
□⓮	カエルの鳴き声がカンダカイ。	甲高い
□⓯	子供たちのユウギ《あそび》。	遊戯
□⓰	眠りをムサボル《際限なくほしがる》。	貪る
□⓱	キアゲハにそっとシノビヨル。	忍び寄る
□⓲	梅の花がほのかにニオウ。	匂う
□⓳	コウヤ《あれ果てたのはら》の風景が広がる。	荒野
□⓴	アミで虫を捕らえる。	網
□㉑	チョウのハンテンの模様。	斑点
□㉒	キンチョウをほぐす。	緊張
□㉓	母校優勝にカンキ《大きなよろこび》の声を上げる。	歓喜
□㉔	ボール紙の箱がツブレル。	潰れる
□㉕	瓶《びん》にセンをする。	栓
□㉖	自分の収集をジマンする。	自慢
□㉗	エモノをねらう。	獲物
□㉘	息子と散歩をする。	むすこ
□㉙	彼の収集はヒンジャク《見おとりがする》だ。	貧弱
□㉚	人の才能をネタム《相手のよい点をうらやんでにくく思う》。	妬む
□㉛	本のサシエを見る。	挿絵

□32 イクドとなく忠告する。
□33 取り込んだ洗濯《せんたく》物をタタム。
□34 ただならぬ様相をテイスル。（ある状態を示す）
□35 国境をコエル。
□36 ユウガな色のチョウの羽。（気品が有り美しい様子）
□37 欲望のユウワクに負ける。（心を迷わせて、さそうもの）
□38 ヌスミを働く。
□39 あやまちをオカス。
□40 事の重大さをサトル。（はっきり理解する）
□41 服のほころびをツクロウ。（破れたところを直す）
□42 出来事のイッサイを話す。（残らず全て）
□43 スデニ手遅れだ。
□44 どんなバツでも受け入れる。
□45 タンネンに調査する。（細心の注意をする様子）
□46 イゼン風は強いままだ。（前と変わらないこと）
□47 相手のノドブエに飛びかかる。（のどぼとけのあるあたり）
□48 ツグナイのできないあやまち。
□49 不安な気持ちがツノル。

32 幾度
33 畳む
34 呈する
35 越える
36 優雅
37 誘惑
38 盗み
39 犯す
40 悟る
41 繕う
42 一切
43 既に
44 罰
45 丹念
46 依然
47 喉笛
48 償い
49 募る

＊は、新出漢字の教科書本文外の読み方です。

□50 心の中にカットウが生まれる。（対立するものの間でなやむこと）
□51 失態をイカンに思う。（思い通りにならず残念なこと）
□52 ライバルの才能にシットする。
□53 雷の音にセンリツが走る。（恐ろしくて震えること）
□54 キョウシュウを感じる昔の写真。（昔をなつかしむ気持ち）
□55 余りの恐怖《きょうふ》に背筋がコオル。
□56 異文化にショウケイを感じる。（あこがれ）
□57 ＊エンニチに金魚すくいをする。
□58 ＊山頂からのチョウボウ。
□59 ＊雑誌に小説をレンサイする。（続き物としてのせること）
□60 ＊賞金をカクトクする。（自分のものにする）
□61 ＊画面に図をソウニュウする。
□62 ＊ロクジョウの広さの部屋。
□63 ＊友達を昼食にサソウ。
□64 ＊きっとバチが当たるだろう。（悪事に対するむくい）
□65 ＊肉をレイトウして保存する。

50 葛（葛）藤
51 遺憾
52 嫉妬
53 戦慄
54 郷愁
55 凍る
56 憧憬
57 縁日
58 眺望
59 連載
60 獲得
61 挿入
62 六畳
63 誘う
64 罰
65 冷凍

文法の窓4　名詞

教p.170

□1 毛糸でテブクロを編む。

1 手袋

□② アサセで魚を見つける。
□③ ヒャクツボの広い土地。
□④ ケイハンシン《きょうと、おおさか、こうべ》へ向かうバス。
□⑤ メジリに涙をためる。
□⑥ 風《ふ》ロに入る。
□⑦ この場所はチュウシャ禁止だ。
□⑧ 教室をソウジする。
□⑨ カイショ《点画をくずさないかき方》の文字。
□⑩ ご飯をイチゼン《茶わんにいっぱいだけ》食べる。
□⑪ 海にサンセキの船が現れる。
□⑫ 調査の対象にフクム。

② 浅瀬
③ 百坪
④ 京阪神
⑤ 目尻
⑥ 呂
⑦ 駐車
⑧ 掃除
⑨ 楷書
⑩ 一膳
⑪ 三隻
⑫ 含む

漢字道場4 他教科で学ぶ漢字

教 p.171

□① アネッタイキコウの地域。
□② コフンを調査する。
□③ 各地でカイヅカが発見される。
□④ 三月のことをヤヨイという。
□⑤ 弥生時代の遺跡《いせき》。
□⑥ セキツイドウブツ《背骨のあるどうぶつ》を研究する。

① 亜熱帯気候
② 古墳
③ 貝塚
④ 弥生
⑤ やよい
⑥ 脊椎動物

□⑦ 船からクジラの姿を見る。
□⑧ 人間はホニュウルイ《高等なせきついどうぶつ》だ。
□⑨ ケンビキョウで花粉を観察する。
□⑩ 金属のソセイ《変形した時に形がそのまま残るせいしつ》を利用する。
□⑪ 高原野菜をシュウカクする。
□⑫ キュウリのスの物を作る。
□⑬ ジンゾウ《人間の器官のひとつ》の検査をする。
□⑭ キョウセン《リンパ器官のひとつ》の働き。

⑦ 鯨
⑧ 哺乳類
⑨ 顕微鏡
⑩ 塑性
⑪ 収穫
⑫ 酢
⑬ 腎臓
⑭ 胸腺

風を受けて走れ

教 p.172〜179

□① しっかりした机のアシ。
□② ギシ《ぎそく》装具士として働く。
□③ 生活ヒツジュヒンを求める。
□④ 「ヒザ継手《つぎて》」という部品。
□⑤ 調査結果に疑問をイダク。
□⑥ ウスイ紙を何枚も重ねる。
□⑦ 板をワンキョク《弓のような形にまがること》させる。
□⑧ ジョウブな材料を使う。
□⑨ 最初のチョウセンシャとなる。

① 脚
② 義肢
③ 必需品
④ 膝
⑤ 抱く
⑥ 薄い
⑦ 湾曲
⑧ 丈夫
⑨ 挑戦者

- ⑩ 長いロウカを通って行く。 — ⑩ 廊下
- ⑪ いろいろな案をタメス。 — ⑪ 試す
- ⑫ 深いソウシツカン《なくしてしまったという思い》を味わう。 — ⑫ 喪失感
- ⑬ ナヤミを解決する。 — ⑬ 悩み
- ⑭ 初めの一歩をフミダス。 — ⑭ 踏み出す
- ⑮ 部員に急ぎのレンラクをする。 — ⑮ 連絡
- ⑯ マラソンでバンソウ《選手のそばについて走ること》をする。 — ⑯ 伴走
- ⑰ 試合でタイムをキソウ。 — ⑰ 競う
- ⑱ 人間としてのハバが広がる。 — ⑱ 幅
- ⑲ *事実にキャクショクを加える。 — ⑲ 脚色
- ⑳ *新年のホウフ《決意や計画》を発表する。 — ⑳ 抱負
- ㉑ *クノウに満ちた表情。 — ㉑ 苦悩
- ㉒ *ザットウ《人混み》の中を歩く。 — ㉒ 雑踏

ニュースの見方を考えよう　教p.184～191

- ❶ シブ谷《や》駅周辺で取材する。 — ❶ 渋
- ❷ テレビのシチョウシャ。 — ❷ 視聴者
- ❸ 世界各地でフンソウ《あらそいやもめごと》が起きている。 — ❸ 紛争
- ❹ センパイから助言される。 — ❹ 先輩
- ❺ ニュースのボウトウ《はじめの部分》で発表する。 — ❺ 冒頭
- ❻ 事実をコチョウ《大げさに表現すること》する。 — ❻ 誇張
- ❼ *名曲をじっくり味わってキク。 — ❼ 聴く
- ❽ *人のために危険をオカス《危険や困難をわかったうえであえてする》。 — ❽ 冒す

*は、新出漢字の教科書本文外の読み方です。

文法の窓5　連体詞・副詞・接続詞・感動詞　教p.205

- ❶ 山へしばカリに出かける。 — ❶ 刈り
- ❷ 川でセンタクをする。 — ❷ 洗濯

漢字道場5　漢字の成り立ち　教p.206～207

- ❶ 古い建物がエンジョウ《燃えあがること》する。 — ❶ 炎上
- ❷ 刑務所《けいむしょ》の中のシュウジン。 — ❷ 囚人
- ❸ ルイジンエンの骨が発見される。 — ❸ 類人猿
- ❹ ゲンガク《げんのあるがっき》の演奏会に行く。 — ❹ 弦楽
- ❺ 水をヨウバイ《物質をとかしこむ液体》として使う。 — ❺ 溶媒
- ❻ ピアノのガクフを用意する。 — ❻ 楽譜
- ❼ マサツ《こすり合わせること》で熱が生じる。 — ❼ 摩擦
- ❽ 住所とセイメイ《みょうじとなまえ》を記入する。 — ❽ 姓名
- ❾ 戦争のギセイとなる。 — ❾ 犠牲
- ❿ フゴウ《印やきごう》を付けて分類する。 — ❿ 符号

□⑪ 大学のフゾク《主となるものにつくもの》高校へ通う。
□⑫ 作業を早く、カツ《同時に》正確に行う。
□⑬ 国のソゼイ《ぜいきん》の制度。
□⑭ 相手の攻撃をソシ《やめさせること》する。
□⑮ 犯人をソゲキ《ねらいうつ》する。
□⑯ 好きな方をセンタク《二つ以上の中からえらび出すこと》する。
□⑰ ゲーテの作品のショウヤク《一部をほんやくすること》。
□⑱ 荷物のキンリョウ《はかりではかった重さ》を調べる。
□⑲ 映画界のキョショウ。
□⑳ ＊ろうそくのホノオがゆらめく。

⑪ 附属〈付属〉
⑫ 且つ
⑬ 租税
⑭ 阻止
⑮ 狙撃
⑯ 選択
⑰ 抄訳
⑱ 斤量
⑲ 巨匠
⑳ 炎

トロッコ

教p.210～219

□① トラックで土をウンパンする。
□② 二月のショジュンになる。
□③ 足元がドロだらけになる。
□④ 坂のコウバイ《かたむきの度合い》が急になる。
□⑤ ハクボ《たそがれどき》の風が吹く。
□⑥ ウチョウテン《得意になって喜ぶ様子》になる。
□⑦ 「このヤロウ」と怒鳴られる。

① 運搬
② 初旬
③ 泥
④ 勾配
⑤ 薄暮
⑥ 有頂天
⑦ 野郎

□⑧ 昔のキオクをたどる。
□⑨ 明るいシキサイの絵画。
□⑩ 先生が生徒をホメル。
□⑪ ツマサキ上がりの坂を上る。
□⑫ 灯台がガケの上に建つ。
□⑬ チノミゴを背負う。
□⑭ ガンジョウな鉄板。
□⑮ 駄《だ》ガシをもらう。
□⑯ はしごに手をカケル。
□⑰ サッカーボールをケル。
□⑱ ジャマな物を処分する。
□⑲ リレキショ《自分の経れきをかいたもの》を送付する。
□⑳ 板草履を脱ぎ捨てる。
□㉑ 真っ白い足袋。
□㉒ 家のカドグチ《家に出入りする所》へ駆け込む。
□㉓ 校正のシュフデ《赤いすみで書くふで》を握る。
□㉔ ＊切り立ったダンガイ《険しいがけ》を見上げる。
□㉕ ＊反対意見をイッシュウ《問題にしないではねつけること》する。

⑧ 記憶
⑨ 色彩
⑩ 褒める
⑪ 爪先
⑫ 崖
⑬ 乳飲み子
⑭ 頑丈
⑮ 菓子
⑯ 掛ける
⑰ 蹴る
⑱ 邪魔
⑲ 履歴書
⑳ ぞうり
㉑ たび
㉒ 門口
㉓ 朱筆
㉔ 断崖
㉕ 一蹴

伊曽保物語《いそほものがたり》

教 p.130〜134

歴史的仮名遣い《かなづかい》

現代仮名遣いを確認《かくにん》しよう。

くはへて	くわえて
取らむとす	とらんとす
重欲心《ぢゅうよくしん》	じゅうよくしん
被《かうむ》る	こうむる
浮《う》きぬ沈《しづ》みぬ	うきぬしずみぬ
こずゑ	こずえ
食ひ切つて	くいきって
竿《さを》の先	さおのさき
思ふやう	おもうよう

古語の意味

意味を確認しよう。

心得て	考えて
誘《さそ》ひ流る	さらって流れる

ポイント文

現代語訳を確認しよう。

- かるがゆゑに、二つながらこれを失ふ。

訳 そのために、これらを二つとも失う。

- その報ひをせばやと思ふ志

訳 その恩を返したいと思う気持ち

竹取物語《たけとりものがたり》①

教 p.135〜143

歴史的仮名遣い《かなづかい》

現代仮名遣いを確認《かくにん》しよう。

よろづ	よろず
竹なむ	たけなん
一筋《ひとすぢ》	ひとすじ
うつくしうて	うつくしゅうて
ゐたり	いたり
言ふやう	いうよう
おはする	おわする

古語の意味

意味を確認しよう。

よろづのこと	いろいろなこと
あやしがりて	不思議に思って
朝ごと夕ごと	毎朝毎晩
うつくしきこと	かわいらしいこと

ポイント文

現代語訳を確認しよう。

- いとうつくしうてゐたり

訳 たいへんかわいらしい様子で座《すわ》っている

- 子になりたまふべき人なめり。

訳 (私《わたし》の)子におなりになるはずのかたのようだ。

「あやし」「うつくし」など，現代とは違《ちが》う意味で使われる言葉に気をつけよう。

竹取物語《たけとりものがたり》②

教 p.135～143

歴史的仮名遣《かなづか》い　現代仮名遣いを確認《かくにん》しよう。

歴史的仮名遣い	現代仮名遣い
たまふ	たまう
いとほし	いとおし
物思ひ	ものおもい

古語の意味　意味を確認しよう。

古語	意味
文《ふみ》	手紙
心もとながり	いらいらして
いみじく	たいそう

ポイント文　現代語訳を確認しよう。

- なのたまひそ
  訳 おっしゃらないでください
- 朝廷《おほやけ》に御文奉《おほんふみたてまつ》りたまふ
  訳 帝《みかど》にお手紙をさしあげなさる
- いとほし、かなしと思《おぼ》しつることもうせぬ
  訳 気の毒だ、ふびんだと思っていた気持ちもなくなってしまった

作品　作品について確認しよう。

成立	平安時代
特徴《とくちょう》	日本で最も古い物語

矛盾《むじゅん》「韓非子《かんぴし》」より

教 p.144～147

語句の意味　意味を確認《かくにん》しよう。

語句	意味
鬻《ひさ》ぐ者	売る者
誉《ほ》めて曰《い》はく	自慢《じまん》して言うには
利《と》きこと	鋭《するど》いこと
子《し》	あなた

ポイント文　書き下し文と現代語訳を確認しよう。

- 能《よ》く陥《とほ》すもの莫《な》きなり
  訳 突《つ》き通せるものはないのだ
- 子の盾《たて》を陥さば、何如《いかん》
  訳 あなたの盾を突いたら、どうであるか
- 其《そ》の人応《こた》ふること能《あた》はざるなり
  訳 その人は答えることができなかったのである

返り点　漢文を読む順番を確認しよう。

- **レ点…下の一字から、すぐ上の一字に返って読む。**

  2レ 1

  2レ 1 4レ 3

- **一・二点…二字以上、下から返って読む。**

  3二 1 2一

返り点の付いていない字を先に読もう！

文法の窓1　文法とは・言葉の単位

教 p.32／p.250～252

言葉の単位

言葉の単位を確認《かくにん》しよう。

文章 → 段落 → 文 → 文節 → 単語

文節

文節の区切り方を確認しよう。

文節…声に出して読むときに、言葉として不自然にならないように、できるだけ細かく区切った単位。

- 手の／汚《よご》れを／洗い流した。
- 母は／日記を／つけて／いる。
- 向こうの／ほうに／人が／立って／いる。
- 会議は／九時から／始まるそうだ。

*「悪くない」などの「ない」や、「こと」「とき」「わけ」などの前では区切れる。

> 文節の区切りを見つけるときは，文節の間に「ね」や「さ」を入れて読んでみよう。

単語

単語の区切り方を確認しよう。

単語…これ以上区切れない、文法上の最も小さな単位。

- 昨日／聞い／た／話／を／思い出す。
- どうやら／雨雲／も／去っ／た／ようだ。

*「呼びかける」「紙風船」などの複合語は、一つの単語なのでこれ以上は区切れない。

文法の窓2　文の成分・連文節

教 p.77／p.253～257

文の成分

文の成分を確認《かくにん》しよう。

主語	「誰《だれ》が」「何が」に当たる部分。
述語	「どんなだ」「どうする」などに当たる部分。
修飾語《しゅうしょく》	他の部分をより詳《くわ》しく説明する部分。
接続語	前後の文や文節をつないで関係を示す部分。
独立語	他の部分と直接関わりのない部分。

連文節

連文節の種類を確認しよう。

連文節の種類　主部・述部・修飾部・接続部・独立部

文節どうしの関係

文節どうしの関係を確認しよう。

主・述の関係…例 鳥が（主語）　飛ぶ（述語）。

修飾・被《ひ》修飾の関係…例 弟が　楽しそうに（修飾語）　話す（修飾される文節）。

連体修飾語…物事や人に当たる言葉を修飾。
連用修飾語…「どんなだ」などの言葉を修飾。

接続の関係…例 寒かったが（接続語）　出かけた（接続語を受ける文節）。

並立《へいりつ》の関係…例 山と　海が　とても　きれいだ。

補助の関係…例 美しい　花が　咲《さ》いて　いる。

文法の窓３　単語の分類

教 p.152／p.258〜261

自立語と付属語

自立語・付属語を確認《かくにん》しよう。

自立語…それだけで一文節になれる単語。文節の初めには必ず自立語がある。

付属語…それだけでは一文節になれない単語。自立語の下にあり、ないことや二つ以上ある場合もある。

品詞

種類を表で確認しよう。

単語				
単独でも文節になれる（自立語）	活用する	述語になる（用言）	言い切りがウ段	動詞
			言い切りが「い」	形容詞
			言い切りが「だ」（「です」）	形容動詞
	活用しない	主語になる（体言）		名詞
		修飾《しゅうしょく》語になる	連体修飾語になる	連体詞
			主に連用修飾語になる	副詞
		接続語になる		接続詞
		独立語になる		感動詞
単独では文節になれない（付属語）	活用する			助動詞
	活用しない			助詞

体言・用言

体言・用言を確認しよう。

体言…活用せず、主語になるもの。名詞。

用言…活用し、述語になるもの。動詞・形容詞・形容動詞。

補助動詞・補助形容詞

補助動詞・補助形容詞を確認しよう。

補助動詞…上の動詞に意味を添《そ》える動詞。

例 食べている・作ってみる

補助形容詞…上の用言に意味を添える形容詞。

例 楽しくない・来てほしい

文法の窓4　名詞

教 p.170／p.262〜263

名詞の特徴《とくちょう》を確認《かくにん》しよう。

名詞

名詞…活用のない自立語で、主語になることができる。

名詞の種類

名詞の種類を確認しよう。

普通《ふつう》名詞	物事を表す一般《いっぱん》的な名詞。 例 学校・花・教科書・考え方
固有名詞	一人一人の人や、一つ一つの物や場所などに付けられた名前を表す名詞。 人……………例 徳川家康《とくがわいえやす》・ピカソ 物や場所…例 日本海・イタリア・富士山《ふじさん》
数詞	物の数や順序を表す名詞。 例 一名・二回・三つ・百番・何回
代名詞	人や物や場所などを指し示す名詞。 人称《にんしょう》代名詞…例 私・あなた・彼《かれ》 指示代名詞…例 ここ・あれ・どちら
形式名詞	もともとの意味をなくして、必ず修飾《しゅうしょく》語と結び付いて用いられる名詞。 例 わからないことがあれば質問してください。 ちょうど今着いたところだ。

文法の窓5　連体詞・副詞・接続詞・感動詞

教 p.205／p.264〜266

連体詞・副詞・接続詞・感動詞

特徴《とくちょう》を確認《かくにん》しよう。

連体詞	活用のない自立語で、連体修飾《しゅうしょく》語になる。
副詞	活用のない自立語で、主に連用修飾語になる。
接続詞	活用のない自立語で、接続語になる。
感動詞	活用のない自立語で、独立語になる。

副詞

副詞の種類を確認しよう。

状態の副詞	動作の様子を表す。
程度の副詞	状態がどのくらいであるかを表す。
呼応の副詞	下にきまった言い方を求める。

接続詞

接続詞の種類を確認しよう。

順接	前後の事柄《ことがら》が、素直《すなお》に考えられるとおりのもの。
逆接	前後の事柄が、素直に考えられるのとは逆のもの。
累加《るいか》・並立《へいりつ》	前の事柄に後の事柄を付け加えたり、前後の事柄を並べたりするもの。
説明・補足	前の事柄に、後で説明や付け足しをするもの。
対比・選択《せんたく》	前後の事柄を比べたり、選んだりするもの。
転換《てんかん》	前の事柄を述べ終え、別の事柄を持ち出すもの。